rüffer & rub
———
Sachbücher zu Fragen,
die Antworten verdienen

Am Schreibtisch großer Dichter und Denkerinnen
Eine Geschichte
literarischer Arbeitsorte

Severin Perrig

rüffer & rub

Verlag und Autor bedanken sich für die großzügige Unterstützung bei allen, die ungenannt bleiben wollen und namentlich:

Elisabeth-Jenny-Stiftung

MIGROS
kulturprozent

Erste Auflage Herbst 2011
Alle Rechte vorbehalten
Copyright © 2011 by rüffer & rub Sachbuchverlag, Zürich
info@ruefferundrub.ch | www.ruefferundrub.ch

Fotos Umschlag:
diesel | photocase.com
andy-Q | photocase.com
wsfurlan | istockphoto.com

Druck: bod

ISBN 978-3-907625-56-9

Inhalt

7   Einleitung

15   Dichter am Berg
31   Gelehrte im Gehäuse
56   Herrenkabinett und Bürgerhäuschen
74   Allein oder zusammen?
95   Romantische Höhlen
119   Vorhang auf: Die Schreibbühne
146   Arbeitszimmer ade
165   Wieder im irdenen Pisspott
186   Verlorene Schreiborte

212   Anmerkungen
234   Bibliographie
253   Personenregister

Einleitung

Das ist doch ein gar wunderliches Pläsir: statt Tauben im Park, geh mer jetzt Lesungen vergiften im Literaturhaus! Entlocken dem dort gerade vorlesenden Schriftsteller ein maliziöses Lächeln, indem wir ihm die langersehnte Frage stellen: »Warum schreiben Sie denn eigentlich?« Und zugleich belehren wir ihn über unsere simple Lesart seiner Werke. »Als ich Ihren Roman las, hatte ich das Gefühl, mitten in Ihrem Zimmer zu stehen.« Ein weiteres, jetzt müdes Lächeln des Gegenübers folgt. »Ich habe mir gedacht, wenn Sie in Ihrem Roman alles so schlecht hier finden, wechseln Sie doch einfach den Wohnort.« So, jetzt reicht's aber.

Woher aber nur all die Ungehaltenheit? – Eigentlich sollten wir es ahnen, wenn wir uns an die vielen Aufsätze und Klausuren zurückerinnern. Wie man da im Schulraum mit hochrotem Kopf ab und zu an die Wandtafel, die Uhr daneben, dann wieder an die Zimmerdecke, die Tür oder durchs Fenster starrte und doch rein gar nichts sah. Wohin der Blick auch fiel, war Leere. Nichts im Raum enthüllte einem auch nur den Hauch einer hinreichenden Idee. Das leere Blatt Papier auf dem Tisch wirkte genauso unzugänglich wie die Aufsichtsperson am Lehrerpult oder die ebenfalls schreibenden Sitznachbarn. Man fühlte sich in diesem schulischen Schreiben ganz auf sich allein gestellt, einsam, je nachdem verzweifelt. Und schließlich lösten wir die Aufgabe dann doch. Was wäre uns auch anderes übriggeblieben? So gesehen war der Arbeitsraum allein ein Zimmer mit einem Tisch, woran sitzend ein Text unter unserer Hand entstand, mehr nicht. Eigentlich ein ganz normaler Zustand für literarisches wie gelehrtes Schreiben. Aber gerade das in seiner Banalität wirklich zu glauben, fällt uns im Prinzip noch heute sehr schwer.

Saßen wir damals auch wirklich im eigenen Schreibraum? War nicht etwa gerade der unscheinbare, anonyme Schulraum, den wir mit anderen teilen mussten, an unseren unterdurchschnittlichen Schreibleistungen mit schuld gewesen? Man könnte es meinen, wenn man etwa dem italienischen Renaissance-Philosophen Giovanni Pico della Mirandola (1463–1494) zuhört, wie er das göttliche Lob auf den »höchsten Baumeister« anstimmt, der sein »irdisches Haus« errichtet »nach den Gesetzen einer verborgenen Weisheit«. Ein in jeder Hinsicht idealer Ruheplatz, mit buntem tierischen und pflanzlichen Nippes über- und stilvoll eingerichtet und zudem mit einer geistvoll abschließenden Himmelsdecke und einem Gestirnleuchter ästhetisch abgerundet, wobei bisweilen die Wolkenvorhänge gezogen sind. Hier lässt er dann den Menschen, den Philosophen – »ein Gott mit menschlichem Fleische umkleidet« – Wohnsitz nehmen. »Gibt es da noch irgendeinen, der den Menschen nicht bewundern möchte?«[1]

Ja, in einem solchen globalen Künstlerhaus möchte man sich gerne niederlassen, bei aller Qual der Ortswahl, mit einem eigenen Häuschen, einem eigenen Arbeitszimmer, das vieles von der phantastischen Umgebung im kleinen Mikrokosmos innerhalb von vier Wänden inspirierend wiederaufnimmt. Diesem selber bestens eingerichteten Arbeitsraum werden dann wohl nicht nur Studien und Literatur ebenso göttlich schöpferisch entwachsen, sondern zugleich auf dem beschränkten Papierformat oder Bildschirm ganz neue textliche, fiktionale Räumlichkeiten entstehen. Gemachte, poetische Räume, die sich in die innere Welt der Lesenden wiederum einbauen lassen.[2]

Und gerade deswegen vermuten die Leserin und der Leser mit all ihren Erfahrungen auch nur zu gern hinter jeder Fiktion einen Bezug zur Wirklichkeit in zweifacher Hinsicht. Zunächst versteckt sich hinter dem beschriebenen, romanhaften Raum ein wirklich beobachteter. Und überdies müssten sich in jedem Arbeitsraum, der ein solch faszinierendes Werk hervorbrachte, Spuren von Letzterem, von seinem Entstehen noch auffinden lassen. Denn ein Ort, wo Lesenswertes entsteht, muss auch sehenswert sein. So wird sogar touristisch zu diesem bald himmlisch, bald höllisch erscheinenden literarischen Zuhause[3] gepilgert, um einen andächtigen Blick auf den realen Schreibtisch werfen zu können. Egal ob er wie für den amerikanischen Schriftsteller Malcolm Cowley (1898–1989) ein »Altar«[4] oder wie für die ostdeutsche Schriftstellerin Christa Wolf ein »Folterinstrument«[5] darstellt. Entsprechend spürt man in der einen Studierstube begeistert, wie hier ein Mensch mit einer ungewöhnlich starken Aura geschrieben hat, während eine andere leere Studienörtlichkeit nur Überdruss erzeugt, »da alle Möbel sich in sich zurückgezogen haben, mit ihrem Geheimnis«.[6] Vielleicht lässt sich sogar noch die eine oder andere erfundene literarische Räumlichkeit zur eigenen Freude wiederentdecken, in der Umgebung, im Garten oder durchs Fenster.

Aber da winken viele Autorinnen und Autoren auch schon wieder ab: Die Schreibumstände müssen für Außenstehende gar nicht derart perfekt und bewunderungswürdig erscheinen, dass sie noch neidisch werden könnten. Das Zuviel im Zimmer ist eben auch das allzu Ärgerliche. »Hier am Schreibtisch sitze ich vor einer ganzen Phalanx von Metallgegenständen«, heißt es im Roman »Leb wohl, Berlin« aus den 1930er Jahren des angloamerikanischen Schriftstellers Christopher Isherwood (1904–1986). »Zwei gewundene Schlangen als Leuchter, ein Aschenbecher, aus dem der Kopf eines Krokodils aufragt, ein Papiermesser in

Form eines Florentiner Dolches, ein Delphin aus Messing, an dessen Schwanzende eine kleine zerbrochene Uhr hängt. Was wird aus solchen Sachen? Wie könnten sie jemals vernichtet werden? Wahrscheinlich werden sie Tausende von Jahren heil bleiben; man wird sie in Museen sammeln. Vielleicht wird man sie auch in einem Krieg einfach zu Munition verarbeiten.«[7]

Allerdings bleibt die größte Irritation im eigenen Raum gerade recht, wenn sie nur genügend Schutz vor Arbeitsstörungen verspricht. Schreibende benötigen letztlich ganz wenig: eine verschließbare Tür, genügend Licht und Wärme, das nötige Schreibzeug, Bücher und je nachdem Getränke oder Raucherwaren. Das sind dann »reale«,[8] bescheiden karge Zimmer, in denen fast nichts mehr zu sehen ist – eine einfachste Schreibtischgarnitur wie beim ostdeutschen Autor Reiner Kunze oder vielleicht noch ein Laptop wie beim deutschen Erfolgsschriftsteller Daniel Kehlmann – und in die man entsprechend als Besucher nur sehr selten überhaupt eingelassen wird. Alles in allem, eine ganz spezielle Mischung aus Mönchszelle und Atelierraum. Vielleicht auch einfach nur ein Gehäuse mit Büchern als Bausteinen an den Wänden.

»Dieses Zimmer ist meine Welt«, sagt die österreichische Autorin Friederike Mayröcker von ihrem mit Schreibmaterialien ungeheuer überladenen, höhlenartigen Zufluchtsraum. »Ich arbeite hier, ich schlafe hier und nehme zum Teil auch meine kärglichen Mahlzeiten hier ein, also ein Frühstück und eine Päckchensuppe zu Mittag. Es spielt sich eigentlich alles in dem Zimmer ab. Hier schreibe ich schon über vierzig Jahre; ich brauche es. Vor allem brauche ich meine Maschine und absolute Ruhe – es sei denn, ich stelle eine Bach-CD an. Ich habe an meiner Musikanlage eine Wiederholungstaste und spiele meistens das gleiche Stück. Ich kann auch seit Jahren nur in diesem Thonetsessel mit den Armstützen schreiben. Manchmal hat man so Augenblicke, in denen man ganz meditativ wird. Wenn ich gedanklich irgendeiner Spur folge, vielleicht einer Gefühlsspur, lehne ich mich zurück und stütze meine Arme auf – und da ist dieser Sessel genau richtig.«[9]

Letztlich bemisst sich ein Arbeitszimmer eben an diesen praktizierbaren Schreibritualen, um schließlich den individuell brauchbaren, inneren Reflexionsraum für die eigene Geistesarbeit zu erzeugen, den man mit den Gedanken dann auch möblieren kann.[10] Bisweilen macht es sogar den Anschein, als würde er abends in den Fensterscheiben hinter der Pultleuchte als eine zweite geisterhafte Arbeitszimmer-Welt wirklich sichtbar reflektiert. Was sich da in den Retorten der Literaten- und Gelehrtenstuben gedanklich zusammenbraut, bedenkt auch immer die eigene Schreibsituation mit. In »Der Postmoderne Künstler« hat der französisch-amerikanische Literaturwissenschaftler und Schriftsteller Raymond Federman (1928–2009) diesen Sachverhalt beispielhaft in eine Kurzerzählung gefasst. Ein Künstler spiegelt und kopiert darin sein ganzes Arbeitszimmer mit Inventar inklusive Fenster noch einmal auf die gegenüberliegenden Zimmerwände und die Dinge auf dem Fußboden an die Zimmerdecke, natürlich sich selber gleich auch mit. Sein so hergestelltes Abbild ist in seiner Hyperrealität derart täuschend echt, dass zwischen der künstlich gemalten Atelierwelt mit ihm am Schreibtisch und der Realität nicht mehr zu unterscheiden ist. Das ist sozusagen die Grundsituation im Arbeitszimmer, worin sich der Schreibende und das Geschriebene immer wieder in eigenartigen wie beengenden Wechselverhältnissen im Raum finden: Mal herrscht die größte Distanziertheit vor, dann wieder ist alles Geschriebene nur ein Abbild der Wirklichkeit, schließlich verwirrt sich noch alles und der Autor fühlt sich selber wie ein Schrank voller Papiere und Bücher,[11] der quasi als menschliches Möbelstück nur noch in der Studierstube überhaupt vorstellbar ist. Sind Schriftstellerzimmer und Schriftstellerhirn etwa am Ende sogar identisch?

Doch es ist neuerdings auch ohne alle neuro-philosophischen Spekulationen wieder viel vom Raum und seiner »Wiederentdeckung« die Rede, zumindest in den Sozial- und Kulturwissenschaften. Da wird etwa der Geschichts- und Gesellschaftsraum neu vermessen, mit einem regelrecht alles verräumlichenden Blickwinkel als neue Ordnungskategorie, einem sogenannten »spatial turn«. Auch die Welt des Literarischen sieht sich verstärkt mit Literaturgeographie und -topographie konfrontiert, indem die realen und fiktiven Örtlichkeiten der Literatur in den Vordergrund gerückt werden.[12] Der schon im 18. Jahrhundert einsetzende romantische Literaturtourismus hat für sich die Lebens- und Arbeitsorte von Autoren und Autorinnen wiederentdeckt, um dabei Lektüre-Erinnerungen und unmittelbare Anschauung in eine Übereinstimmung zu bringen. Letztlich entspricht dies eben einem solch regen Bedürfnis, alles Literarische in einem engen Bezug zur Realität zu sehen und nicht zuletzt auch die biographischen Schreibumstände der Literaten nie ganz außer Acht lassen zu wollen oder zu können. Daran knüpft sich jeweils die berühmt-berüchtigte Frage des Surrealisten André Breton, die er 1965 an verschiedene Schriftsteller gestellt hat: »Wie einflussreich ist der Ort des Schreibens?« Eine Frage, die uns bis heute beim jeweiligen Betrachten von Schriftstellerporträts bewegt: der österreichische Schriftsteller Peter Handke am einfachen Holztischchen, der kolumbianische Literaturnobelpreisträger Gabriel Garcia Márquez inmitten seiner Tausenden von Vinyl-Schallplatten, die chilenische Bestsellerautorin Isabel Allende im stilvoll aufgeräumten Interieur eines spätviktorianischen Hauses bei San Francisco oder die zurückgezogen lebende österreichische Nobelpreisträgerin Elfriede Jelinek mit ihrem Fensterausblick. Und wie muss man sich erst den Schreibtisch des amerikanischen Schriftstellers Thomas Pynchon vorstellen, von dem selber nicht einmal ein aktuelles Porträtfoto existiert? Unzählige Eindrücke, Fotos und Bilder sprechen heutzutage von einer solch handwerklichen Interessenahme wie andächtigen Bewunderung des über verschiedensten literarischen Werkstätten herrschenden Schutzgeistes. Allerdings hat diese Verehrung des Genius Loci bisher keine eigentliche »Geschichte von des deutschen Dichters Arbeitszimmer« entstehen lassen, wie es der Zürcher Literaturwissenschaftler Peter von Matt bereits 1978 anregte.[13] Ebenso fehlt nach wie vor eine umfassendere Darstellung von Schreibörtlichkeiten im Kontext europäischer Kultur- und Mentalitätsgeschichte.

Dieses Fehlen mag sich aus der Tatsache erklären, dass sich die Geschichte des literarischen Arbeitszimmers seit der Antike bezeichnenderweise kaum vollständig erzählen lässt. Diese wellenförmigen Entwicklungslinien des Schreibens vom Draußen nach Drinnen scheinen im Laptop-Zeitalter einfach wieder im Draußen, im Ortlosen zu enden. Und was immer auch in stets gleichbleibenden, festen Strukturen und Verhaltensmustern am Schreibort aufscheint, all das kann jederzeit wieder mit andern wie neuen individuellen Schreibbedürfnissen bestritten werden. Doch die Fragen bleiben nach wie vor: Wo verfassten antike Klassiker ihre Werke? Wie kam es zum eigentlichen Studierzimmer? Beeinflussten adlige und bürgerliche Repräsentationsräume, Dichterkämmerchen und -höhlen oder gar das Fehlen speziell eingerichteter Schreiborte die Schriftsteller und ihre Produkte? Gingen Örtlichkeiten auch gänzlich vergessen? Welchen Anteil haben die Schreibmedien bis zum heutigen Computerzeitalter an diesen Veränderungen gehabt? Solchen und ähnlichen Fragen geht das vorliegende Buch nach, um nach Antworten in der Entwicklungsgeschichte literarischer Räume zu suchen, in denen man bis heute lebt, studiert, arbeitet und letztendlich auch stirbt.

Manchmal wird wie beim schwäbischen Dichter Eduard Mörike (1804–1875) sogar einfach nur befremdlich von diesen Studierzimmern geträumt, man müsste etwa in ihnen wie in einer Schulsituation eine Prüfung ablegen oder gieße gleich das ganze Tintenfass auf den wertvollen Sessel darin.[14] So gesehen beinhaltet eine Entdeckungsreise durch die Arbeitszimmer verschiedenster Epochen immer auch allerhand Absurdes und Kurioses. Die literarischen Zeugnisse seit der Antike erzählen dabei durchaus unterhaltsam vom Veränderbaren und Unveränderlichen des Arbeitsortes, vom Individuellen und der Gesellschaft, von uns Bekanntem oder Befremdendem beim jeweiligen Einrichten und Benützen eines geistigen Arbeitsortes.

Und zum Schluss, nach allen gemachten Recherchen und Schreibarbeiten, bleibt doch noch die beruhigende Feststellung zu machen, dass sich den Literaten ihr Arbeitszimmer nicht einfach mit ein paar eklig gestellten Fragen im Literaturhaus vergällen lässt. Aber auch nicht mit langatmigen, literaturwissenschaftlichen Theorien. Dafür blickt jeder dieser Orte schon auf eine zu große, bewegte wie traditionsreiche Geschichte zurück. Der Pariser Dichter Charles Baudelaire (1821–1867) jedenfalls wird nicht so schnell den Blick von seinem Arbeitstisch erheben, wenn er seiner verträumten Schreiblust im abgeschlossenen Arbeitszimmer vollkommen erliegt:

»[…] Von der Mansarde aus, die Hände unterm Kinn,
Seh ich auf summendes, redseliges Treiben hin,
Auf Türme und Kamine, die sich wie Masten recken,
Und Himmel, die den Traum von Ewigkeiten erwecken.

Wie wohl tut es, von fern durch Nebel hin zu sehn,
In einem Fenster Licht, im Blau den Stern aufgehn,
Wie sich zum Firmament ein Kohleschwall ergießt,
Und wie das Mondlicht bleich und zaubervoll zerfließt.
So seh ich Frühlings-, Sommer-, Herbsteszeit;
Und wenn es monoton im Winter niederschneit,
Ich alle Läden und Gardinen zugemacht,
Bau ich mir Feenschlösser in die Winternacht.
In meinen Träumen find ich blaue Fernen wieder […]«[15]

Dichter am Berg

Von Anfang an verhüllt dichter Nebel den Schreibraum des göttlichen Schöpfers. Davon weiß zumindest die Bibel zu berichten, als Moses den Gottesberg Sinai besteigt, um dort vierzig Tage und Nächte seinen Eingebungen zu lauschen. Und was sich da alles an wolkigen Reden offenbart, wird als materialisierte Kernbotschaft überdies noch in Form zweier Gesetzestafeln mit Text auf Vor- wie Rückseite festgehalten. »Steinerne Tafeln, die vom Finger Gottes beschrieben waren.«[1] Das kommt mehr als einer kleinen Sensation gleich, dass der Weltenschöpfer sein religiöses, ethisches Erziehungsprogramm zusätzlich noch selber verschriftlicht hat. Bloß eine Pedanterie eines ordnungsfanatischen Schreibtischtäters? Oder hat sich der Text gar einfach von selbst geschrieben? Eingedrückt in Stein wie in den weichen Lehm der sumerischen Schreiber? Auf jeden Fall bleibt die skripturale Herstellung der beiden handlichen Platten ebenso im Nebulösen verborgen wie die Charakteristika der Gottesschrift selber. Moses wird sie aus Wut über sein laut wie närrisch kalberndes Volk am Fuße des Berges auch gleich wieder und endgültig zertrümmern. Was hier quasi »der Poet am Anfange der Tage«[2] schon einmal vorsorglich in Stein gemeißelt hat, vielleicht in proto-sinaitischer Schrift, überlebt unter den dafür bestimmten Menschen wie so vieles Einmalige und Seltene nicht einen einzigen Tag.

Moses muss noch einmal den Berg hoch, hinauf in diesen ihm nun bereits vertrauten wolkigen Diskussions- und Werkraum. Doch diesmal in Funktion eines Schreibers: »Da hieb er sich zwei Steintafeln nach der Art der ersten zurecht. Er machte sich am andern Morgen in der Frühe auf und bestieg den Sinai nach des Herrn Befehl. Die beiden Steintafeln nahm er mit.«[3] Jetzt offenbart sich der göttliche Geist allein durch »den Menschengriffel«[4] eines Auserwählten. Moses erlebt in vierzig Tagen und Nächten, ohne Wasser und Brot, die Mühsal eines Höhendiktats der »Zehn Gebote«. Denn der Herr diktiert da in einem fort aus seiner feurig hellen Wolke heraus. So muss sich denn für den Schreiber alles aus dem guten Gedächtnis oder aus der unmittelbaren Unterredung auf den Umfang von zwei Steinen fehlerfrei meißeln lassen können. Eine Inschrift, die, wie bei ägyptischen oder mesopotamischen Schreibern auf dem Boden sitzend hergestellt, allen Unbilden der Witterung auf dem Felsengrund ausgesetzt ist. Am Ende wird Moses jedenfalls mit den beiden Tafeln in den Händen und völlig verstrahlter Gesichtshaut herabsteigen, wobei seine Erscheinung die unten Zurückgebliebenen derart erschreckt, dass er vorerst sein Gesicht verhüllen muss.

Was sich aus diesen alttestamentarischen Schreibszenen an wenigen und ungenauen Informationen überhaupt für mögliche legendäre Schreibörtlichkeiten ableiten lässt, gilt wohl auch für den antiken Mythos insgesamt. Der hierbei erzählte wie ausgemalte Ort des Schreibens liegt möglichst hoch in einer ungezähmten Gebirgsregion. Wer es überhaupt dorthin schafft, wird nicht nur dem Göttlichen, dem Numinosen gefährlich nahe kommen, sondern auch den himmlischen Naturgewalten in ihrer ganzen Stärke ausgesetzt sein. Stille und Sturm geben sich auf solch mythischen Bergen regelmäßig ihr Stelldichein.

Oder singen da oben nicht auch manchmal fabelhaft die neun musischen Zeus-Töchter mit den anmaßenden Mädchen des Makedoniers Pieros um die Wette? Wobei der Gesang der Ersteren all die Himmelsgestirne, Flüsse und Meere vor Begeisterung erstarren lässt, während gleichzeitig der massige Berg Helikon entzückt weit in den Himmel emporwächst. So weit hinauf, dass Gott Poseidon dem geflügelten Dichterross Pegasus befiehlt, diesem Höhenrausch mit seinem Huf ein jähes Ende zu bereiten. Ein gewaltiger Hufschlag, der gleich noch die musische Quelle Hippokrene gebiert, deren kühles Wasser dichterischen Enthusiasmus verheißt.

»So lasst uns den Sang mit den Helikonischen Musen beginnen, die am großen, heiligen Berg Helikon wohnen und mit zarten Füßen um die veilchendunkle Quelle und den Altar des gewaltigen Kronos-Sohnes [Zeus] tanzen«, eröffnet der Sänger Hesiod (ca. 740–670 v. Chr.), eine der ersten namentlich bekannten Persönlichkeiten der europäischen Geschichte, seinen Ursprungsgesang der Götter, die »Theogonie«. Denn von diesem Berg brechen die Musen nächtens auf, »in dichten Nebel gehüllt«, und lassen »ihre herrliche Stimme ertönen«, um »die heilige Sippe der übrigen ewig seienden Götter« zu besingen.[5] Am Fuße des Helikon aber, in Askra, »einem elenden Nest, das schlimm ist im Winter, drückend im Sommer und niemals erfreulich«,[6] hütet der arme Immigrantensohn aus Kyme namens Hesiod seine Schafe. Ihn wecken geradezu burschikos die leichtherzigen Musen: »Hirtenpack ihr, Draußenlieger und Schandkerle, nichts als Bäuche, vielen Trug verstehen wir zu sagen, als wäre es Wahrheit, doch können wir, wenn wir es wollen, auch Wahrheit verkünden.« Und wahrhaftig, sie hauchen da dem Schafhirten den »göttlichen Sang« ein, damit er »Künftiges und Vergangenes rühme«.[7]

Geschickt verknüpft hier Hesiod seine Dichterberufung mit einer Bergörtlichkeit in Böotien, wo nicht nur die Musen bzw. deren Mutter, die Gedächtnisgöttin Mnemosyne, verehrt wurden, sondern auch der legendäre Apollo-Sohn Linos, der zuallererst die Gabe der Gesangskunst empfangen und Herakles im

Saitenspiel unterrichtet haben soll, um dann schließlich vom eigenen musik- wie eifersüchtigen Vater getötet zu werden. Doch zu vermuten ist, dass Hesiod seine Dichtung in Wirklichkeit nicht übernatürlichen, mystisch verehrten Stimmen verdankt, sondern von umherziehenden Sängern erlernt hat, sogenannten Rhapsoden. Und so trat er wohl von 720 v. Chr. an selber mit Rezitationen in der Öffentlichkeit auf. Neben dem durchaus üblichen Repertoire an epischen Heldengesängen schuf er zugleich noch seine eigene, neue Textgattung: das Sachepos oder Lehrgedicht. Doch auch bei Hesiod bleibt es bei der Beobachtung, dass sich seine ganze Lebensgeschichte wieder in allerlei nebulösen Legenden-Ranken auflöst, sobald die Frage nach den genaueren Arbeitsumständen des Dichters gestellt wird. Es mag sich da durchaus ähnlich wie bei Homer verhalten, dem anderen großen griechischen Epen-Schöpfer des 8. Jahrhunderts v. Chr. Seine Biographie ist so umstritten wie die Frage, ob und wie er überhaupt an der Aufzeichnung seiner Texte beteiligt war. Allenfalls in der »Ilias« findet sich ein einziger kleiner Hinweis auf die damalige Schreibkultur, indem von einem Brief die Rede ist, der auf eine »geklappte Tafel geritzt« wurde.[8] Es liegt nunmehr an der Nachwelt, den vagen wie legendären Dichterbiographien der Frühantike neue präzisere Details zu verleihen. Meist geschieht dies, indem eigene zeitgenössische Vorstellungen vom Schriftstellergewerbe rückblickend in sie hineinprojiziert werden. So berichtet etwa die anekdotenreiche fiktive Lebensbeschreibung »Vita Homeri« aus dem 1. Jahrhundert v. Chr. vom erblindeten Lehrer und Rhapsoden Homer. Er wird in einer soliden antiken Schriftkultur lebend geschildert, wo er zwar seine Gedichte immer noch mündlich konzipiert und vorträgt, um sie dann schließlich wieder im Diktat zu verschriftlichen. Episodisch wird etwa vom umherziehenden Homer berichtet:

»Danach zog er von Kyme nach Phokäa, nachdem er die Einwohner von Kyme verflucht hatte, dass kein berühmter Dichter je in ihrem Land geboren werde, der ihnen je Ruhm bringen würde. Als er in Phokäa ankam, lebte er dort in derselben Weise wie zuvor, indem er seine Dichtung in Männerrunden vorrezitierte. Zu der Zeit lebte in Phokäa ein gewisser Thestorides, der die Knaben lesen und schreiben lehrte – wahrlich gar kein honoriger Mann. Als dieser von der Dichtung Homers erfuhr, machte er ihm Angebote folgender Art: er sagte, dass er Homer ohne weiteres unterbringen, sich um ihn kümmern und ernähren wolle, vorausgesetzt, er dürfe aufschreiben, was Homer entworfen hätte und was er an möglichen neuen Kompositionen jeweils noch bei ihm zustande bringen würde. Homer hörte diesem zu und entschied dann, dass er fast zustimmen müsse, da es ihm an allem Lebensnotwendigen gebrach und er auch der Pflege bedurfte. [...] Als nun Thestorides die ›Phokais‹ und alles andere von Homer Verfasste [nach Diktat] aufgezeichnet hatte, beschloss er, Phokäa zu verlassen, da er Homers Dichtung sich selber aneignen wollte. [...] Thestorides zog dann also von Phokäa aus nach Chios und errichtete dort eine Schule und rezitierte Homers Epen, als ob es seine eigenen wären. Er erwarb damit viel Lob und Gewinn. [...] Nicht allzu lange danach kamen Kaufleute aus Chios in Phokäa an und hörten von Homer die gleichen Gedichte, die sie schon öfter auf Chios von Thestorides gehört hatten. Da erzählten sie Homer, es gebe auf Chios einen gewissen Schulmeister, welcher ebendiese seine Gedichte auch rezitiere, und zwar mit großem Lob für seine Darbietungen. Homer erkannte alsbald, dass dieser Lehrer allein Thestorides sein müsse, und sogleich drängte es ihn, nach Chios zu reisen.«[9]

Was nun immer noch an weiteren Abenteuern zu erwarten ist, schließlich wird sich Homer in dieser fiktiven Biographie doch mit seinem Copyright durchsetzen. Entsprechend werden die großen Epen »Ilias« und »Odyssee« unter seinem Autorennamen der Welt erhalten bleiben. Allerdings wird er auch Letztere nicht selber schreiben, sondern diktieren, denn auf dies läuft eigentlich alle Arbeit eines antiken Autors hinaus. Das hat weniger mit Unkenntnis der Schriftsprache zu tun, als vielmehr mit den aufwendigen technischen Schreibverfahren weit über die einschreibende Steinbearbeitung hinaus. Auch auf einer rauen Papyrusoberfläche brauchte es eine hohe Könnerschaft, damit die träge fließende Tinte richtig aufgetragen wurde, ohne dass dabei die Rohrfeder Löcher in die Schreibfläche riss oder der Pinsel alles verschmierte. Für viele Autoren hätte ein solches Schreiben im Sitzen, mit einer Rolle auf den Knien, für längere Texte eine allzu große Überforderung dargestellt. Denn selbst das Aufnotieren von Gesehenem und Gehörtem ging häufig gar nicht schnell vonstatten. Gewöhnlich notierte man sich allenfalls Einfälle, Konzepte und Exzerpte als Erinnerungshilfen (hypomnemata) auf kleinere Wachstafeln (Notizbücher aus Pergament kamen erst in der Spätantike auf), um sie dann in einer endgültigen Form einem professionellen Schreiber, häufig dafür ausgebildeten Sklaven, zu diktieren.

Allerdings erforderte ein solches Diktieren schon eine sehr spezielle Technik. Da es anfänglich noch keine eindeutige Lautschrift und auch keine Worttrennungen gab, musste jedes Wort in Silben zerlegt und entsprechend Silbe für Silbe diktiert werden. Syllabatim nannten die Griechen diese Art des Diktats. Je nachdem wie wenig versiert die Schreiber dabei waren, musste das Sprechtempo massiv gedrosselt werden. Bisweilen waren sogar längere Pausen nötig. Denn längst nicht alle verfügten über Schnellschreiber, sogenannte Tachygraphen, die die Kurzschrift beherrschten, wie sie etwa Tiro, der erste Sekretär Ciceros (106–43 v.Chr.), angeblich erfunden haben soll. Der frühchristliche Kirchenlehrer Augustinus (354–430) wird sogar seine Redeschlachten mit Häretikern in Karthago von solchen Stenographen festhalten lassen. Ansonsten mussten aber beim Diktieren Silben immer von neuem wiederholt werden. Da in den meisten Fällen beim Diktat auch ein Text erstmals direkt formuliert wurde, erfolgten wohl nur allzu häufig unterbrechende Korrekturen, Erläuterungen oder praktische Schreibanweisungen. Dies verzögerte das Schreibtempo. Wenn man allerdings über mehrere Schreiber gleichzeitig verfügen konnte, wurden in einem Arbeitsgang zahlreiche Exemplare hergestellt, anhand derer sich leichter vielfältige neue Veränderungen oder mehrmaliges Korrekturlesen vornehmen ließen. Wurde dann ein Text endlich nach allen möglichen Korrekturarbeiten als gut befunden, entstanden daran anschließend eine oder mehrere Abschriften in endgültiger Kursivschrift, bisweilen sogar in kalligraphischer Form.

Wer dieses Geschäft mit dem Diktat gut beherrschte, letztlich sogar bis zum perfekten lauten Selbstdiktat beim eigenen Schreiben, und wer die dafür erforderlichen optimalen materiellen Voraussetzungen besaß, konnte über eine ganz eigene Art der Text-Manufaktur verfügen. Es ließen sich je nach Bedürfnis leicht neue Bücher produzieren oder in Form von Abschriften reproduzieren. Damit erhöhte sich nicht nur die Zahl der eigenen Manuskripte für die Weiterverbreitung, sondern auch die kopierten Exemplare für die eigene Bibliothek. Denn schon früh lebte das Büchersammeln vom Traum, allerhand gelehrte und berühmte Werke »möglichst vollständig beieinander« zu haben.[10] Im Übrigen war das Diktat nicht die einzige Möglichkeit, um zu einer Buchkopie zu kommen. Man konnte sich auch, wie es etwa Plinius der Jüngere (ca. 61–113) berichtet, mittels professioneller Vorleser verschiedene Texte vortragen lassen und dazu selber als Autor Notizen und Exzerpte anfertigen.[11] Derart mögen solche umfangreichen Papyrusrollen-Sammlungen, wie sie etwa schon Euripides (ca. 485–406 v. Chr.) oder Aristoteles (384–322 v. Chr.) besessen haben sollen, die eigene Wohn- und Arbeitsstätte sehr schnell angefüllt haben, da handliche Taschenformate erst spät in römischer Zeit aufkamen. Dafür blieb wenigstens der Ort für das Diktat äußerst variabel. Es ließ sich quasi überall, draußen wie drinnen, privat wie in aller Öffentlichkeit Vorgesprochenes nachschreiben, ja sogar auf Reisen wie Feldzügen. Julius Cäsar (100–44 v. Chr.) soll auf dem ersten Gallischen

Feldzug auf dem Pferd seinen Sekretären diktiert haben, die in entsprechenden Sänften mitgetragen wurden.

Insofern mag selbst ein Philosoph wie Sokrates (ca. 470– 399 v. Chr.), der »sich immer in der Öffentlichkeit aufhielt« – also in Wandelhallen, auf Turnplätzen und auf dem Markt –,[12] eine eigene Art des Sprechraumes zur Verbreitung seiner Fragen, Antworten und Diskussionen geschaffen haben. Jedenfalls berichtet Eukleides davon: »Aber ich zeichnete mir gleich damals, als ich nach Hause kam, etwas darüber auf, hernach habe ich bei mehr Muße über alles nachgesonnen und aufgeschrieben, und so oft ich nach Athen kam, erfragte ich vom Sokrates, wessen ich mich nicht recht erinnerte, und brachte es in Ordnung, wenn ich wieder hierherkam, so dass fast die ganze Unterredung nachgeschrieben ist.«[13] Erst die Nachwelt wird diese Art des vorsprechenden statt schreibenden Philosophierens äußerst merkwürdig finden. »Vielleicht fehlte es ihm«, schreibt etwa 1759 der Königsberger Gelehrte Johann Georg Hamann über den berühmten athenischen Philosophen des Zwiegesprächs, »auch in seinem Hause an der Ruhe, Stille und Heiterkeit, die ein Philosoph zum Schreiben nöthig hat, der sich und andere dadurch lehren und ergötzen will.«[14]

Nein, die antiken Wohnstätten waren wohl kaum ruhig zu nennen mit ihren wenigen mobilen Möbeln und flexibeln Zimmerfunktionen, die im Rahmen von Großfamilien mit Sklaven und Gesinde kaum Privatheit boten, und bisweilen in unmittelbarer Nachbarschaft von Handwerks- und Landwirtschaftsbetrieben lagen oder gar mitten im städtischen Menschen- und Tierlärm. Ja, selbst das Diktieren von Texten geschah lauthals, wenn man den einmal inspirierten Redestrom möglichst lange aufrechterhalten wollte oder sich gewaltig erzürnte über den allzu langsamen, häufig stockenden Mitschreiber, der nur sehr schwer etwas richtig verstehen wollte. Der römische Rhetoriker Marcus Fabius Quintilianus (ca. 30–96 n. Chr.) jedenfalls hält für das Abfassen von Texten fest: »Doch kurz, um mit einem

Wort das Wichtigste zu nennen: dass die Abgeschiedenheit (secretum), die beim Diktieren verlorengeht, und ein Ort, wo es keine Kritiker gibt, und die tiefste Stille und Ruhe beim Schreiben am besten tut, das wird doch niemand bezweifeln wollen.« Allerdings gibt er auch gleich wieder zu bedenken: »Dennoch aber sollte man deshalb nicht gleich auf solche hören, die Haine und Wälder hierfür am passendsten finden, weil der herrliche freie Himmel und die schöne Landschaft das Gemüt erhebt und den Flug des Geistes aufs glücklichste bereichert. Mir jedenfalls scheint ein solcher Schlupfwinkel eher eine Erholung als ein Ansporn zur geistigen Arbeit. Denn gerade das, was solchen Genuss bereitet, muss ja von der Beschäftigung mit der geplanten Arbeit ablenken.« Stattdessen ist für ihn das einsame Schreiben in nächtlicher Stille, mit spärlichem Licht der Studierlampe im abgeschlossenen Schlafgemach, befreit von allen Alltagsgeschäften, eine empfehlenswerte Konzentration auf die literarische Arbeit. Vermutlich beschwor das Flackern wie der Qualm der Öllampe eine ganz eigene meditative Stimmung, speziell in den dunkleren Wintermonaten. Und diese Art innerer, gedanklicher »Abgeschiedenheit« und Konzentration soll man sich mental auch »im Gedränge, auf der Straße, sogar beim Gastmahl« verschaffen. »Deshalb darf man das Schreibzeug auch nicht gleich bei jedem störenden Geräusch hinwerfen und den Tag als verloren beklagen, sondern man muss gegen die Störungen ankämpfen, sich geradezu darin üben, dass die innere Sammlung alle Hindernisse überwinde. Wenn du dich mit der ganzen Kraft deines Geistes allein auf die Aufgabe konzentrierst, wird nichts von dem, was uns vor die Augen und Ohren kommt, in unser Inneres gelangen.«[15]

Ein Schreibrezept, das wohl auch ein Ideal der wirtschaftlich unabhängigen römischen Intelligenz der Kaiserzeit widerspiegelt. In abgeschiedenen Villen außerhalb der Städte, glückselig fernab von den Geschäften,[16] suchte man in unmittelbarem Kontakt mit der Natur Einsamkeit und gepflegte Geselligkeit. Es sollte so etwas wie ein Musensitz, ein Museum sein. Der Schriftsteller Plinius der Jüngere beschreibt etwa ausführlich sein »Laurentisches Gut« mit Villa, Bibliothek, Garten, Säulengang und Terrasse. »Am Ende der Terrasse, des gedeckten Gangs und des Gartens liegt ein Gartenhaus, mein Liebling, ja wirklich mein Liebling.« Plinius schuf in dieser Art Pavillon mit drei Haupträumen und zwei Kammern einen speziell abgetrennten Bereich, der für Studien gedacht war. Das Zentrum stellte der Wohnraum dar, aus dem man durch die Flügeltüren in die Wandelhalle und durchs Fenster aufs Meer blicken konnte. Davon mit Vorhängen und Glaswänden getrennt war eine Veranda mit Sofa und Sesseln. »Zu Füßen das Meer, im Rücken die Landhäuser, zu Häupten die Waldungen – so viele Ausblicke, durch ebenso viele Fenster getrennt und zugleich vereinigt.« Neben dem Studienraum lag noch ein beheizbares und schallgedämpftes Schlafzimmer, denn wie es ja schon von Kaiser Augustus (63 v. Chr. – 14 n. Chr.) hieß, ließ sich bekanntlich nachts noch auf einem Arbeitssofa arbeiten.[17] »Wenn ich mich in dieses Gartenhaus zurückgezogen habe«, schreibt Plinius weiter, »glaube ich, gar nicht mehr in meinem Landhaus zu sein.« Denn er störe dort »weder die Lustbarkeiten meiner Leute noch sie meine Studien«.[18] Darüber hinaus konnten Landhäuser auch eigene Privatbibliotheken enthalten und mit einer entsprechend gewählten Inneneinrichtung zusätzlich noch den Charakter der Räumlichkeiten zu Studienzwecken stimmungsvoll betonen.

Cicero, obwohl nicht besonders reich, besaß nicht weniger als sieben Villen, darunter auch eine mit dem bezeichnenden Namen »Versteck« (»Arcanum«), die er mit größter Sorgfalt einrichtete. Die Ausstattung sollte der Würde des Ortes entsprechen. So lehnte er Statuen von Gottheiten wie Bacchus, Mars oder Saturn ab und stellte stattdessen etwa Skulpturen der Musen oder des Philosophen Platon (ca. 427–347 v. Chr.) auf, um die Beschäftigung am lauschigen Ort mit Philosophie, Geschichte, Literatur und Kunst zu verdeutlichen. »Im Allgemeinen kaufe ich nämlich nur solche Standbilder«, schreibt er in einem Brief, »die geeignet sind, mir einen Platz in der Palästra, ähnlich wie in den griechischen Gymnasien, auszuschmücken.«[19] Mit den dort geführten Gesprächen, wie etwa in Tusculum, wurde sein idealer Schreibort schon zeitlebens berühmt. Selbst unvermögende Dichter wie Vergil (70–19 v. Chr.) und Horaz (65–8 v. Chr.) verdanken ihrem Förderer Gaius Cilnius Maecenas (ca. 70–8 v. Chr.) Häuser und Landgüter als Geschenke. Horaz etwa betont an seinem Gut »Sabinum« in den Sabinerbergen mit Olivenbäumen, Weinberg und Bienenzucht bewusst die einfache Ländlichkeit »ohne Gold und Elfenbein«. Dennoch verzichtet auch er nicht auf Mosaikfußböden und Wandfresken. »Wohl mir; nichts weiter erfleh' ich.«[20]

Es mag allerdings auch Bettelpoeten gegeben haben, denen alles sehnsüchtige Flehen nach solchen Geschenken nichts geholfen hätte. Von ihnen sind häufig nichts weiter als ihre Namen bekannt, wie etwa von einem gewissen Codrus, der in einer römischen Mietskaserne unter dem Dach gewohnt haben soll. Ihm, den »nur die Dachziegel vor dem Regen schützen, dort wo die sanften Tauben ihre Eier legen«, raubte das Feuer noch die letzte »alte Kiste griechischer Büchlein« und all die von »ungebildeten Mäusen benagten göttlichen Gedichte«. Es ist der Schriftsteller Juvenal (ca. 60–127), der es wenigstens zu berichten weiß. Seine Satiren strotzen nur so von unbekannten Hungerdichtern, die sich in den Städten mit entwürdigenden Nebenjobs über Wasser halten, da sie ja »im schattigen Musental nicht einen Heller zu sehen« bekommen. Und das mickrige Honorar reicht kaum für das notwendige teure Papier und das rußende Lampenöl, wenn sie nach allem mühsamen Tagewerk nächtens noch »herrliche Epen in einer elenden Dachkammer« ganz nebenbei verfassen. Es ist eben auch hier verflucht, wie einen »das unheilbare Geschwür der Schreibsucht« fest in der Schlinge gefangen hält.[21] Juvenals Satire zielt hierbei allerdings auf die unbegrenzte Verschwendungssucht einer zeitgenössischen Oberschicht, die mit einer maßlosen Knausrigkeit in Sachen literarischem Mäzenatentum einhergeht. Seine einzige Hoffnung gilt dem Kaiser und seiner generösen Kulturpolitik. Denn es braucht eigentlich nur sehr wenig für ein gutes Literatenleben: Nur »ein Äckerchen, nicht zu geräumig«.[22] Entscheidend war vor allem die erholsame Inspirationsquelle eines eigenen Gartens, eine Art lieblichem Ort (locus amoenus), der sich zumindest optisch, tagträumerisch in die weiter entfernte, ungezähmte Natur fortsetzen ließ. Man war letztlich draußen auf dem Land, außerhalb seiner gewohnten städtischen Arbeitsstätte, vielleicht sogar auch angesichts der vielen neuen Aus- und Einblicke ein wenig außer sich. Und doch war diese künstliche Garten- und Landgut-Zivilisation auch wieder durch Glasscheiben, überdeckte Wandelgänge und Gartengemäuer oder umliegende Landwirtschaftsbetriebe und Nachbarsvillen gut geschützt, um nicht restlos der ländlichen Wildnis ausgeliefert zu sein. Letztere war ja auch nicht immer ganz ungefährlich, wenn man etwa, wie Horaz berichtet, beinahe von einem umstürzenden Baum erschlagen wurde.[23]

»Also besing irgendwas«, empfiehlt der von der Landluft beseligte Horaz. Und wenn es gar nichts wird, beschuldige ja nicht »den Griffel« und lasse nicht im Jähzorn darüber »das Zimmer leiden«.[24] Im Gegenteil, man übe sich auf dem Land in stoischer Ruhe. »Ich bin mit meinem bescheidenen Landhaus zufrieden«, dichtet Tibull (ca. 50–19 v. Chr.), »wo ich meine Geliebte im Arm halte und mit ihr im Herbst und Winter auf das Brausen des Sturms und das Rauschen des Regens höre.«[25] Ja, derart »glücklich lebte, wer gut verborgen blieb«, wird sich noch Ovid (43 v. Chr. – ca. 17 n. Chr.) in seinem Exil am Schwarzen Meer wehmütig an die ländliche Stille seiner Gärten bei Rom zurückerinnern.[26]

Doch letztlich ging es beim poetischen Landleben vor allem um ein imaginiertes, literarisches Naturerlebnis, das sich mit den griechischen Vorläufern wie Vorbildern messen lassen sollte. So wie sich Cicero für das Verfassen seines Buches »Über die Gesetze« auch an den Zypressenhainen und quellenreichen Waldlichtungen als platonischen Idealorten der Erörterung orientierte, so besang etwa Vergil für seine bukolischen Dichtungen Landschaften mit schattigen Örtlichkeiten für verspielte Hirten und Schäfer, wie sie idyllisch bei Theokrit (ca. 300–260 v. Chr.), bei Longus im 2. Jahrhundert v. Chr. oder gar bei Hesiod immer wieder auftauchen. Das verlieh den bekannteren Schreiborten für die Nachwelt auch den Ruf, ihnen eigne eine ganz bestimmte dichterische oder philosophische Qualität, sei es für die inhaltliche Recherche und Inspiration oder für die formalen Bedingungen der literarischen Umsetzung. Bereits 335 v. Chr. soll Alexander der Große bei der Zerstörung Thebens das Haus des Dichters Pindar (ca. 522–445 v. Chr.) aus Ehrfurcht verschont haben. Die Lebensstätten von Dichtern und Philosophen nährten offensichtlich bei Gebildeten auch so etwas wie einen frühen Literaturtourismus. Jedenfalls stellt in Ciceros Buch »Über die Ziele des menschlichen Handelns« Marcus Piso in Athen seinen Freunden die rhetorische Frage, ob »wir bei dem Anblick solcher Stätten, an welchen denkwürdige Männer sich oftmals aufgehalten haben sollen, mehr ergriffen werden als selbst dann, wenn wir ihre Taten erzählen hören oder eine Schrift von ihnen lesen«? Und Cicero bejaht es sogleich: »Ich stimme dir bei, Piso, dass es so zu gehen pflegt. Wir denken zuweilen intensiver und aufmerksamer an berühmte Männer, wenn uns ein bestimmter Ort an sie erinnert.«

Angesichts der Überfülle von berühmten Spuren aus der Vergangenheit in dieser griechischen Metropole fügt Piso allerdings noch bei: »Nun, Cicero, solche Studien, wenn sie darauf angelegt sind, große Männer nachzuahmen, verraten eine gute Begabung. Wenn es sich freilich nur darum handelt, Denkmäler des Altertums kennenzulernen, ist das eine Sache der bloßen Neugier.«[27] Also kaum von großem Wert, wie etwa auch die geradezu inflationäre antike Literatur, die Schreibende, wenigstens im Traum, an ideale Orte entrückte. Wer so zum Dichter gekrönt werden sollte, landete auf dem Musenberg Helikon des lyrisch gesinnten Hesiod oder, weil es dort ja schon fast keinen Platz mehr gab, auf dem Parnass mit Apollos musischem Hofstaat zu Häupten und seinem Heiligtum in Delphi zu Füßen. Hier auf dem Doppelgipfel, wo der Mythe nach das erste menschliche Paar nach der Sintflut mit einem Floß gelandet war, sollte einen Homer zumindest im wuchtigen Epischen, gar Prosaischen unterweisen können. Und je mehr die Vielgötterei dem Monotheismus zu weichen hatte, desto verlassener und funktionsloser wirkte selbst der Götterberg Olymp. Gehörte die ganze klassische Dichtung und Philosophie nicht eigentlich auf diese himmlische Höhe hinaufspediert?

Aber auch bei all der Vielzahl von dunklen und ernsten Bergen bleibt ein zunehmendes Platzproblem ungelöst. Es wächst bekanntlich nicht nur die Zahl der Schreibenden ständig an, sondern es sollen auch »die höchsten Gipfel der Berge kleiner werden«, wie der Autor Claudius Aelianus im 3.Jahrhundert ein naturwissenschaftliches Gerücht in seinen »Bunten Geschichten« kolportiert. »Dasselbe soll mit dem Parnass und dem Olymp in Piërien geschehen sein.«[28] Wenn derart alles kleiner wird, vielleicht sogar einmal gänzlich wegerodiert, so wird die Zahl der verinnerlichten Musenberge doch stets größer. Wer trägt nicht, wie Giordano Bruno 1585 schrieb, »den Parnass im eigenen Herzen.«[29] Und wie viele Griechenberge werden da nicht noch im übertragenen Sinne transalpin wie -mediterran in neue Vaterländer der Dichtkunst versetzt. Geradezu inflationär im Barockzeitalter: von Spanien bis Schlesien und Paris bis Königsberg. Ja, die heiligen Literaturberge werden zukünftig sogar transozeanisch eine neue Heimat bekommen, etwa 1874 in der berühmten Gedichtanthologie »Parnassus« des amerikanischen Schriftstellers Ralph Waldo Emerson. Bereits 200 Jahre zuvor wurde 1650 die puritanische Lyrikerin Anne Bradstreet (ca. 1612–1672) als »Zehnte Muse, die kürzlich Amerika entsprungen« gefeiert.

»ES wird die gantze welt«, besingt Christian Hölmann die »Poesie« bereits 1705, »bald ein Parnassus seyn; / Denn aller orten pflegt es verse her zu schnein.«[30] Der Schriftsteller Jean Paul wird 1792 in seiner »Unsichtbaren Loge« das Bild von den »schriftstellernden Maulwürfen« prägen, die mit ihren Vorderfüßen in den Buchläden und Buchmessen »ihre Erdhäufchen als kleine Musenberge«, als »Broschüristen Duodez-Parnäßchen« aufzuwerfen suchen. Und die »Bürger denken, der Neid blicke hinauf, weil der Hochmut herunterguckt«.[31] Doch der alte Musenberg Helikon ist da oben schon lange verwaist. Vielleicht, weil der Baum immer heftiger Blüten trieb, von denen schon Lukrez (ca. 97–55 v. Chr.) in seinem Lehrgedicht »Über die Natur der Dinge« warnte, ihr Geruch könne jeden Menschen auf die Dauer umbringen.[32] Oder wurde gar noch die sagenhafte Geschichte wahr, die sich 1621 der große englische Melancholie-Kenner Robert Burton ausdachte? »Bedürftigkeit ist die Mitgift der Musen, denn als Jupiters Töchter mit den Göttern verheiratet wurden, blieben sie allein ledig, und der Berg Helikon wurde meiner Meinung nach von allen Freiern verlassen, weil seine Bewohnerinnen keine Aussteuer besaßen. Seither sind alle Musenjäger arm, verlassen und auf sich selbst angewiesen.«[33]

Demgegenüber wird der zeitgenössische Parnass, »Le Parnasse contemporain«, von Ironie und Sarkasmus der nachantiken, modernen Welt brav in Schach gehalten, dass ja »keine Überbevölkerung des Parnasses zu besorgen« ist.[34] Denn die »Stufen zum Parnass« sind wacker mit Spott gefettet. Wer »im Orient-Expreß gen Parnaß« rollt,[35] zum »Montblanc von Druckpapier« reist,[36] wird statt eines Zauberbergs mit Höhenkamm-Philosophie bloß Wolkendunst, Tollbeeren[37] und Quellen mit Biergesöff[38] antreffen, »wo die Schafherden der Dichtersippschaften weiden und die Musen auf kleinen Melkstühlen sitzen«.[39] Oder »die Herrn vom Berge, ich meine vom Parnaß«,[40] sind bereits von den kargen Höhen, »der herrlichen Wildnis«[41] in »ein fettes Tal« entlaufen.[42] Was soll ihnen denn dieses Wolkenkuckucksheim als Arbeitsort noch bieten. Und kommt noch einer auf die Idee, wie etwa 1841 der dänische Märchendichter Hans Christian Andersen, den Parnass als Geburtstagsattraktion wirklich besteigen zu wollen, so verhüllt plötzlich dichtes, winterliches Schneetreiben sein so nahes Ziel.[43] Der Dichter liegt fest zu Füßen des Bergs, wo einen heute moderne Hotels, Autobusse und Scharen von Reisenden erwarten. Auch dem dunkel murmelnden Philosophen vom Todtnauberg, Martin Heidegger, klärt sich dort 1962 nur noch »die Einsicht, daß mit dem rücksichtslosen Ansturm des Tourismus eine fremde Macht ihre Bestellbarkeiten und Einrichtungen über das alte Griechenland lege […] Die moderne Technik und mit ihr die wissenschaftliche Industrialisierung der Welt schicken sich an durch ihr Unaufhaltsames, jede Möglichkeit von Aufenthalten auszulöschen.«[44] Wie auch immer, es will mit den Götter- und Musenbergen als moderne, literarische Outdoor-Arbeitsörtlichkeiten einfach keinen neuen Anfang mehr nehmen. Nicht einmal nebulös visionär, wie einst beim biblischen Moses. Denn heutzutage »Gottes Briefträger zu sein«, heißt es in Salman Rushdies »Satanischen Versen«, »macht keinen Spaß, yaar«.[45]

Gelehrte im Gehäuse

Zunächst liegt das Verhängnis am Horizont wie schwarze Watte. Man schaut nicht näher hin. Wenigstens nicht vom Ferienhäuschen am Stadtrand. Dann senkt sich allmählich die graudunkle Wolke aus Staub, Rauch und Ruß. Tage später macht sich der Hamburger Kaufmann und bis dahin unpublizierte Schriftsteller Hans Erich Nossack (1901–1977) zusammen mit seiner Frau Gabriele ein Bild von seiner zerbombten Wohnstätte in Hamburg. Was die »Operation Gomorrha« der Alliierten im Hochsommer 1943 von der Innenstadt übriggelassen hat, gleicht einer düsteren Mondlandschaft. Hungrig schreiende Katzen streunen herum, die nicht aus den Trümmern ihrer ehemaligen Wohnungen wegzulocken sind. »Vielleicht glaubt jemand, es sei schwer, dort zu stehen, wo man viele Jahre gewohnt hat, und wo nun nichts mehr ist. Und man empfände dann, wie die Last der Dinge, die man einst sein eigen nannte, über einem zusammenbräche. Und dass man dann seufzte oder weinte. Aber es ist nicht schwer, es ist nur unbegreiflich. […] Am ersten Tage hing noch ganz oben der Heizkörper vom Esszimmer. Dann war auch dieser Mauerrest herabgestürzt, und ein paar Tage später sprengten sie alles. Es blieb nur ein Haufen Steine, ein viel zu kleiner Haufen. Wir sagten immer nur: Aber das ist doch gar nicht möglich.« Ob Tisch, Truhe, Bücherschrank, eine kleine Madonna, Nippes, Manuskripte, Briefe oder Tagebuch, rein gar nichts davon ist übriggeblieben. Nicht eine winzige Kleinigkeit. »Und wenn wir weitergingen, ließen wir einen luftleeren Raum hinter uns.«[1] Diese vollkommene Zerstörung der Vergangenheit wird allerdings für den bisher erfolglos gebliebenen Autor Nossack zu einem eigentlichen Befreiungsschlag, indem er für die Darstellung des gefährdeten Daseins eine ganz neue, nüchterne Sprache wie Tonlage findet. Und obwohl heute nahezu wieder vergessen, wird ihm damit der Neuanfang als einer der wichtigsten deutschen Autoren der Nachkriegszeit gelingen.

Doch der spurlos verschwundene literarische Arbeitsort und sein vielfältig über die Jahre angereichertes persönliches Inventar beschäftigen betroffene Autoren noch Jahrzehnte danach geradezu traumatisch. Der aus dem Baltikum stammende Werner Bergengruen (1892–1964), der sich als romantischer Erzähler und christlicher Lyriker in den 1920er Jahren in Berlin einen Namen gemacht hatte, wird sich als in München Ausgebombter und »innerer Emigrant« im Dritten Reich, von nun an inmitten der »Periode fremder, oft behelfsmäßiger Schreibtische« immer wieder sein ehemaliges Arbeitszimmer mit dem verbrannten Biedermeier-Schreibtisch rechts vom Fenster an der Wand zum Schlafzimmer in allen Details vergegenwärtigen. Erinnerungen, bis hin zum viereckigen Hohlraum unter der Mitte, den sich sein Papierkorb und seine Irish-Setter-Hündin teilten. Die mit rotem Kaliko, diesem an Kunstleder erinnernden Baumwollgewebe bespannte Platte, »bot Bequemlichkeit und Raum nicht nur für ein behagliches Ausbreiten der schriftlichen Arbeit. Sie hatte auch Platz für allerlei Allotria; dergleichen gehört nun einmal zu einem Schreibtisch. So hatte sie Platz auch für meinen recht großen Tabakskasten und das damals für unentbehrlich gehaltene Telefon.«[2] Seine Nostalgie wird ihn zumindest in den 1950er Jahren wieder an einem ähnlich gefertigten Möbelstück in seinem neuen »Dichtergehäuse« in Baden-Baden sitzen lassen.

Und gleichzeitig wird er mit seinen daran verfassten »Schreibtischerinnerungen« versuchen, sein Gehäuse zu rechtfertigen, dem gerade die jüngere Literatengeneration im Nachkriegsdeutschland gerne als allzu »elfenbeinernem Turm« misstraute.³ Einer ihrer wichtigsten Vertreter ist Wolfdietrich Schnurre (1920–1989), der im Frühjahr 1945 zunächst als desertierter Soldat auf einer umgedrehten Futterkrippe in einem westfälischen Landwirtschaftsbetrieb weit weg vom noch umkämpften Berlin sein literarisches Schreiben wiederaufnahm. Er wird in den 1960er Jahren mit dieser damals im Krieg erlebten »Ortslosigkeit« geradezu sein Idealbild eines politisch transparenten, sprich »engagierten« Schriftstellers prägen: »Schreiben heißt registrieren.« Wer schreibt, muss nicht nur die Wahrheit suchen, sondern sie auch ehrlich und aufrichtig weiterverbreiten, also Stellung beziehen. Dafür verstellen die abseits aller Wirklichkeit liegenden »Gelehrtenstübchen« und »Dichterklausen« nur den kritischen Blick. »Der Wirkungsbereich der Zeit, die Einflusssphäre der Gegenwart, sie lassen auch das hermetisch verschlossene Studio, den allerverborgensten Schreibtisch nicht aus.« Ein Autor muss dementsprechend seinen Beruf auch nach allen Seiten hin ganz offen betreiben. Und als würde er letztlich zu den einstigen Zerstörungen vertrauter Arbeitsräumlichkeiten im Krieg gute Miene machen, steht quasi sein »Schreibtisch unter freiem Himmel«, denn »jeder hat das Recht, ihm über die Schulter zu sehen«.⁴

Das ist ein Abgesang auf die traditionelle Studierstube oder das »studio«, wie es die Italiener seit der Renaissance nennen. Und doch mutet er zunächst in seiner radikalen Ausschließlichkeit genauso befremdend an wie die eigentümliche Entstehung des gelehrten Gehäuses aus dem Zeitgeist des 14. Jahrhunderts selber. Denn zunächst erforderte ja das diktierende Schreiben der Antike gar keinen abgesonderten Einzelraum. Das will nicht heißen, dass einsame Orte für das erholsame Nichtstun, die intensive Lektüre, das Nachdenken und Meditieren oder das Verfassen von Briefen und Konzepten überhaupt nicht existierten.

Aber erst in der Spätantike beginnen christliche Autoren mit dieser Einsamkeit ideologisch zu experimentieren. Denn zunächst hatte ja Christus in seiner Bergpredigt in Anlehnung an alttestamentarische Vorstellungen eine stille Andacht mit dem Vaterunser-Gebet ohne demonstrative Zurschaustellung gefordert: »Wenn du aber betest, so geh in deine Kammer, schließ die Türe zu und bete zu deinem Vater im Verborgenen; und dein Vater, der im Verborgenen sieht, wird dir vergelten.«[5]

Eine Gebetshaltung, die die frühchristlichen Kirchenväter wie Ambrosius (339–397), Hieronymus (347–420) oder Augustinus (354–430) gerne auch im übertragenen Sinn für ihre Schreibarbeiten verstanden wissen wollten. Ihre Denkschriften, Übersetzungen und theologischen Texte entstanden weitgehend an ruhigen oder abgelegenen Orten in aller Zurückgezogenheit. Sie betonten damit nicht nur das für sie entscheidende Erlebnis der eigenen individuellen Bekehrung zum Christentum, sondern stilisierten sich zugleich auch als geistige Einsiedler voll innerer Bereitschaft zur Christusnachfolge und zur unablenkbaren Konzentration auf eine intensive Gotteserfahrung. Mag das Mittelalter dieses Einsiedlertum im Nachhinein noch zusätzlich überhöht haben, so ist doch nicht von der Hand zu weisen, dass seine klösterliche Welt vieles davon ganz konkret in ihren Alltag übernommen und umgesetzt hat. Religiöse Textwerkstätten, in denen Mönche im Freien sitzend, unter den Bögen des Kreuzgangs (»claustrum«), ihre Bücher lasen oder mit einem Brett auf den Knien kopierten, waren allerdings nur bedingt effizient. Das Verfassen von Texten mit Schreibrohr oder Feder, Tintenhorn und Sandbüchse gestaltete sich doch eher aufwendig, indem das Pergament nur mit dem Federmesser und nicht mit den Fingern berührt werden durfte, um die Saugfähigkeit nicht zu beeinträchtigen und Tintenflecke zu vermeiden.

»Denn nur wer nicht zu schreiben weiß«, heißt es in einer lateinischen Handschrift des 9. Jahrhunderts, »glaubt, dass dies keine mühselige Arbeit sei. Oh, wie schwer ist das Schreiben, es trübt die Augen, zerquetscht die Nieren und schwächt zugleich alle Glieder. Drei Finger schreiben. Der ganze Körper [aber] leidet.«[6] Dieses beklagte, langsame Schreiben bei sehr kärglichen Lichtquellen glich wohl eher einem Malen und ließ je nach Erschöpfungszustand psychisch auch allerhand Klaustrophobien aufkommen, bisweilen sogar personifiziert im dämonischen Abgesandten namens Tutivillus, der Schreibarbeiten auf jede nur erdenkliche Art zu behindern suchte und die dabei vorfallenden, kläglichen Schreibfehler allesamt seinem teuflischen Meister für das Jüngste Gericht als Minuspunkte überlieferte. Und wie viele Tintenflecke an Wänden und Tischen wollen im Mittelalter nicht von diesen schweren Auseinandersetzungen künden. Aber es waren auch Unwirtlichkeiten ganz konkreter Art, die den Schreibbetrieb erschwerten. Der Abt eines angelsächsischen Klosters namens Cuthbert notiert etwa resigniert um 763: »Doch die Bedingungen des letzten Winters haben der Insel unseres Volkes derart schrecklich mit Kälte und Eis und langen und ausgedehnten Wind- und Regenstürmen zugesetzt, dass die Hand des Schreibers daran gehindert wurde, eine größere Anzahl von Büchern herzustellen.«[7]

Entsprechend werden denn auch schon im 9. Jahrhundert, beispielsweise im Kloster St. Gallen, spezielle, beheizbare Schreibräume (»scriptorien«) gebaut. Hier ließ sich von der Außenwelt abgeschottet ein kooperatives Arbeitsmodell von kompilierenden Lesern, vorlesenden Diktierenden, mitschreibenden Scriptoren, illustrierenden Vorzeichnern und Ausmalern für die Herstellung von Handschriften bis zur Perfektion entwickeln. Im Gegensatz zur Antike saß man für diese Tätigkeiten nun an regelrechten Schreibtischen, bisweilen halb erhöht. In selteneren Fällen waren es auch Stehpulte. Ergänzt wurden sie noch seit dem 11. Jahrhundert mit besonders ausgetüftelten Schreiberstühlen (»cathedra«), die zur größeren Bequemlichkeit fürs Schreiben die Tischplatte fest mit den Armlehnen verbanden, also Schreibtisch und Stuhl zu einem einzigen Möbelstück werden ließen. Über der leicht schräg gestellten Schreibfläche konnte man noch zusätzlich mit einem steilstehenden Aufbau ein Lesepult für die zu kopierende Vorlage gewinnen.

Interessanterweise erwähnen Klostervorschriften der Kartäuser aus dem 12. Jahrhundert, dass in der einzelnen Mönchszelle neben den üblichen Hausratsgegenständen auch Bücher und Schreibgerät zum Kopieren üblich sein sollten. Schließlich seien die Lektüre und die entsprechende Meditation in vollkommener Einsamkeit und Stille durchzuführen. Entsprechend waren ja schon in der 1084 in den Bergen bei Grenoble errichteten »Großen Kartause« die Mönchszellen als kleine Häuser mit Gärten um den Kreuzgang herum angeordnet worden. Die einsame Arbeit in solchen einfachen und voneinander gut abgeschlossenen Häuschen ließ die Mönche, wie es Abt Guigo 1. formuliert, etwas vom »Paradies« vorwegnehmen.[8] Es mehren sich damit zunehmend auch die Hinweise, dass die Zahl der Autoren allmählich wächst, die zumindest ohne Diktat eigenhändig selber zu schreiben, kopieren und zu exzerpieren wissen.

Nur mit den Augen zu lesen und Texte mit eigener Hand zu verfassen stärkte nicht nur das literarische Selbstbewusstsein, sondern bedeutete darüber hinaus, dass man seine eigenen Gedanken der Billigung oder Verwerfung der einen umgebenden Gruppe entziehen konnte. Im Übrigen reisten zunehmend mehr Buchmacher gruppenweise durchs Land, die sich als regelrechte Arbeitskolonnen von Spezialisten für die Ausstattung von Handschriften zu verdingen suchten. Entsprechend wird auch das Mobiliar transportabler und das Schreibgerät einfacher und mobiler. Ausgehend vom Lesepult wurden Schrank- und Schreibpulte entwickelt, variable Kästen mit Fächern und Schubladen, die auf jeder größeren Fläche aufgestellt und zum Schreiben aufgeklappt werden konnten. Daneben entstand etwa auch der sogenannte »kalamâr«, ein an einer Schnur am Gürtel oder um den Hals getragener Schreibköcher, in dem ein Tintenfass, Federn, ein Federmesser, eine Dose Streu- bzw. Löschsand für die nur langsam trocknende Tinte, Siegel, Lack und Pergament zum Transport untergebracht werden konnten. Viele führen darüber hinaus einen Griffel aus Holz oder Horn und dazu ein einseitig beschichtetes Wachstäfelchen, kaum größer als ein Taschenbuch, mit sich herum. Man trägt sie, zu Paaren zusammengebunden, was die Wachsschichten besser schützt, am Gürtel hängend, um sie jederzeit für Notizen zur Hand zu haben. Von nun an wird gerne stolz davon berichtet, wie man draußen auf Spaziergängen[9] oder nachdenklich auf einem Stein sitzend, »ein Bein über das andere«,[10] Ideen in der Natur sammelt. Oder es wird sogar versucht, die »innere Stimmung« nach einem wichtigen Erlebnis gleich aufzuschreiben, wie es etwa 1336 der italienische Dichter Francesco Petrarca (1304–1374) nach der Besteigung des Mont Ventoux in einer bäuerlichen Herberge »in hastiger Eile und aus dem Stegreif« verschriftlicht haben will.[11] Allerdings sind allzu viele dieser spontanen Schreibereien außerhalb der eigenen vier Wände bloß schöne Fiktion. Die dunklen, lärmigen Herbergen waren schließlich fürs konzentrierte Schreiben ungeeignet, wie auch Minnesänger es lieber den adligen Standesgenossen gleichtaten und ihre Werke Schreibern und Sekretären diktierten. Trotzdem wurden viele Ideen auf Wachstafeln zusammengetragen, um daraus dann ein Buch anzufertigen. Bisweilen wurden sie aus Sicherheitsgründen auch später auf Pergament kopiert und entsprechend gebunden.

All das landete dann wohl oder übel im sogenannten italienischen »studio«, vom lateinischen »studium« abgeleitet, worunter man im Mittelalter zunächst sowohl eine Mönchszelle wie eine Klosterbibliothek verstand. Das ist nicht ganz unerheblich, weil sich daraus auch eine Idealvorstellung eines Raumes, eines »studiolo« ableitet, eines kleineren Studierzimmers, das alle für ein Studium notwendigen Bequemlichkeiten bieten sollte. Papst Johannes XXI. hat als Erster eine solche Idealkammer im Papstpalast in Viterbo anbauen lassen und ist dabei zugleich als ihr frühester Märtyrer in die Geschichte eingegangen. Denn sie stürzte bald wieder zusammen und verletzte ihn dabei so schwer, dass er kurz darauf, 1277, verstarb – ein schlechtes Omen für ein neues Bauwerk. Es werden jedenfalls weitere vierzig Jahre vergehen, bis Papst Johannes XXII. einen neuen Versuch wagt, diesmal in Avignon. Jetzt allerdings derart erfolgreich, dass selbst sein Nachfolger Benedikt XII. ein weiteres Studiolo mit Blick auf den Garten ins Auge fasst, das 1339 zusätzlich noch mit roten Blumen auf blauem Grund ausgemalt wird. Hinzu kommen ornamentierte Fliesen und eine einfache Balkendecke. Das an der Gartenseite des Palastes allem Straßenlärm und geschäftigen Treiben des päpstlichen Hofstaates entzogene Zimmer war in unmittelbarer Nähe zur Bibliothek, der Privatkapelle, der mit Archivalien gefüllten Schatzkammer und des Schlafzimmers und wurde wegen der häufigen Nachtarbeit zunächst ganz einfach ausgestattet: mit einem Bett, einem Wandbehang, einer großen und einer kleinen Sitzbank, sieben Schemeln und einer verschließbaren Kiste. Ein solches Zimmer für den persönlichen Rückzug, die geistliche Meditation, Studium und Gebet sowie das Gespräch im auserwählten Kreis, erfreute sich offensichtlich in kurzer Zeit äußerster Beliebtheit, so dass nicht nur die Nachfolgepäpste, sondern auch viele Mitglieder der Kurie sich eigens gleichartige Studienräume in Avignon einrichten ließen. Und gegen Ende des 14. Jahrhunderts werden sie auch in die römische Papstresidenz übertragen. War ein eigenes Studienzimmer aus Platzgründen unausführbar, so blieb noch die Möglichkeit, mit einem begehbaren Cathedra-Möbel in einem größeren Raum einen Studienbereich abzutrennen.

Entwickelt hier der päpstliche Hofstaat seine Lieblingsräume zur gehaltvollen Andacht, zum Studium und zur intimen Gesprächskultur, so beginnt parallel dazu der französische König Charles V. (1338–1380) in seinen Hauptresidenzen und bevorzugten Wohnsitzen sogenannte »estudes« als luxuriöse wie repräsentative Studier- bzw. Sammlungsräume einzurichten. So wie diese dank ihrer Lage in Türmen oder erhöhten Stockwerken einen weiten Ausblick durch verglaste Fenster nach draußen auf die Landschaft wie die eigene Schlosswelt zuließen, so faszinierend gestaltete sich ihre dekorative Innensicht auf eine kuriose, exotische Vielfalt von Angesammeltem: Räucherfässer, Wärmekugeln, perlenbestickte Börsen und Gürtel, Glöckchen, Uhren, Spiegel, Leuchter, Brettspiele, Prunkgefäße, Schmuckkästchen, wertvolle Schreibpulte, astronomische Instrumente, Statuen, parfümierte Stoffe, die als merkwürdige Tiere geformt waren, oder kostbar eingefasste Bücher. Christine de Pizan (1365 – ca. 1429), am königlichen Hof in Paris erzogen und nach dem Tod ihres Ehemanns 1390 eine der ersten eigenständigen wie gelehrten Berufsschriftstellerinnen, wird noch 1404 über einem solch »schönen und wohlgeordneten Studierzimmer« ins Schwärmen geraten, wie es der bibliophile französische König Charles V. besaß.[12] Und sehr bald wird auch die italienische Oberschicht diese vor Reichtum blendenden, geradezu musealen Schatzkammern aufwendig nachzubauen suchen. In jedem Fall sollten die prunkvolle Raumgestaltung, die Vorzeigemöbel, erlesenen Bilder und die seltenen und teuren Objekte in ihrem materiellen und sakralen Wert den Reichtum des Besitzers unterstreichen. Es war dies nicht nur ein Anliegen der Adligen, sondern auch der wohlhabenden Kaufleute. Bei Letzteren stand zunächst eine Mischung aus Geschäftskontor, Geldtresor und Familienarchiv im Vordergrund. Gewöhnlich lagen diese Studioli im Kaufmannshaus meist abgelegen in einer höheren Etage, neben Schlaf- und Baderäumen, um von deren Wärme zu profitieren, und zugleich in der Nähe von Treppen, um im Feuerfall ihren wertvollen Zimmerinhalt leichter evakuieren zu können. Es war der einzige Raum, in dem sich der Hausherr »frei und allein« und damit »glücklich wie die guten Einsiedler auf dem Berge« fühlen konnte.[13] In Machiavellis Komödie »Clizia« von 1506 erinnert sich die Ehefrau wehmütig, wie ihr damals noch treuer Mann abends beim Ave-Maria-Gebet immer zu Hause zu finden war: »Er blieb ein wenig bei uns am Feuer, wenn's Winter war; dann ging er in seine Schreibstube, seine Geschäfte nachzusehen; um drei Uhr aß er fröhlich zur Nacht. Dieser Lebenswandel war ein Muster für alle übrigen im Hause, und jeder schämte sich, ihn nicht nachzuahmen; so ging alles mit Lust und Ordnung.«[14]

Diese Schreibstuben-Einsamkeit interessierte auch Dichter, speziell, wenn sie über beide Ohren verliebt waren, wie etwa Dante (1265–1321) in seine ewig währende Jugendliebe Beatrice. »Und dieweil dies das erste Mal war, dass ihre Worte an meine Ohren drangen, ward mir davon solche Süße zuteil, dass ich mich wie trunken aus der Menge stahl und mich in meine einsame Kammer flüchtete, allwo ich an die Gnadenreichste zu denken begann. Und dieweil ich ihrer gedachte, überfiel mich ein sanfter Schlummer, in welchem sich mir ein wunderbares Gesicht offenbarte.« Und je mehr sich das geträumte und real erlebte Liebesverhältnis voneinander unterschied, schließlich heiratete sie 1288 einen anderen, desto mehr ließ sich im einsamen Zimmer klagen, ohne gehört zu werden. Eine solche »Tränenkammer« eines Liebeskranken wird schließlich auch zum entscheidenden persönlichen Dichtungsraum. »Und dieweil ich noch so weinte, nahm ich mir vor, ein Gedicht zu schreiben, in welchem ich mich an sie richten, ihr den Grund meiner Verwirrung kundtun und ihr sagen wollte, es sei mir wohl bekannt, dass sie ihn nicht wisse, doch wenn er offenbar würde, so glaube ich, dass jedermann Mitleid mit mir empfände. Und ich beschloss, ihr solches in Versen zu sagen, und wünschte, diese möchten ihr von ungefähr zu Ohren kommen.«[15] Obwohl er die derart entstandenen Gedichte unter Freunden in Umlauf bringt, werden sie der geliebten Beatrice wohl kaum mehr zu Ohren gekommen sein. Denn, wie Dante schreibt, stirbt sie unmittelbar nach der Fertigstellung seiner Liebesgedichte im Jahr 1290.

Es wird allerdings nicht Dante selber sein, der das literarische Studiolo-Bild maßgeblich prägt, sondern der eine Generation jüngere Petrarca. Als Diplomat in päpstlichen Diensten erwarb er sich nicht nur 1336 ein stilles Landhaus an der Quelle des Flüsschens Sorgue in Vaucluse bei Avignon, sondern pries es beredt auch in seiner »De vita solitaria« (1346–54) als idealen humanistischen Studienort an, den antiken römischen Dichtervillen vergleichbar. Geistige Tätigkeit in aller Abgeschiedenheit bedeute »Heimat, Freiheit, Freude«. Wer sich ans Schreiben mache, müsse daher stets dafür Sorge tragen, »sich nach erfolgreicher Arbeit leicht in Wälder und ins Grüne begeben zu können – was auch den Musen besonders lieb ist –, um die Last und Anstrengung der geistigen Tätigkeit am Flussufer abzulegen. So wird er zudem die Saat künftiger Werke im Feld seines Geistes anlegen und während der Zeit der Ruhe und geistigen Erholung den Boden für weitere Arbeit bereiten, eine nützliche und zugleich angenehme Beschäftigung, eine tätige Erholung und zugleich erholsame Tätigkeit, so dass bei der Rückkehr in die enge Klause des Demosthenes die Spreu der Gedanken bereits vom Weizen getrennt ist, die Ernte der richtigen Wörter eingefahren werden kann und so keinerlei Zeit für die geistige Arbeit untätig und ungenutzt vergeudet wird. Dies gilt vor allem für diejenigen, die eine Rede oder ein Geschichtswerk verfassen; denn wer sich über philosophische Fragen, vor allem aber, wer über Dichtung nachdenkt, wem es also mehr auf die Präzision und Prägnanz als auf die Menge ankommt, der muss sich meiner Ansicht nach ganz der eigenen Freiheit überlassen: Solche Menschen müssen dem Impuls ihrer Eingebung folgen, sich niederlassen, wo ihnen danach zumute ist, wo Ort und Zeit es verlangen oder wo sie mehr Anregungen empfangen, sei es unter freiem Himmel oder im geschlossenen Raum, im Schutz eines hoch aufragenden Felsen[s] oder im Schatten eines weit ausladenden Baumes.«[16]

Einen solch idealen, intimen Rückzugsort (»solitudo«) erbaute Petrarca sich noch einmal im Alter in Arquà bei Padua, wo ihm Francesco I. von Carrara als familiärer Freund ein Grundstück geschenkt hatte. Hier bleibt er weiterhin im intensiven Dialog mit seinen Büchern, bis er am 18. Juli 1374 am Morgen von den Hausgenossen wie schlafend über seinen Büchern tot zusammengesunken vorgefunden wird. Seine Verehrer behandeln den Studienort nun wie ein Heiligtum, wollen ihn unverändert bewahren, speziell sein Arbeitszimmer. Dieser kleinste Raum im Obergeschoss, rund sechs auf drei Meter groß, beinhaltet zwei Büchernischen in der Nord- und Westwand, die durch ein kleines Fenster getrennt sind. Hier in der Ecke, in Griffweite der wichtigsten Bücher, steht auch sein Schreibtisch. Hinzu kommen noch ein einfacher Stuhl und ein Bett. Es wird dieses schlichte Altersstudio sein, das als bildliche Darstellung im Palast der fürstlichen Carrara-Familie in Padua die späteren Vorstellungen eines humanistischen Arbeitszimmers modellhaft formen und propagieren wird. Ein Studiolo, das die Mitte zwischen dem klösterlich geistlichen und dem höfischen Vorbild darstellt.

Waren bisher Gelehrte des Laienstandes nur auf ihren Grabsteinen, etwa ein Professor als dozierender »Magister in cathedra«, dargestellt worden, so sieht man nun auf einem Wandgemälde Petrarca am Pult bei halbseitig geöffnetem Butzenscheiben-Fenster im intensiven Gespräch mit seinen Büchern. Liebevoll wie detailreich werden die Arbeitsinstrumente, Drehpult wie Wandschrank, Bücher und Notate, die dekorativen Holzarbeiten der Möbel und Wände sowie ein stilles Haustier als Attribut der Gelehrsamkeit, sei es Hund oder Katze, abgebildet. Es ist ein Leben im Gehäuse, wie es von nun an auch bei Darstellungen des heiligen Hieronymus verwendet wird, diesem »irdischen Schutzpatron der Intellektuellen und Künstler«.[17] Während bildende Künstler wie etwa Jan van Eyck, Antonello da Messina, Vittore Carpaccio oder Vincenzo Catena zunehmend mehr Gewicht auf die dekorative Darstellung exquisiter wie repräsentativer Sammlungs- und Einrichtungsgegenstände in aufwendigen Behausungen legen, wird der Kupferstich von Albrecht Dürer von 1514 gerade wegen seiner einfachen, vom milden Sonnenlicht erfüllten Arbeitsstube eine im Zeitalter der Reformation vielbewunderte Hieronymus-Darstellung. Ob Erasmus v. Rotterdam (ca. 1466–1536), Martin Luther (1483–1546) oder Kardinal Albrecht von Brandenburg (1490–1545), alle wünschen sich derart in einer Humanistenstube porträtiert: mit Büchern, Sanduhr, einem Kürbis als Zeichen für naturwissenschaftlich exaktes Bibelübersetzen und den Insignien des Heiligen wie Kardinalshut und einem glücklich gezähmten Hauslöwen, dem ein Dorn aus der Pfote entfernt wurde. »Wer möchte darin nicht tagelang sitzen, seine Predigt studiren, oder auch im Hans Sachs und im Sparchler [Shakespeare] lesen!«, wird noch 1874 der Dichter Eduard Mörike über der Dürerschen »Arbeitsstube« ins Schwärmen geraten.[18]

Der Hamburger Kunsthistoriker Erwin Panofsky (1892–1968) schreibt 1943 im amerikanischen Exil, die Atmosphäre des gelehrten Studierzimmers lasse sich nur mit den zwei »unübersetzbaren« deutschen Worten »gemütlich« und »stimmungsvoll« beschreiben.[19] Die humanistischen Zeitgenossen aber sprechen in diesem Zusammenhang nie von stimmungsvoller Gemütlichkeit oder Bequemlichkeit, es ist vielmehr von »Friede, Stille und Harmonie«[20] die Rede. In einer solch gepflegten Raumatmosphäre wird ab und zu erholsam zur Laute gegriffen und ein hübsches Liedchen geträllert oder ein Mittagsschlaf abgehalten. Denn die geistige Arbeit darin sollte nicht einfach nur anspannend sein, sondern vielmehr die Phantasie anregend und zerstreuend. Wenigstens schreibt das der Philosoph Michel de Montaigne (1533–1592) von seinem Turmzimmer: »Da oben blättere ich einmal in diesem, einmal in jenem Buch, ohne Ordnung, ohne Plan: wie es sich eben ergibt. Bald hänge ich im Hin- und Hergehn meinen Tagträumen nach, bald halte ich meine Hirngespinste fest und schreibe sie auf, wie sie hier nun stehn.«[21] Aber es ging auch darum, mittels philologisch einfühlsamer Liebe zum Originaltext in eine adäquate geistige Beziehung mit antiken Autoren zu treten, mit ihnen Zwiesprache zu halten. Der gebildete Kaufmann Giovanni di Pagolo Morelli pries um 1400, wie leicht es sich im Studio mit Geistesgrößen wie Aristoteles, Cicero, Vergil, Boethius und Dante ins Gespräch kommen ließe[22] – ein wunderbares Symposium in den engen vier Wänden mit heidnischen und christlichen Koryphäen. Und der schriftstellernde Politiker Niccolò Machiavelli (1469–1527) nährte sich von dieser geistigen »Speise« in seinem Studierzimmer (»scrittoio«) bis zur Selbstvergessenheit: »Und vier Stunden lang verspüre ich überhaupt keine Langeweile, vergesse jede Sorge, fürchte nicht die Armut, der Tod erschreckt mich nicht: so ganz versetze ich mich in sie.«[23] Eine beinahe meditative Lektüre, die eine in jeglicher Hinsicht vorbildliche Welt von einst heraufbeschwor, wenn man sie intensiv und genau studierte. Nicht von ungefähr empfahl denn Leonardo da Vinci (1452–1519) den Künstlern möglichst kleine, wenig »ablenkende« Räume, um den eigenen Geist für die anspruchsvolle Aufgabe richtig zu »disziplinieren«.[24] Was sich letztlich als Ergebnis erzielen ließ, war eine exaktere Kenntnis innerer und äußerer Schönheit. Das sollte wohl immer auch auf den Studierenden ästhetisch abfärben. Wer also stattdessen »schleimhustend, triefäugig und schmuddelig aus seiner Bücherkammer« hervorschlich, nur um einen über die Schreibweise eines lateinischen Worts zu belehren, blieb ein ekelerregender Pedant;[25] während dagegen die aus dem Umgang mit den antiken Klassikern gewonnenen geistigen Erkenntnisse, richtig angewandt, sich letztlich auch in der ästhetischen Raumgestaltung widerspiegeln sollten, um damit dem Besitzer Ehre und Ansehen zu garantieren. Das höchste Lob spricht mythisch vom »Heiligtum« oder »Tempel«[26], in dem die Musen von neuem hausen, oder wie Erasmus v. Rotterdam 1497 schreibt: »Ich habe den Helikon selbst in meinen vier Wänden. Wenn das nicht heißt im Kreise der Musen leben?! Alles bei uns, Ernst, Scherz, Muße, Arbeit wird mit Wissenschaft gewürzt.«[27]

Doch derart einfach ließ sich ein ideales Studierzimmer für Gelehrte nicht immer herstellen. So konnte einem zu ganz unerfreulichen Zeitpunkten gekündigt werden, was etwa im Winter den mühsamen Umzug noch zusätzlich erschwerte. Aber auch ein Haus zu kaufen oder entsprechend umzubauen, bedeutete beschwerliche Plagen mit Besitzern und Handwerkern. »Niemals so wie jetzt habe ich verstanden«, schreibt Erasmus v. Rotterdam einem Freund 1531 aus Freiburg im Breisgau während seines Hausumbaus, »wie weise doch Diogenes war, der sich lieber in eine Tonne flüchtete, als dass er sich mit solchem Gelichter herumschlug. In solches Elend hat mich die unglückselige gegenwärtige Zeit gebracht und die heuchlerische Bosheit gewisser Menschen, denen ich ihr Lob, wenn sie es verdienen sollten, nicht nehmen will. Das andauernde viele Geldausgeben ist bei diesen unangenehmen Dingen noch das geringste Übel; das übrige wirst Du Dir denken können.«[28]

Hatte man endlich ein einigermaßen passendes Zimmer mit gut verschließbarer Tür, so brauchte es zunächst eine ausreichend große Bibliothek, was bis ins angehende Druckzeitalter des 16. Jahrhunderts eher kostspielig war. Oder man war zumindest auf eine Möglichkeit angewiesen, zu passenden Büchern für eine bestimmte Ausleihfrist zu kommen oder sie kopieren zu können, was allerdings gute Beziehungen zu bereits vorhandenen Bibliotheken voraussetzte. Doch ein »Nest« voller Bücher reichte noch nicht, der sitzende und schreibende Körper hatte auch seine Ansprüche. »In Basel«, schreibt Erasmus v. Rotterdam 1523, »ging es mir gesundheitlich soweit gut, bis es in den oberen Räumen kalt wurde. Doch als ich sah, dass anderen die Kälte nachgerade unerträglich war, ließ ich zu, dass ein paar Mal etwas geheizt wurde. Aber dieses Entgegenkommen kam mir teuer zu stehen: ich bekam bald einen bösen Schnupfen. Dem Schnupfen folgte ein [Nieren-]Stein, und das Übel wiederholte sich derart, dass kein Tag verging, ohne dass ich entweder [einen solchen] konzipierte, oder Wehen hatte, oder einen Stein ans Licht brachte oder nach der Geburt [desselben] darniederlag, genau wie die Wöchnerinnen. Mein Magen war dadurch so ruiniert, dass er durch kein Heilmittel wieder in Ordnung gebracht werden konnte.« Mit den Heizungen stand nicht nur er »ebenso wenig auf gutem Fuße wie mit dem Tode«.[29] Gute Öfen waren teuer und die Feuergefahr ständig präsent in den mit Büchern, gebundenen schweren Codices, Briefen, Pergamentblättern, seit dem 13. Jahrhundert immer mehr verwendeten Papieren und allerhand Geschenken vollgestopften, engen Studierzimmern mit Holztäferung. Darüber hinaus verursachten Holzkohlen viel stinkenden und ungesunden Rauch, während die prasselnden Holzscheite mit ihrem allzu großen Lärm nervten. Ja, vielfach wurde das Heizen auch ganz unterlassen, damit sich die Fliegen nicht noch zusätzlich vermehrten.[30]

Montaigne macht im Gegensatz zu den »Dichtern als Vertreter einer verweichlichten Lebensweise«[31] dazu gute Miene, wenn er in seinen »Essais« über sein Arbeitszimmer schreibt: »Und kein Raum darin ist stärker den Winden ausgesetzt als dieses Turmzimmer; doch gerade dass es abgelegen und ein bisschen mühsam zu erreichen ist, gefällt mir, weil es mir so die Leute vom Leib hält und die körperliche Anstrengung mir guttut. Hier also bin ich ganz zu Hause, hier suche ich ganz mein eigner Herr zu sein und diesen einzigen Winkel sowohl der ehelichen und töchterlichen als auch der gesellschaftlichen Gemeinschaft zu entziehn.«[32] Die Angst vor unerwünschter Gesellschaft war omnipräsent; man war und blieb als Gelehrter gerne »Einspänner«,[33] der nur mit wenigen Auserwählten verkehrte und sich im schlimmsten Fall auch verleugnen ließ. Schließlich gab es noch die Möglichkeit, mit aufgehängten Porträts Abwesender oder mit Spiegeln, die ja »viele wunderbare Dinge erscheinen« lassen konnten,[34] lebhaft Zwiesprache zu halten.

Wer allerdings im hintersten Winkel seines Hauses seine Studierstube einrichtete, »mit dicken Mauern, doppelten Türen und Fenstern«, und alle Ritzen »sorgfältig mit Gips und Pech verstopft« hatte, war zwar den penetranten Lärm von der Straße und vom eigenen Gesinde los, dafür aber konnte selbst unter Tags »kaum ein Lichtstrahl eindringen«.[35] Von Ärzten wurden halbdunkle sowie stille Räume für Melancholiker empfohlen.[36]

Aber das vorhandene Kunstlicht war alles andere als ideal: Lampenöl stank – wie viele in ihrem Schein geschriebene Texte rochen »nach Studierlampe«[37] –, Kerzen waren teuer und ihr Licht ermüdete leicht die Augen. Lionello d'Este (1407–1450), Markgraf von Ferrara, warnte entsprechend: »Was soll ich noch über all die Leute sagen, die während der Lektüre von Müdigkeit überwältigt ein Buch bis auf die Mitte der Seite herunterbrennen ließen?«[38] Also doch ein Fenster mit Naturlicht und ab und zu gesunder Luft. Schließlich hatte der berühmte italienische Arzt Marsilio Ficino ja 1482 den zur Melancholie neigenden »Priestern der Musen« ein Zimmer in höheren Regionen empfohlen, weit weg von »drückender und nebliger« Luft.[39]

Derart gelegen, bot ein Studiolo in oberen Stockwerken auch wunderbar erholsame Aussichten,[40] bisweilen wie im Studio der Medici in Florenz als Trompe-l'oeil auch auf Phantasielandschaften, hielt darüber hinaus als Erziehungsmittel Schüler und Studenten vom »Herumlungern« auf der Straße ab[41] und schützte infolge beschwerlichen Treppensteigens[42] auch besser vor ungebetenen Gästen. Vor den kleinen Hausbewohnern bewahrten einen ja die Katzen, damit es zu keiner Ratten- und Mäuseplage kommen konnte, wie beispielsweise 1494 im Studio von Isabella d'Este. Und bei schwerer Seuchengefahr zog man sowieso ein entfernter liegendes Logis auf dem Land vor. Für den, der vor allem nachts arbeitete – ein Bett gehörte deswegen häufig zum Inventar –, hielt sich ja wohl der Lärm noch im Bereich des Erträglichen. Der nächtliche Glockenklang konnte fast etwas stimmungsvoll Romantisches bekommen, wie etwa in den vom kriminellen Geistlichen François Villon (1431 – ca. 1463) in Paris einsam verfassten Dichtungen.[43]

Blieb eigentlich nur noch die Störung aus dem familiären Umfeld, jedenfalls eine häufige Klage aus männlicher Sicht. Denn im 15. Jahrhundert war ein eigenes Studierzimmer wie den Männern höchstens den Frauen der Oberschicht vorbehalten. Während adlige Frauen wie Eleonora d'Aragon, Elisabetta Gonzaga, Isabella d'Este, Ippolita Sforza, Marguerite de Bourg oder Lady Margaret Hoby über reich ausgeschmückte, berühmte Studienzimmer verfügten, häufig ihre Ehemänner oder männlichen Verwandten dabei imitierend, wenn nicht gar übertrumpfend, mussten gebildete großbürgerliche Frauen wie die französische Lyrikerin Louise Labé (ca. 1524–1566) oder die venezianische Dichterin Veronica Franco (1546–1591) ohne ein solches auskommen und zum Schreiben mit einer Ecke in ihrem Schlafzimmer vorliebnehmen. Im besten Fall hatten sie bisweilen als Töchter ein väterliches Studienzimmer mit benutzen dürfen. Allerdings beklagt sich Montaigne darüber, wie Gelehrte die Gemächer der Damen mit Buchwissen vollstopften, »dass diese, auch wenn sie vom Wesentlichen nichts verstanden haben, es nun wenigstens mit Kennermiene vorzutragen wissen«.[44] Eine Frau mit Büchern in der Studierstube, gar noch griechischen und lateinischen, beunruhigte längst nicht nur Geistliche.[45]

»Überall sonst bin ich Herr nur dem Namen nach«, schreibt der Adlige Montaigne, »in Wirklichkeit aber redet mir jeder dazwischen. Arm dran ist meines Erachtens, wer bei sich zu Hause nichts hat, wo er bei sich zu Hause ist, wo er sich verbergen, wo er mit sich selbst hofhalten kann.«[46] Bei diesem männlichen Versuch der Selbsterforschung, im hintersten, abseitigsten Winkel ganz sein »eigener Herr« zu sein, gewinnt in der Tat ein eigenartig frauenfeindlicher, misogyner Zug die Oberhand. Allerdings lässt er sich sehr wohl einordnen in die 1399 durch Christine de Pizan, eine dichtende Adlige mit eigenem Schreibzimmer, ausgelöste feministische Kontroverse, die sogenannte »Querelle des femmes«, in der sie den großen Wert des weiblichen Geschlechts gegenüber den sich zuspitzenden frauenfeindlichen Zeittendenzen betonte.[47] Schon ein Autor wie Giovanni di Boccaccio (1313–1375) kritisierte die dümmliche Misogynie seiner Zeitgenossen in seinen freizügigen Novellen. Aber an der männlichen Vorstellung einer langen, harten Erprobung der idealen Ehefrau hält auch er weiterhin fest. Denn sonst droht eine verhängnisvolle Ehe, wie er über den Junggesellen Dante schreibt: »Er war gewohnt, sooft ihm das gemeine Volk zum Ärger ward, sich an einen einsamen Ort zurückzuziehen und dort in Spekulationen zu schauen, welcher Geist den Himmel bewege, woher das Leben den Geschöpfen komme, die auf Erden sind, oder über einer unerhörten Erfindung zu sinnen oder einiges zu dichten, was bei den Künftigen, wenn er tot war, ihn leben ließe durch seinen Ruhm.« Doch welch ein Schreck, da arrangieren die Eltern einfach für den gehorsamen Sohn Dante nach dem traurigen Tod der geliebten Beatrice eine Zweckheirat. Boccaccio kann nur noch voller Empörung fortfahren: »Jetzt wird er nicht nur den süßen Betrachtungen entrissen, sobald die Lust dazu die neue Frau überkommt, sondern er muss sich den Umgang einer Gesellschaft gefallen lassen, die sich übel zu dergleichen Dingen schickt.«[48] Es ist die absurd anmutende Gelehrtenangst, wie sie etwa Erasmus v. Rotterdam karikieren wird und der Schriftsteller Elias Canetti noch 1931 für seinen Roman »Die Blendung« als Motiv verwendet, dass, wenn ein Verheirateter Anstalten mache, sich während der idealen Arbeitszeit am Abend mit Cicero zu beschäftigen, ihm die eigene Frau aus eifersüchtiger Missgunst und befürchteter Vernachlässigung, »die Tür einrennen, die Indices in Fetzen reißen und die Blätter mit den ciceronianischen Stilübungen ins Feuer werfen« würde.[49]

Der italienische Humanist und Baumeister Leon Battista Alberti (1404–1472) lässt seinen gutmütigen Verwandten Gianozzo ganz eindringlich den Männern empfehlen, eine neue Ehefrau zunächst mit allem im Haus bekannt zu machen und ihr zu erklären, wozu all das diene. Daran anschließend kommt er auf den Höhepunkt dieser Hausführung zu sprechen: »Zuletzt kehrten wir in mein Zimmer zurück, und da zeigte ich ihr bei verschlossener Türe die Wertsachen, das Silberzeug, die Gobelins, die Gewänder, die Edelsteine, und wo all dies an seinem Platz aufbewahrt würde. [...] Dazu erscheint mir kein anderer Ort mehr geeignet als mein eigenes Zimmer, wo ich schlafe;

und wie ich sagte, wollte ich nicht, dass von meinem dort aufbewahrten wertvollen Besitz meiner Frau etwas verborgen bleibe; all mein häusliches Gut offenbarte ich ihr, zeigte und erklärte es ihr. Einzig die Bücher und meine sowie meiner Vorfahren Schriften gefiel mir sowohl damals als auch später immer dergestalt eingeschlossen zu halten, dass meine Frau sie nicht nur nicht lesen, sondern nicht einmal zu Gesicht bekommen konnte. Stets habe ich die Schriften nicht in den Ärmeln des Gewands getragen, sondern nach ihrer Ordnung in meinem Studierzimmer aufgestellt gehabt, wie etwas Heiliges und Ehrwürdiges, und habe meiner Frau nie erlaubt, weder mit mir noch allein, diesen Ort zu betreten; mehr noch, ihr aufgetragen, wenn ihr je etwas von meinen Schriften in die Hand fiele, es mir sogleich zu übergeben. Und um ihr jedes Verlangen zu benehmen, das sie je anwandeln könnte, in meine Schriften oder in meine geheimen Angelegenheiten Einsicht zu nehmen, tadelte ich ihr gegenüber oft jene vorwitzigen und verwegenen Frauen, die allzu bemüht sind, über die Angelegenheiten ihres Gatten außerhalb des Hauses und die der anderen Männer etwas zu erfahren.«[50]

Es ist dieses letzte aller hausväterlichen Geheimnisse, und mag es zwischen Andacht und Geschäft noch so nebensächlich erscheinen, das hier um jeden Preis vor der Frau bewahrt werden soll, als eine lebenslängliche familiäre Prüfung und Erprobung ihrer Hausfrauentugenden. Das Geheimnis des verbotenen, bürgerlichen Zimmers lässt sich von hier aus zumindest in jeder noch so dramatisch ausschmückenden, märchenhaften Variante weiter ausspinnen. Etwa zum berühmten »Blaubart«-Märchen des 17. Jahrhunderts, das verschiedenste grausame Erzählmotive für die Prüfung einer Ehefrau vereint. Während nämlich der verreisende, misstrauische Hausherr namens Blaubart die Schlüsselgewalt seiner Frau übergibt, verbietet er ihr gleichzeitig das Betreten eines einzigen Mannszimmers als Erprobung ihrer ehelichen Treue. Wenn sie allerdings dann doch einen Blick in dieses geheimnisvolle Zimmer wagen sollte, so wird sie darin allein der grausliche Anblick getöteter Frauen erwarten, denen ganz offensichtlich ihre geradezu männlich-mutige Neugier zum Verhängnis geworden ist. Nun stellt sich nur noch die Frage, ob man dem rückkehrenden Hausherrn und seinem zwanghaften Mordgelüste in irgendeiner Form zu entkommen vermag.

Die bluttriefenden Blaubart-Märchen erzählen von einer grundsätzlichen Neugier – und nicht nur der weiblichen –, die je nachdem aber auch einfach höchst banalen Geheimnissen auf die Spur zu kommen vermag. Etwa, dass der weit herum wegen seiner anatomischen Kenntnisse und seinen Erfahrungen als Pestarzt berühmte Basler Mediziner Felix Platter (1536–1614) als protestantischer Student in aller Heimlichkeit auf seinem Studiolo oder Studierstübchen im Februar 1553 die strenge Fastenzeit im französischen wie katholischen Montpellier bricht. Über seinen Tabubruch schreibt er im Tagebuch: »Am Eschenmitwuchen facht die fasten an, in welcher man kein fleisch noch eier by lib straf eßen dorft, wie wol wir Teutschen heimlich zuo zyten solche spyßen aßen. Do lart ich, ancken [Butter] im papir ob der kolen zerloßen [zergehen lassen] und eier drin schlachen, wil ich kein ander gschir aus argwon nemmen dorf. [Ich] warf ein mol schier die gantze fasten die eier schalen, von denen, so ich im ancken und sunst im papir ob dem liecht gebroten aß, uf mein studiol, die fandt hernoch ein magt, zeigts der [haus-]frauwen an, die war gar übel zefriden, lies [es] doch darby bleiben.«[51]

Vieles wird in diesen Stuben aus- wie vorgekocht oder gar gekocht. Und die Arbeit darin kann auch sonst der einer Ehefrau oder des Dienstpersonals sehr ähneln, wenn mit dem Kehrwisch Bücherstaub und Spinnweben im Geheimgemach ab und zu beseitigt werden müssen. Aber der männliche Gelehrte fühlt sich in seinem Studierzimmer offensichtlich wie in einem engen Gehäuse festgefügter Lebensformen, Anschauungen und Wertmaßstäbe nur dann ganz sicher, wenn er selbstgerecht und uneingeschränkt darin zu beharren vermag. Denn in der gemütlichen Gelehrtenstube bereiten sich auch Stürme ganz neuer Art vor. So sorgt sich denn Martin Luther in einem »Tischgespräch«, als man in Wittenberg an der Stadtmauer baut und dabei seinen Wohnort mit einbezieht: »Lebe ich noch ein jar / so mus mein arm Stüblin weg / daraus ich doch den Bapst gestürmet habe / Das es umb der ursach willen wert were / das es ewig bliebe stehen.«[52] Und vielleicht bereitet in solch liebgewonnenen, teuren Sturmstuben voller reformatorischer und gegenreformatorischer Geheimnisse auch die übrige moderne Welt ihren Auftritt gedanklich vor. Vielleicht liegt hier neben allem Visionären und Imaginierten auch eine Keimzelle von utilitaristischer Zweckrationalität oder instrumenteller Vernunft, die sich in der Matrix des Studienzimmers insgeheim und unter Ausschluss der Öffentlichkeit zunächst rein geistig formiert. Denn wie viele der hier im abgesonderten Studierzimmer am Schreibtisch entstandenen Schriften bilden nicht die Grundlagen von Ideologien, die weit über ihren zeitgeistigen Horizont hinaus auf geschichtliche Prozesse zu wirken vermögen. Von der skrupellosen Machtphilosophie eines Machiavellismus bis zu egalitären wie zentralistischen Sozialutopien bei Tommaso Campanella (1568–1639) entfalten sich von dort aus ganz ungeahnte bereichernde wie verhängnisvolle Kräfte.

Alles in allem wird also eine Gesellschaftsmaschinerie heraufbeschworen und zur Verwirklichung gedrängt, wie sie etwa der deutsche Soziologe Max Weber 1904 als moderne technische Gesellschaft bilanzieren wird. »Nur wie ›ein dünner Mantel, den man jeder Zeit abwerfen könnte‹, sollte nach [Richard] Baxters Ansicht [engl. puritanischer Moraltheologe; 1615–1691] die Sorge um die äußeren Güter um die Schultern seiner Heiligen liegen. Aber aus dem Mantel ließ das Verhängnis ein stahlhartes Gehäuse werden. Indem die Askese die Welt umzubauen und in der Welt sich auszuwirken unternahm, gewannen die äußeren Güter dieser Welt zunehmende und schließlich unentrinnbare Macht über den Menschen, wie niemals zuvor in der Geschichte. Heute ist ihr Geist – ob endgültig, wer weiß es? – aus diesem Gehäuse entwichen. Der siegreiche Kapitalismus jedenfalls bedarf, seit er auf mechanischer Grundlage ruht, dieser Stütze nicht mehr. Auch die rosige Stimmung ihrer lachenden Erbin: der Aufklärung, scheint endgültig im Verbleichen und als ein Gespenst ehemals religiöser Glaubensinhalte geht der Gedanke der ›Berufspflicht‹ in unserm Leben um. Wo die ›Berufserfüllung‹ nicht direkt zu den höchsten geistigen Kulturwerten in Beziehung gesetzt werden kann – oder wo nicht umgekehrt sie auch subjektiv einfach als ökonomischer Zwang empfunden werden muß –, da verzichtet der einzelne heute meist auf ihre Ausdeutung überhaupt. Auf dem Gebiet seiner höchsten Entfesselung, in den Vereinigten Staaten, neigt das seines [religiös-ethischen] Sinnes entkleidete Erwerbsstreben heute dazu, sich mit rein agonalen Leidenschaften zu assoziieren, die ihm nicht selten geradezu den Charakter des Sports aufprägen. Niemand weiß noch, wer künftig in jenem Gehäuse wohnen wird, und ob am Ende dieser ungeheuren Entwicklung ganz neue Propheten oder eine mächtige Wiedergeburt alter Gedanken und Ideale stehen werden, oder aber – wenn keins von beiden – [mechanisierte] Versteinerung, durch eine Art von krampfhaftem Sich-wichtignehmen verbrämt. Dann allerdings könnte für die ›letzten Menschen‹ dieser Kulturentwicklung das Wort zur Wahrheit werden: ›Fachmenschen ohne Geist, Genußmenschen ohne Herz: dies Nichts bildet sich ein, eine nie vorher erreichte Stufe des Menschentums erstiegen zu haben.‹«[53]

Was hier im Zentrum von Max Webers (1864–1920) düsterer Weltsicht in »Die protestantische Ethik und der ›Geist‹ des Kapitalismus« steht, umkreist bei aller Vereinfachung letztlich auch ein spezifisch deutsches Phänomen, um noch einmal kurz auf die am Anfang erwähnte Ablehnung der traditionellen Studierstube zurückzukommen. Unmittelbar nach dem Ersten Weltkrieg, analysierte der Soziologe und Publizist Siegfried Kracauer (1889–1966) im amerikanischen Exil der 1940er Jahre, habe sich der »bedrängte deutsche Geist« infolge des schockierend neuen Anspruchs auf Freiheit in »sein Gehäuse zurückgezogen«.[54] Insbesondere die deutschen Mittelschichten hätten die Augen darin geradezu vor der Welt verschlossen. Man blickte nach innen und war doch noch mit seiner tiefverwurzelten Autoritätsgläubigkeit nicht wirklich reif für den neuen, modernen Individualismus. Aber es war auch ein Rückzug in ein Gelehrtengehäuse, das nicht nur einfach »die Atmosphäre des Werkes schützt«, wie es Thomas Mann 1925 für sich beschreibt,[55] sondern in dem sich auch der deutsche Geist, gerade durch das bedrohlich irrationale Verrennen und Verirren in unzähligen weiteren spekulativen Schachtelgebilden oder Kästen, die Zerstörung der eigenen Vernunftkultur vorbereitet hat. Und dieser neue Nihilismus war wiederum besonders anfällig für jegliche Art totalitärer, völkischer Ideologie. Oder bereitete er sie gar präfaschistisch mit vor?[56]

Das harte Gelehrtengehäuse ist in jedem Fall morsch geworden. Viele gelehrte Stuben haben mit all ihrem Inventar die Zerstörungen während des Zweiten Weltkriegs nicht unbeschadet überlebt. Die furchtbaren Verfolgungs-, Exil-, Kriegs- und Nachkriegserlebnisse ließen ebenfalls einen ganz neuen Blick aus einer bezeichnenden Mischung aus Hass, Verdrängung oder Schuldgefühlen auf das althergebrachte Studien- und Dichtergehäuse werfen. Kein Wunder, wenn sich Wolfdietrich Schnurre als Vertreter der »jungen« Generation von deutschen Nachkriegsautoren in den 1960er Jahren als Schriftsteller verstanden haben will, »der seinen Beruf nicht im hermetisch verschlossenen Studio auszuüben vermag. Dies Land ist nicht danach, dass man sich aus ihm zurückziehen dürfte.«[57] Mag er später auch zu vielen dieser emotionalen Gedanken wieder auf größere Distanz gegangen sein, die im damaligen Pathos formulierte Ausschließlichkeit spricht doch zumindest von einer intensiven Suche vieler Schreibender nach neuen moralischen Kriterien der Verantwortung, um das eigene literarische Arbeiten zu rechtfertigen.

Denn am Horizont ziehen schon wieder dunkle politische Wolken auf. Kalte Kriegswolken, die von neuem Ungemach künden, auch von atomarem. Man merkt jetzt auf, schaut genauer hin. Auch ein gutes Gehäuse bedeutet da keine sichere Antwort mehr.

Herrenkabinett und Bürgerhäuschen

Es gibt diesen berühmten, bis zur Trivialität oft zitierten Philosophen-Satz von der glücklichen Stille des Arbeitszimmers. Ein Gemeinplatz, mit dem heutzutage Blogger gerne ihre sitzende Tätigkeit rechtfertigen, mit dem alle Muffel »schöne Ferien« per SMS und einem Smiley gewünscht bekommen oder Kulturkritiker den Massentourismus oder andere mehr oder minder mobile Auswüchse unserer Gesellschaft geißeln. Auf ihn kommen selbst leicht alberne, schriftstellernde Romanhelden noch zurück, wie etwa in Michal Vieweghs »Erziehung von Mädchen in Böhmen« (1998). Die Scherereien mit einer Privatschülerin als Geliebten haben ihm Wirklichkeit, Tagträume und Gesundheit ordentlich durcheinandergebracht. »Das ganze Unglück der Männer hat darin seinen Ursprung, dass sie nicht in der Stille ihres Arbeitszimmers bleiben können, sinnierte ich bitter mit Pascal.«[1]

Wie viel über solch tiefem böhmischen Nachsinnen da auch immer vom Originalzitat Blaise Pascals (1623–1662) verlorengegangen ist, der scherzhaften Schmerzhaftigkeit tut das bekanntlich keinen Abbruch. Das parodistisch Zitierte kommt einem auf jeden Fall bekannt vor; allerdings gänzlich losgelöst von den damaligen Zeitumständen, in denen Kardinal Mazarin dem König Ludwig XIV. (1638–1715) die Voraussetzungen für einen absolutistischen Staat in Frankreich schuf. Doch für den Zweck, die weitere Entwicklung des literarischen Arbeitszimmers zu verfolgen, kann es dabei belassen werden, dass der 1660 kurzfristig gesundheitlich wieder etwas erholte Pascal sich einen tieferen Blick in den damals in Toulouse weilenden Hofstaat und seine Vergnügungen erlaubt hat. Statt den üblichen mathematischen Problemen analysierte er die zeitgenössische Zerstreuungssucht als hoffnungsfreudige Ablenkung vom ständig präsenten Tod. Und er wiederholt, was er schon immer gesagt hatte, »dass das ganze Unglück der Menschen aus einem einzigen Umstand herrühre, nämlich, dass sie nicht ruhig in einem Zimmer bleiben können. Wenn ein Mann, der genug Vermögen zum Leben hat, es verstünde, vergnügt zu Hause zu bleiben, so würde er nicht ausziehen, um über das Meer zu fahren oder sich an der Belagerung einer Festung zu beteiligen; man kauft wohl nur eine Stelle in der Armee für so viel Geld, weil man es unerträglich findet, sich nicht aus der Stadt fortzurühren, und man sucht Unterhaltungen und Zerstreuung bei Spielen nur, weil man nicht vergnügt zu Hause bleibt. Usw.«[2]

Dem so häufig schwer kränkelnden und in jansenistischer Frömmigkeit Zuflucht suchenden Pascal erschienen die Zimmeraufenthalte, sei es im eigenen Haus in Paris oder in der klösterlichen Zelle in der Abtei Port-Royal-des-Champs, so vergnüglich, weil sie ihm schon die Gewissheit bedeuteten, damit einer seriösen wie ungestörten Gottessuche, ja einem regelrechten Gottesstudium, in aller Einsamkeit nicht mehr ausweichen zu können. Indem er hierbei ganz allgemein von »einem Zimmer« (»une chambre«)[3] spricht, also den Raum zunächst nicht spezifiziert, etwa als Gelehrtenkabinett,[4] wird eine solch geistige Begegnung mit Gott eigentlich auch in allen nur möglichen Räumen und für alle Welt denkbar, sei es in der Hütte, im Haus oder im herrschaftlichen Schloss. Natürlich ist das schöne Theorie, denn in Tat und Wahrheit werden im 17. Jahrhundert nicht alle

Zimmer dafür in Frage kommen. Speziell nicht, wenn die gebildete Oberschicht seit längerem dafür eigens gestaltete Studienräume im Auge hat, mag sie diese auch nach wie vor in antiker Manier als Musen- oder Götterkabinett erhöhen.[5] Selbst Pascal bemerkt, dass nicht jede Örtlichkeit einen »gut schreiben lasse«, da diese zu stark anfeuern könne und dadurch dem menschlichen Geist mehr entlocke, als in ihm ohne diese Anfeuerung überhaupt zu finden sei.[6]

»Eine schöne Wohnung (›appartement‹) benötigt Saal, Vorzimmer, Zimmer & Kabinett (›cabinet‹)«, hält Antoine Furetières »Universelles Wörterbuch« von 1690 fest.[7] Wobei Letzteres ein kleineres, ausgegrenztes Hinterzimmer meint. Es war offensichtlich so etwas wie ein Nachfolger des Studiolo (»estude«) der Renaissance geworden, dieser ersten Spezialisierung des privaten Raumes. Man verstand in Frankreich darunter zunächst ein kleines Gelass, das an die übrigen herrschaftlichen Wohnräume angrenzte, häufig an die Schlafzimmer oder Bibliothek. Weil es als Arbeitszimmer meist nur mit einem Lese- und Schreibpult ausgestattet war, häufig ein Tisch mit Decke, wirkte es vorerst relativ kahl und geschäftlich. Vielleicht spricht diese Einfachheit auch noch von den nachreformatorischen, unruhigen Zeiten des angehenden 17. Jahrhunderts mit Glaubens- und Bürgerkriegen, die häufige, bisweilen fluchtartige Wechsel der Räumlichkeiten verlangten. Doch als »stilles Arbeitszimmer«[8] wird das Kabinett ebenso zum Sinnbild für den abgeschlossenen gedanklichen Unterhaltungsraum, wie schon zuvor das Studiolo mitsamt seinem Interieur das Bild für eine geistig bessere, humanistische Welt prägte. Es ist zweifellos ein intellektuelles, künstlerisches Raumideal, das geradezu den inneren menschlichen Denkapparat in den eigenen vier Wänden nachbildet, und im Übrigen auch den Umkehrschluss zulässt, wie etwa der Philosoph Gottfried Wilhelm Leibniz (1646–1716) schreibt: »Der Verstand gleicht einigermaßen einem ganz dunklen Zimmer, das nur einige kleine Öffnungen hat, um von außen die Bilder der äußeren sichtbaren Dinge einzulassen. Könnten die Bilder, die sich in diesem dunklen Zimmer abbilden, dort bleiben und in Ordnung aufgestellt werden, so dass man sie gelegentlich wiederfinden könnte, so bestände zwischen diesem Zimmer und dem menschlichen Verstande eine große Ähnlichkeit.«[9]

Ein solch stockdunkles Verstandeszimmer mit wenigen kleinen Fenstern, eine Art geistige Camera obscura, war wohl für viele »Studierstuben-Schaltiere«[10] eine Zumutung angesichts ihrer Erhellung suchenden Lese- wie Schreibsucht. Bei schlechtem Licht ließ sich die »gelehrte Stallfütterung«[11] nur schwer betreiben. Spätestens im Barockzeitalter war die stetig anwachsende Menge von Gedrucktem schier unbewältigbar. Und doch gehörte es zum guten Ton der Gelehrten, für jeden Gedankengang entsprechend geeignete Zitate aufzuspüren, die durch ihre anerkannte Autorität Beweiskraft bedeuteten. Ein Werk ohne mindestens zehn Zitate galt nichts, denn das hätte ein Gelehrter auch einfach auf einer wüsten Insel ohne Bibliothek verfassen können. Man sammelte also ständig Leseexzerpte für eigene Werke, die dann wiederum selber auf wichtige Belegstellen hin gelesen werden konnten. Bisweilen wurde deshalb gedanklich zu haarsträubenden und nicht immer funktionierenden Erfindungen wie Leserädern für Parallellektüren Zuflucht genommen.[12] Wer den ungeheuren Lesestoff, die ganze »Bibliothekarwissenschafft«,[13] aus seiner engen Behausung verbannte, um wenigstens, wie es der spanische Theaterautor Lope de Vega (1562–1635) sagte, beim Schreiben möglichst wenig beeinflusst und abgelenkt zu werden,[14] dem blieben immer noch genügend handschriftliche Exzerpte, Manuskripte und mit Zettelchen oder anderweitigen Lesezeichen bestückte Bücher fürs Pult. Besonders nachts glich das Lese- und Schreibkabinett einer wilden Höhle, wenn der Kerzenleuchter nunmehr eine beschränkte Fläche konstant erhellte, wobei ein kleiner Schirm am Halter das für die Augen allzu ermüdende Auf- und Abflackern abblenden sollte. Zusätzliche Probleme entstanden, wenn dem Wachs- das billigere, rauchige Talglicht vorgezogen wurde, und man bald einmal »mit bloßen Fingern an die Wände schreiben« konnte wie etwa der Königsberger Philosoph Immanuel Kant (1724–1804) in seinem »sehr schlecht ausmeublirten« Arbeitszimmer.[15] Zumal, wenn er die Wände, wie im 18. Jahrhundert üblich, nicht mindestens einmal im Jahr mit einem neuen Anstrich versehen ließ, und sei es auch nur mit weißem Kalk. Das Beziehen der Wände mit Tapeten oder »einfärbigem Papier«[16] war Kant offensichtlich zu kostspielig.

Rauchende Köpfe riskierten »im Dämmer der Studierstube«[17] darüber hinaus noch vor Kälte und Zugluft umzukommen. Wer kann schon »mit angefrornem Finger« das »Feuer« der Poesie »aufs Papier gießen«?[18] Entsprechend werden zumindest gerüchteweise einige Autoren und Gelehrte, wie etwa Pierre Corneille (1606–1684), René Descartes (1596–1650) oder Abbé Galiani (1728–1787), erste wichtige Arbeitsschritte auch vom warmen Bett aus konzipieren. Der französische Philosoph Descartes in militärischen Diensten im 30-jährigen Krieg (1618–1648) lobt aber auch sein Winterquartier bei Ulm, »wo ich, da ich keine zerstreuende Unterhaltung fand und mich überdies glücklicherweise keine Sorgen oder Leidenschaften störten, den ganzen Tag allein in einer warmen Stube eingeschlossen blieb und hier all die Muße fand, um mich mit meinen Gedanken zu unterhalten«. Den Ort, wo bezeichnenderweise sein philosophisches Systemgebäude des Zweifelns mit Überlegungen zur Architektur seinen Anfang nimmt, benennt Descartes nicht wie sonst üblich mit »cabinet«, sondern mit »poêle«, also einem kleinen mit Ofen beheizten Zimmer.[19]

Dieses durchwärmte Geisteslabor war allerdings, was Öfen betrifft, zumindest unter aufgeklärten Ärzten des 18. Jahrhunderts gesundheitlich umstritten. Der berühmte Lausanner Arzt Auguste Tissot, der sich »Von der Gesundheit der Gelehrten« (1766), einer von jeher zu allerlei Kränklichkeit neigenden Spezies, ein Bild gemacht hatte, warnte diese eindringlich in bestem Wissenschaftslatein: »Sie müssen mit grosser Sorgfalt die Luft ihrer Wohnzimmer oft erneuern, und das ist mit einer von den Gründen, welche machen, daß die Camin-Gemächer, wo sich die Luft immer erneuert, gesünder sind, als die Gemächer mit Oefen [...]«[20] Doch blieb die Luft auch rein, das stille Meditieren vor dem Kamin erwies sich letztlich nicht als ganz gefahrlos. Der deutsche Reiseschriftsteller Karl Philipp Moritz berichtet 1782 aus dem kalten London: »Ich muß gestehen, daß mir die Wärme von den Steinkohlen im Kamine weit sanfter und milder vorkommt, als die von unsern Öfen. Auch tut der Anblick des Feuers selbst eine sehr angenehme Wirkung. Nur muß man sich hüten, gerade und anhaltend hineinzusehen; denn daher kommen wohl mit die vielen jungen Greise in England, welche mit Brillen auf der Nase auf öffentlichen Straßen gehen und reiten [...]«[21]

Bei all diesen Gefahren bot die allerletzte Sicherheit nur ein fester »Studierfelsen«,[22] an den man sich klammern, sich ansaugen konnte: der Schreibtisch. »Mein wichtigstes Meuble«, wird der Dramatiker Friedrich Schiller (1759–1805) seinem Freund Christian Gottfried Körner 1789 schreiben.[23] Das 17. Jahrhundert verfertigt als Erstes aus dem Tischpult ein solch richtiges und komplettes Möbel, sei es als Schreibkommode oder als Sekretär mit schräger oder später flacher Schreibfläche, im Französischen »bureau« genannt. Wie in der Mode und in Fragen des höfischen Geschmacks wird auch hier Frankreich führend in Sachen stilbildender Eleganz, speziell in der Mitte des 18. Jahrhunderts mit der Entwicklung des wohlproportionierten Zylindersekretärs. Die berühmte »Encyclopédie« der Aufklärer betont denn auch die große Bedeutung dieses Möbelstücks: »Drei Dinge sind nötig, um zu schreiben: ein schöner Tag, ein solider Tisch & ein bequemer Sitz. Das Licht, das man von der linken Seite bekommt, ist immer günstig, wenn man von dem Ort, an dem man schreibt, den Himmel sehen kann. Der Tisch & der Stuhl sollten so angeordnet sein, dass die sitzende Person ihre Ellbogen aufstützen kann, ohne sich bücken zu müssen. Diese Haltung ist die natürlichste, die man allen andern vorziehen sollte. Ein im Verhältnis zum Stuhl zu hoher Tisch behindert den Arm in seiner Aktion & macht die Schrift schwerfällig; ein zu niedriger Tisch verringert den Sichtabstand, ermüdet den Körper & forciert die [gekünstelten] Effekte der Feder. Man muss sich also möglichst optimale Bequemlichkeit verschaffen, damit die Schrift Kühnheit & Leichtigkeit erlangt.«[24]

Kühn wie aufrichtig wird auch die deutsche Schriftstellerin Sophie v. La Roche (1731–1807) einem fiktiven guten Freund, wie schon zuvor 1783 den zahlreichen Leserinnen ihrer monatlichen Frauenzeitschrift »Pomona« als »Freundinnen«, ihren »lieben Warthäuser Holztisch« in »englischer Form«, der bei jedem Umzug mitkam, exakt und mit der umständlichen Ausführlichkeit von zwei Bänden schildern: »Nun mögen Ihre Blicke mir vor meinen Schreibetisch folgen, welcher in Wahrheit arm und zu schlicht aussieht, aber in meinen Augen das Verdienst eines alten, in einen grauen Ueberrock gehüllten, Dieners hat [...] geduldig jede Arbeit und Beschwerde trug, und alles Anvertraute still und treu bewahrte. Denken Sie dabey, daß neben diesen schätzbaren Eigenschaften, auf dem wirklich etwas plumpen Tisch, der für mein Herz sehr hohe Werth liegt, aus Holz von der gräflich Stadionischen Waldung, der in meinem Vaterlande liegenden Herrschaft Warthausen, verfertigt zu seyn, welches ich allen Cedern des Libanon, den Indischen Rosen- Atlas- Sandel- Eben- und Mahagonyholz vorziehe, [...] Seit fünf und vierzig Jahren habe ich alle Briefe meiner gütigen Freunde an diesem Tische gelesen und beantwortet; alle Bücher, welche mich belehrten, oder meine einsamen Stunden verschönerten, hielte er meinem Auge dar. [...] Und, mein Freund, an die eine Ecke dieses Tisches lehnte sich Wieland oft in der glücklichen, mir unschätzbaren Zeit, wo er als Nachbar und geliebter Freund des großen alten Graf Stadion nach Warthausen kam, [...] Ach, mein Schreibetisch hat sie alle mit mir durchlebt, diese Tage!« Und so gibt es zu jedem Lieblingsbuch, Brief, Zeitungsblatt, Haus- und Küchenrechnungszettel und sonstigen Gegenständen auf dem Tisch etwas zu erzählen. Vom Handleuchterchen fürs Siegeln der Briefe über das Lineal, um damit per Klopfzeichen auf die Tür ausgewählte Familienmitglieder aufzubieten, bis hin zum Körbchen mit Schreibzubehör, Scheren und Lesebrille.[25]

Mit all diesen Details, großen wie kleinen, ernsthaften wie komischen, wird auch das Arbeitszimmer, wie der Konstanzer Literaturwissenschaftler Bernd Stiegler schreibt, »zu einem regelrechten Mikrokosmos«, worin sich – mag das Interieur noch so kleinbürgerlich armselig anmuten – in aller Ruhe sogar literarisch herumreisen lässt.[26] Der französische Schriftsteller und berühmte Reiseberichterstatter aus dem eigenen Zimmer, Xavier de Maistre, beschreibt 1794 denn nicht nur seinen Schreibtisch als »das erste und bedeutendste Ding, das sich dem Blicke des Reisenden zeigt«, sondern verweist auch auf all die kleinen und größeren Geheimnisse seiner Schubladen. Letztlich liegen dort die verführerischen Jugenderinnerungen für den, der daran sitzend Schreibfedern spitzt und kaut, um auf Eingebungen zu warten: »Bringe ich meine Hand in diese Gegend, so ziehe ich sie meistens den ganzen Tag nicht wieder weg.«[27] Doch selbst wenn das Lesen alter Liebesbriefe das Schreiben vergessen lässt, bleibt die Atmosphäre am Schreibtisch doch geistig stets angeregt. In den geheimen Kabinetten liegen nicht nur die Herzen offen, sondern die Gedanken, wie sie Sophie v. La Roche den Lesererwartungen mutig offenbart: »Gewiß dachte mein Freund, daß eine aufrichtige Beschreibung des, auf diesem Tische und bey der Fenstermauer verbreiteten, Gemisches von Papieren und Büchern, ihm auch einen sehr genauen Grundriß von meinem Kopf und meinen Neigungen geben würde.«[28] Ja, ihr geschilderter Schreibtisch zeigt, wie ihr geistiges Schreibzentrum funktioniert.

Den wohlgeordneten Kopf als Muster eines Arbeitskabinetts interessiert auch Jean Paul für seine »Biographische Belustigungen unter der Gehirnschale einer Riesin«. Er schwadroniert dabei erschöpfend über die Errichtung eines neuen Arbeitszimmers in einer Riesenstatue: »Aus der Blei-Soldateska und aus der Blut-Akzise wurde nun eine kolossalische Jungfer Europa gegossen, die drei Ruten lang ist und also 5 rheinländische Zolle mehr hält als der hessische Herkules. Ich werde übermorgen erstaunen, wenn ich sie ansehe. Im Kopfe des rhodischen Kolossus soll man (les' ich) wie in Herschels Teleskop ein musizierendes Orchester eingestellt haben; aber unter dem Kranium der Miß Europa soll (hör' ich) ein ganzes besetztes Inquisitions-Gericht mit seinen Sessionstafeln Platz genug vor sich haben. Das ist keine Unmöglichkeit; – aber noch gemächlicher muß im Kopfe ein kleines Schreibepult und ein Sessel aufzustellen sein. Wenns also bei jetziger Jahrszeit in der Blei-Riesin nicht zu kalt ist: so wird übermorgen der erste Ausflug, den ich in Waldkappel tue, der in Europas Kopf sein (es geht innen eine Treppe bis an den Hals); und ich gedenke, unter ihrer Hirnschale meinen Schreibetisch wie ein Nähkissen einzuschrauben und daselbst – indem ich zugleich aus ihren Augenhöhlen die herrlichste Aussicht von der Welt genieße – den größten Teil der gegenwärtigen Belustigungen und Mémoires ungemein heiter abzufassen … Ich habe mich und den Leser schläfrig geschrieben. – Morgen mehr! – Ich wollt', ich wär' in Europa! –«[29]

Doch »ein sonderliches Zimmer« mit »Extraordinar Studir-Sachen«[30] wurde erst dann richtig und allgemein geschätzt, also europäisch, wenn es nicht einfach nur von einsamen, in »frostiger, unbequemer Stellung«[31] stillsitzenden Studierstubengelehrten bewohnt wurde, die »sich krumm und lahm schreiben«.[32] Denn man hat es seit dem Barockzeitalter nicht nur mit großen Tintenkleckserein und Bildungsbeflissenheit zu tun, sondern auch mit einer hohe Wellen schlagenden Gesprächskultur und Theatralik.[33] So wird das Kabinett auch zum weitgreifenden gesellschaftlichen Diskussionsraum. Zunächst im Sinne des englischen »closet« nur für eine Schar von Eingeweihten, Freunden wie Ratgebern vorbehalten, und dann immer mehr auch generell als allgemein zugängliches Besuchszimmer. Der Studierstubenbewohner wird damit angehalten, sich auch zu einem unterhaltsamen Weltmann mit guten Umgangsformen zu bilden. Er muss sein Wissen nur richtig aufzufassen und stilvoll zu vermitteln suchen, der Schrift wie Rede zu gleichem Recht verhelfen. Im Nachlass Immanuel Kants wird sich eine Notiz zu seiner »Anthropologie« finden, die derart euphorisch von der »so weit verfeinerten« Welt der Gelehrten berichtet, dass sie wenigstens für die Erkenntnisse der Geschichtswissenschaft festhält: »Die Weisheit muß den Höfen aus den Studierzimmern kommen.«[34] Eine Verfeinerung, die sich früh auch einer künstlerisch wertvollen Inneneinrichtung und Sammlungstätigkeit verdankt, wie sie sich schon beim späten weltlichen Studiolo beobachten ließ. Das Museum oder das »Kunstzimmer«[35] wird sich im Verlauf des 17. Jahrhunderts mehr und mehr als eine eigenständige Sammlungsarchitektur in Form einer separierten Galerie den Platz im herrschaftlichen Haus sichern. Für die verbliebenen Arbeitsräumlichkeiten allerdings bleibt der Hang zu luxuriöser Möblierung und Ausschmückung nach wie vor bestehen. Das königliche Kabinett als Zentrum der absolutistischen Regierungstätigkeit und entsprechend repräsentativen Machtentfaltung unter Ludwig XIV. bietet dafür das unerreichbare Vorbild. Kommoden, Kanapees, Sekretäre, Schränke, Sofas, Tische und Stühle, Buffets und Betten mit edelstem Material fourniert, beschlagen und lackiert, reden nicht nur von fürstlichem Prunk und Eleganz, sondern zeugen auch von einer eigenwillig verspielten Bequemlichkeitsvorstellung, die einen auf quasi jedem Möbelstück schreiben lassen wollte. Ein »homme du cabinet« liebte eben das Geruhsame, die geschmackvolle Kleidsamkeit und Konversation ebenso wie die vielfältigen Notizen und den bedeutsam verzettelten Lesestoff.[36]

Mit ästhetisch anspruchsvollen Kunstgegenständen, ausgewählten Landschafts- und Historienbildern und mit wohlgeratenen Porträts von Berühmtheiten oder antiken Kulturheroen konnte ein Studierzimmer in allen Augen an Vortrefflichkeit gewinnen oder zumindest ein gutes Licht auf den Besitzer werfen. Erotische, obszöne Kunst wurde in speziellen Kabinetten als zusätzliche Attraktion verwahrt, ganz wie schon der Mediziner Gerolamo Cardano (1501–1576) Gelehrten angeraten hatte, diese Laszivitäten und andere Erotika ins Schlafzimmer als körperliches Gegenmittel zum trockenen und esoterischen Studio zu verbannen.[37] So unterschied bereits der Naturgelehrte Galileo Galilei (1564–1642) in der Innengestaltung eines Studierzimmers sehr genau zwischen exotischen Kuriositäten und merkwürdig dilettierenden Skizzen als manierierten, armseligen Kleinkram und auf der andern Seite antik anmutenden Kunstwerken, exzellenter Historienmalerei und materiell veredeltem Kunsthandwerk als geradezu einer vollkommenen »königlichen Galerie« würdig.[38]

Ende des 18. Jahrhunderts wird der Aufklärer Friedrich Nicolai in seinem Roman »Sebaldus Nothanker« allerdings auch ein solch geschmacklich fehlgeleitetes Kunst- und Naturalienkabinett eines Landadligen böse bloßstellen. Im Stil der modischen Gelehrtensatire wird da der Narr ausgiebig karikiert: »Freylich gieng es ihm mit seinem Kabinette zuweilen, wie sonst mit seinem Kleiderputze. Bey diesem mußte oft Straß anstatt Juwelen, Plüsch statt Sammet, und ein bunter Lack von Martin, statt Goldes dienen. Eben so war auch jenes, anstatt wahrer Alterthümer, Münzen und Gemmen, meist mit allerhand Lumpenzeuge angefüllt, welches den größten Werth davon hatte, daß es zerbrochen, beschmutzt und unbrauchbar war. Der kleine Mann war aber in allen antiquarischen Kenntnissen, durch die er hätte einsehen können, daß seine Alterthümer lange nicht alt genug wären, glücklicherweise so unwissend, daß ihm seine alten Lampen, Urnen, Opferbeile, Scheidemünzen und Petschafte, vollkommen eben das Vergnügen machten, was sie einem ächten Alterthumskenner würden gemacht haben, wenn sie tausend

Jahre älter gewesen wären. [...]« Da sind also ein Abguss der Venus von Medici, »derselben Hintertheile« ihm außerordentlich wohl gefallen, eine »dickplünschige Minerva, desgleichen verschiedne Apolle, die wie Schneidergesellen aussahen, breitschultrige Merkure, und Jupiter mit spitzen Stirnen und aufgestutzten Nasen«, zerbrochne Urnen, rostige Degenklingen, Töpfe, Teller und eine unzählbare »Menge unbrauchbares Hausgeräthes, woraus mit Verwunderung zu ersehen seyn sollte, daß die Leute vor tausend Jahren Messer, Schnallen und Schlüssel gehabt hätten, beynahe eben so, wie wir.«[39] Doch mit all dem klopft der Landadlige in Nicolais Roman nicht einmal mehr seine ländlichen Standesnachbarn zur Besichtigung aus dem Busch. Sie wissen nur allzu gut Bescheid um die ungeheure Langeweile, die einen in seiner Aneinanderreihung von großen und kleinen Kabinetten erwartet. Studieren lässt sich da ja offensichtlich so gut wie gar nichts mehr. Außer vielleicht die Ziehung von Lotteriezahlen in Journalen, wovon der Besitzer fast täglich und ausgiebig Gebrauch macht.

Aber es ist nicht nur die eigene Geschmacklosigkeit bis zur unbelehrbaren Sinnlosigkeit, die einem das Kabinett verleidet. »Prächtige Gebäude und Zimmer«, weiß etwa der alte Weimarer Dichterfürst Goethe (1749–1832), »sind für Fürsten und Reiche. Wenn man darin lebt, fühlt man sich beruhigt, man ist zufrieden und will nichts weiter. Meiner Natur ist es ganz zuwider. Ich bin in einer prächtigen Wohnung, wie ich sie in Karlsbad gehabt, sogleich faul und untätig. Geringe Wohnung dagegen, wie dieses schlechte [=schlichte] Zimmer worin wir sind, ein wenig unordentlich ordentlich, ein wenig zigeunerhaft, ist für mich das Rechte; es läßt meiner inneren Natur volle Freiheit tätig zu sein und aus mir selber zu schaffen.« Die stattlichen Zimmer und das elegante Hausgerät sind, außer man ist von Jugend an daran gewöhnt, nur »etwas für Leute, die keine Gedanken haben und haben mögen«.[40] Die künstlerische Imagination und Phantasie eines Stürmer und Drängers oder gar Klassikers brauchen einzig und allein das schlichte Zimmer ohne alle Schreibtischziselierung und Überladenheiten einer Barock- oder Rokokozeit. Die »Kammerliteratur«, um dieses Wort des deutschen Soziologen Wolf Lepenies zu verwenden,[41] entfaltet anderweitig genügend Prunk, als dass sie diesen in ihren beschränkten, bürgerlichen Raumverhältnissen unmittelbar um sich herum noch zusätzlich aufbauen müsste. Eine kleine Öffnung im kahlen Arbeitszimmer, um die eigene Klause und Höhle wie ein intellektuelles, künstlerisches Tor mit der Außenwelt zu verbinden, reicht vollkommen. Etwa ein kleines bibliophiles Lektürefenster im Schreibtisch selber, wie Sophie v. La Roche vorführt: »Nun öffne ich Ihnen das kleine, nur ein halbes Fenster einnehmende Kabinett, gegen meine schönen Acacienbäume. Es faßt, wie die Hütte meiner geliebten Wattines auf der Insel des See Oneida, die ganze Encyklopädie und die Werke von Buffon, welche beyde auch mir, wie den Wattines, im Sturme des Unglücks und bey dem Verluste vieler Anmuth des Lebens, Stütze und Ersatz waren.«[42] Hier, hinter den vielen Buchrücken der gewichtigen Werke der französischen Aufklärung und den Erinnerungen an die fiktiven Figuren des eigenen Amerika-Romans »Erscheinungen am See Oneida« (1798), tun sich für La Roche weitreichend reale Aussichten auf, die sich mit einem Fernglas jederzeit noch intensivieren lassen,[43] auch blendende, die einen – reflektierten etwa die gegenüberliegenden Hausfassaden das Licht zu ungünstig – auch beinahe erblinden lassen konnten. Wenigstens berichtet dies der Arzt Johann Georg Büsch vom Kunsttheoretiker und Sammler Christian Ludwig v. Hagedorn (1712–1780), der zwanzig Jahre lang an seinem Schreibtisch am Fenster arbeitete, bis ihn das frontale Sonnenlicht endgültig erblinden ließ, das in der engen Gasse »von den Quadersteinen der gegenüberliegenden Häuser scharf zurück in das Zimmer« fiel.[44] Nicht jeder besaß genügende Mittel, um mit geeigneten Ein- und Umbauten an seinen Wohnungsfenstern günstigere Lichtverhältnisse bei der Arbeit zu erhalten wie etwa Schiller zwischen all seinen

Bücheraussichten. »Es kommt mir oft wunderlich vor«, schreibt er 1795 aus Jena an Goethe, »mir Sie so in die Welt hinein geworfen zu denken, indem ich zwischen meinen Papiernen Fensterscheiben sitze, und auch nur Papier vor mir habe; und daß wir uns doch nahe sein und einander verstehen können.«[45] Geistige Verständigung war möglich durch alle nur denkbaren und wie auch immer verglasten oder verhängten Fenster hindurch. Schönste kommunikative Aussichten durch einmal geöffnete lichte Brief-Fenster!

Während derweil ferne Landschaften in aller Ruhe seelenhaft durch die Fenster zu den schwärmenden Stubenhockern gleichsam hineinsteigen, predigen die bürgerlichen Aufklärer des 18. Jahrhunderts noch einen ganz andern, neu gewagten Aufbruch aus der Stubenenge an die freie Luft. Mögen antike Dichter, die Kirchenväter oder Humanisten schon die Gartenwelt für ihre Gedankenarbeit, Lektüre, Inspiration und Erholung genutzt haben, kommt nun ein ganz realer, beinahe naturwissenschaftlicher Studiengrund hinzu: zurück zur konkreten Naturerfahrung. »Eure Alkovenphilosophen«, wettert der Philosoph Jean-Jacques Rousseau (1712–1778) in seinem Erziehungsroman »Emile«, »studieren die Naturgeschichte in ihren Arbeitszimmern; sie spielen damit herum wie mit Spielsachen; sie kennen Bezeichnungen und haben keine Ahnung von der Natur. Aber Emiles Arbeitszimmer ist reicher ausgestattet als die der Könige; dieses Arbeitszimmer ist die ganze Welt.«[46] Und bald schon rückt die Geisteswelt aus – seit den barocken Schäferspielen an die natürlichen Lustbarkeiten bereits mehrfach gewöhnt –, bewaffnet mit Schreibtafeln oder kleinen trag- wie aufsetzbaren Schreibpulten, von den Zeitgenossen »lap desks« (»Schoßpulte«) genannt. Seit Ende des 18. Jahrhunderts sind auch die neuentwickelten Bleistifte, Anspitzmesser und papierenen, in Leder gebundenen Notizbücher mit von der Partie. Solchermaßen ausgerüstet geht es zu Fuß weit über den Gartenzaun hinaus in die vor der Stadt liegende Landschaft ohne all den städtischen Lärm und den vorindustriellen Schmutz und Gestank. Es lockt hinauf auf die Hügel und Berge, um das Panorama zu bewundern und schriftlich zu skizzieren, oder unter Bäume, Büsche und Lauben, um dort in aller Ruhe zu lesen oder empfindsam nachzudenken.

So euphorisch dieses Naturerlebnis im Einzelnen gewesen sein mag und so befreiend von allen festschmiedenden Schreibtischen und einengenden Schreibstuben, ganz ohne einen künstlichen Raum kam man doch nicht aus. Das ist nicht nur eine Frage der Jahreszeit und Witterung oder der ländlichen Fest-Krawallmacher und anderweitiger Unannehmlichkeiten aus der Landwirtschaft, sondern auch der Schreibmedien Feder und Papier, die sich doch eigentlich in gesicherter Umgebung bei allem »Schnarren und Spritzen«[47] besser und konzentrierter handhaben ließen, und sei es auch nur beim Diktat. Häufig dienten genügend Ersparnisse und Ererbtes dem Kauf eines bürgerlichen Häuschens im Freien, für viele ein Pendant zum adligen oder großbürgerlichen Landhaus. Noch verbreiteter allerdings waren ein Pavillon oder ein artiges Gartenhäuschen, das sich günstig am Stadtrand mieten ließ und einen nur schon mit einer gewissen Abgeschiedenheit in Gehnähe der eigenen Wohnung, einfachen bequemen Möbeln und »angenehmster Landaussicht« für ein »kleines Tuskulanum« à la Cicero zu entschädigen wusste. Als poetisch bürgerlicher Einsiedler imaginierte sich bei aller Einfachheit eine schwebende Gesellschaft von »Musen, Faunen und Grasnymphen« zum Reimen viel leichter, als teure Auftragskünstler im eigenen Kabinett den entsprechenden mythologischen Decken- und Wandschmuck entwerfen zu lassen.[48] Schließlich hatte nicht jeder Autor das Glück wie Rousseau oder Voltaire (1694–1778), dank hochadliger Protektion schöne Gartenhäuser, sogenannte Eremitagen und Landsitze zur Verfügung gestellt zu bekommen, um mit Schreibarbeiten, Tagträumereien, Spaziergängen, Botanisieren und erotischen Affären »zu leben anzufangen«.[49]

Wer allerdings selber wohlhabender Adliger war, wie der Naturforscher Comte de Buffon (1707–1788), konnte in aller Ruhe in einem seiner Landsitze mit Park schreiben. Sophie v. La Roche schwärmt über Buffon als ihr Idol: »Was mich aber, wie [auch den Politiker] Sechelles äußerst anziehend däuchte, war sein Studierzimmer im Garten und Hause. Ersteres in einem alten Thurm, gewölbt wie eine Capelle, die Wände grün angestrichen, ein schlichter hölzerner Schreibetisch mitten in dem gepflasterten Saal, und ein Lehnstuhl, sonst nichts. [...] Da war Büffon nur in heißen Sommertagen, weil dieser Salon sehr kühl war. Im Schloß selbst war das Zimmer, worin er beynahe alle seine Werke schrieb, welches Prinz Heinrich von Preußen die Wiege der Naturgeschichte nannte, und wo J. J. Rousseau niederkniete und die Thürschwelle küßte. Sechelles nannte es ein Heiligthum. Dieses hatte auch grüne Flügelthüren, und gegen die Idee unsers großen deutschen [Mediziners] Sömmering, inwendig Windschirme; war auch gepflastert, aber die Wände getäfelt, und mit Abbildungen von Vögeln und vierfüßigen Thieren gleichsam tapeziert. [...] Das Pult, an welchem er schrieb, stand bey dem Camin, und war ein altes plumpes Stück von Nußbaumholz, wie der Lehnstuhl ein altes elendes Ding. Büffon gegen über hing Newtons Bildniß in Kupfer gestochen.«

In diesem stillen Zimmer in Montbar arbeitete Buffon nicht nur vierzig Jahre »für alle kommenden Jahrhunderte«, wie die Schriftstellerin Suzanne Necker sagte,[50] sondern blieb von allen die Schreibarbeiten behindernden Unannehmlichkeiten verschont. Doch so weit man sich dem »Tumultuarischen«,[51] den familiären und gesellschaftlichen Störungen eines kinderreichen Haushalts und einer Stadt oder eines Hofstaates auch entfernt sah, ganz ohne Entnervungen geht es im geselligen 18. Jahrhundert doch nie ab. Selbst Rousseau musste ernüchtert im charmanten Gartenhaus »Eremitage« bei Montmorency feststellen: »Die Entfernung von Paris hinderte nicht, dass täglich Scharen von Müßiggängern kamen, die nicht wussten, was mit ihrer

Zeit zu machen, und mir die meine ohne jedes Bedenken stahlen. Wenn ich am wenigsten daran dachte, wurde ich mitleidlos überfallen, und selten habe ich mir einen schönen Plan für mein Tagewerk gemacht, ohne ihn durch irgend einen Ankömmling vereitelt zu sehen.«[52] Auf der idyllischen Petersinsel im Bieler See wird er 1765 im Arbeitszimmer gar eine Falltür konstruieren, um sich dem Besucherstrom von Fall zu Fall entziehen zu können. Denn die Insassen der in den Parkanlagen und Gärten versteckten Arbeitshäuschen sind nur allzu leicht aufzuspüren, und die neugierige Rokokogesellschaft erhofft sich im derart erzwungenen Gespräch eine einmalige Chance, die allerletzten Geheimnisse zu erschließen, die das Entstehen von Poesie und Philosophie umwittern.

Es werden sich, zumindest in den bewegten Zeiten nach der Französischen Revolution 1789, nicht nur Politiker wie etwa der Schweizer Hans Conrad Escher gerne ins »beglückende Arbeitszimmer« zurückziehen, »mit ähnlichen Empfindungen wie etwa ein Weltumsegler an seine Seereisen zurück denken mag, um sich desto glücklicher in seinem Studirzimmer zu finden und sich eine Art Hochgefühl über seine ausgestandenen Gefahren zu verschaffen«.[53] Auch die sich in aller Öffentlichkeit belästigt fühlenden Autoren träumen vom sicheren, ruhigen Schreibhafen. Und sie kommen, wer hätte es gedacht, wieder auf Blaise Pascal und sein berühmtes Zimmer-Diktum zurück. Der englische Erzähler Laurence Sterne legt im Roman »Tristram Shandy« (1760–1769) nach der Beschreibung einer holprigen Spazierfahrt mit einer Landkutsche gar ein Gelübde ab: »Ich will die Tür meines Studierzimmers sofort verschließen, sobald ich nach Hause komme, und den Schlüssel neunzig Fuß tief unter die Erdoberfläche in den Ziehbrunnen hinter meinem Haus werfen.«[54] Ja, so wird sich wohl kein heftiges, geschwindes Unglück mehr ereignen können; die Frage bleibt höchstens, ob ein von seinem langwierigen, abenteuerlichen Landaufenthalt zurückkehrender Autor sein städtisches Arbeitskabinett überhaupt noch so vorfindet, wie er es einstmals Hals über Kopf verließ. Vieles kann sich verändert haben; wenn in Goethes »Faust II« der teuflische Mephistopheles hinter dem Vorhang ins gotische, vormalige Zimmer von Faust hervortritt, so bietet sich ihm zunächst ein elend verstaubtes Bild einer Gelehrtenstube dar:

»Blick ich hinauf, hierher, hinüber,
Allunverändert ist es, unversehrt;
Die bunten Scheiben sind, so dünkt mich, trüber,
Die Spinneweben haben sich vermehrt,
Die Tinte starrt, vergilbt ist das Papier,
Doch alles ist am Platz geblieben;
Sogar die Feder liegt noch hier,
Mit welcher Faust dem Teufel sich verschrieben.«[55]

Aber vermag damit wirklich noch einmal so richtig das Gelüste nach poetisch-philosophischen Schnaken aufzukommen? Teufel noch mal, wie soll man denn nur im Arbeitszimmer ruhig und vergnügt bleiben? Selbst Faust liegt ja in Liebesparalyse »hingestreckt auf einem altväterischen Bette« einfach nur noch so da. Wenn man es nur verstünde, ohne all die verdrießlichen, ungereimten Unglückseligkeiten zu bleiben. Man möchte vor lauter Verzweiflung ob aller Paradoxie am liebsten twittern und bloggen. Bitter, böhmisch und mit Pascal.

Allein oder zusammen?

Bisweilen kommen sie vor, diese seltenen Momente, wovon literarische Essayistinnen nur so träumen, in denen ein schlichtes sprechendes Bild, eine Metapher gefunden wird, die alles auf einmal auszudrücken vermag: einen konkreten wie gut vorstellbaren Sachverhalt, die dazu gehörige komplexe Faktenlage und eine kämpferische, polemische Grundabsicht, die weit über den Text hinaus zu Auseinandersetzungen einlädt. Als Virginia Woolf (1882–1941) im Oktober 1928 vor Studentinnen an zwei Colleges in Cambridge über das Thema »Frauen und Fiktion« referiert, ist von diesem glücklichen Moment beim Publikum allerdings noch wenig zu spüren. Es ist von einem »sehr langweiligen« Vortrag die Rede, der kaum einen »bleibenderen Eindruck« hinterließ. Und noch 68 Jahre später erinnert sich eine Studentin: »In der Hall war es völlig dunkel, bis auf den Schein der Lampe auf dem Tisch, an dem sie saß. Die Wirkung dieses einen hellen Lichtpunktes war hypnotisierend: Virginia Woolfs wohltönende, kultivierte Stimme, die aus dem Manuskript vorlas, trug zu der einschläfernden Wirkung bei, und ich muss zu meiner großen Schande gestehen, dass ich bis zuletzt geschlafen habe.«[1]

Dieses unaufmerksame Desinteresse entging selbst der Vortragenden nicht, die sich seit Anfang Jahr »mit Haut & Haar«

dem zugrundeliegenden Thema »Women and Fiction« bereits seit längerer Zeit gewidmet hatte und mit selbstkritischen Zweifeln dem »verdammten« Anlass entgegengesehen hatte.[2] »Gott sei Dank findet meine lange Mühe mit dem Frauenvortrag in diesem Augenblick ein Ende. […] Ausgehungerte[,] aber tapfere junge Frauen – das ist mein Eindruck. Intelligent[,] eifrig[,] arm; & dazu bestimmt, in Schwärmen Schulmeisterinnen zu werden. Ich sagte ihnen kühl, sie sollten Wein trinken & ein Zimmer für sich allein haben. […] Ich fühlte mich ältlich & reif. Und niemand hatte Respekt vor mir. Sie waren sehr eifrig, selbstbezogen, oder genauer nicht besonders beeindruckt von Alter & Ansehen. Sehr wenig Ehrfurcht oder Derartiges war zu spüren.«

Und dabei hätte dem Publikum durchaus Eindruck machen können, wie eine Londoner Autorin da vor ihnen lesend saß, die sich auf dem erfolgreichen Höhepunkt ihres literarischen Schaffens wusste: mit eigenem Scheckbuch, »perfektem« Arbeitszimmer, dem ländlich einfachen Refugium »Monk's House« in Sussex und – um die Liste all der materialisierten Unabhängigkeits- und Glücksgefühle noch abzurunden – einem Gebrauchtwagen, wobei ihr Ehemann Leonard der Fahrer war. Und kaum ist der Vortragsgegenstand als eigenständiges Buch ein Jahr später im Handel, so floriert damit auch schon der zusammen mit Leonard geführte Verlag Hogarth Press. »Übrigens sind die Verkaufszahlen von ›A Room [of One's Own]‹ beispiellos – haben ›Orlando‹ übertroffen; fühlt sich an wie eine Schnur, die einem durch die Finger gleitet; Bestellungen für 100 werden so kühl aufgenommen wie früher 12er. Wir haben, glaube ich, 5500 verkauft; & unser Einkommen fürs nächste Jahr ist gesichert.«[3]

Was als Essay 1929 erschienen war, lässt den einfachen, aber sprechenden Titel »Ein Zimmer für sich allein« als Kernbotschaft des Textes und als Metapher gleich in mehrfacher Hinsicht sensationell erscheinen. In ihm skizziert die Autorin zunächst fiktive, literarisch gekonnt beschriebene Schreibräume, vom privaten Arbeitszimmer bis zur öffentlichen Bibliothek, in denen eine zeitgenössische Frau für sich allein arbeitet, nachdenkt oder beobachtet; eine zeitgenössische Frau auf der Suche nach Wahrheit im männlichen Diskursdickicht um die Frauen als »Geschöpfe unserer Einbildung«. Quasi »in eine wundersame Glasvitrine eingeschlossen«, macht sie sich gleichzeitig an eine schwierige Faktenrecherche, die provokant neue, armselige Räumlichkeiten vor Augen treten lässt, in denen Autorinnen der Vergangenheit arbeiteten, entmutigt, heimlich, gestört und also nie richtig allein für sich. Die Rede ist von dunklen, engen Wohnräumen, einfachen Schlafzimmern oder gar Apfelspeichern. Damit vermag der Raum-Essay schließlich genauso als eine Art literatursoziologische These wie als beherzt befreiendes Postulat für eine zukünftige Schriftstellerin zu wirken: »[...] man gebe ihr ein eigenes Zimmer und fünfhundert [Pfund][4] im Jahr, lasse sie freiheraus sprechen und die Hälfte von dem, was sie jetzt hineinpackt, wegwerfen, und sie wird eines schönen Tages ein besseres Buch schreiben.«

Mag damit Woolfs Essay auch zu einem der meistzitierten Texten der Frauenforschung geworden sein, viele Entwicklungen der Alltags- und Mentalitätsgeschichte gar vorwegnehmend, so erstaunt doch im Nachhinein, wie vorsichtig die Autorin ihren komplexen, durchaus auch polemischen Text austariert. Betont werden selbstkritisch nicht nur die Relativität der subjektiv versponnenen Vorgehensweise, die historisch ungenauen oder verwirrenden Quellen, sondern auch die bereits eingetretenen Verbesserungen der materiellen und damit auch intellektuellen Situation von englischen Schriftstellerinnen seit dem Ersten Weltkrieg. Von dieser Relativierung und Vagheit ist nicht zuletzt auch das Schlusswort beeinflusst. So bleibt noch »etwas sehr Unangenehmes« zu sagen, nämlich eine Einschränkung eines allzu optimistischen Ausblicks für ihre zuhörenden Studentinnen, die sie »von schändlicher Ignoranz« empfindet. Eine neu zu erwartende geniale englische Klassikerin, Shakespeares (1564–1616) »wunderbar begabte Schwester, [...] mit Namen Judith«, sei zwar literaturgeschichtlich nicht mehr unmöglich, aber als Erwartung für Frauen nur realisierbar, »wenn wir ungefähr ein weiteres Jahrhundert leben – ich rede vom gewöhnlichen Leben, welches das wahre ist, und nicht von dem kleinen Einzelleben, das wir als Individuen führen […]«. Dazu kommen die 500 englischen Pfund Grundeinkommen, selbständig freies Denken, mutiges Schreiben, ein beherzter Zugriff auf die Welt der Wirklichkeit und statt zu viel »gemeinsames Wohnzimmer« natürlich ein eigenes Zimmer. Aber selbst mit all diesen Voraussetzungen erfülle sich die Prophezeiung nur, wenn dafür vorgearbeitet werde, »und sei es in Armut und Verborgenheit«. Vielleicht eine zu große Anforderung für die zuhörende »Jugend Englands« und ihren »zweifelhaften und eingeschränkten Geisteszustand, den Rindfleisch und Backpflaumen am Ende von des Tages Mühen miteinander erzeugen«.[5] Vielen der Studentinnen in Cambridge, die diesen Zusatz, der im Vortrag noch fehlte, später im Buch nachlesen konnten, wird eine solch sarkastische Spitze wohl ebenfalls kaum gefallen haben.

Was Virginia Woolf hier in ihrem herausfordernden Essay »nicht ohne beachtliche innere Anteilnahme« für interessierte »intelligente Frauen« geschrieben hatte,[6] war – zumindest was die Frage nach dem Arbeitszimmer betrifft – eben auch eine bewusste wie radikale Abgrenzung von allzu romantisierenden Vorstellungen des Zusammenlebens von Mann und Frau. Und das wiederum geht weit über die eigenen konkreten Erfahrungen mit Geschlechterindifferenz im sogenannten Bloomsbury-Intellektuellenzirkel, der WG am Brunswick Square 38 oder der ehelichen Lebens- und Arbeitsgemeinschaft mit Leonard hinaus. Denn in Teilen der bürgerlich künstlerischen Intelligenzia wird vom 18. Jahrhundert an noch einmal der Gedanke aufgenommen, den singulären Arbeitsraum als möglichen idealen Gemeinschaftsraum zumindest neu zu überdenken. Zunächst eine grundsätzliche, geradezu lebens- wie arbeitsphilosophische Überlegung, die wohl schon in der Ausgrenzung eines privaten

Raums für Andachts- und Studienzwecke in der Renaissance angelegt ist. Wenn die Einrichtung eines Studiolo im geistlich oder weltlich feudalen Palast kaum eine wesentliche Veränderung der Räumlichkeiten und der Verhaltensweisen der Bewohner darstellt, so ist doch bereits für das großbürgerliche Kaufmannshaus zu beobachten, wie stark dieses neue separate Zimmer zumindest einer Rechtfertigung bedarf. Erst als Kontor, Archiv oder Tresor deklariert, wirkt es zweckmäßig, und die eigene Familie wie das Gesinde brauchen strenge Verhaltensinstruktionen, um diesen neugeschaffenen privaten Innenraum nachhaltig zu respektieren. So verliert sich allmählich der unruhige Arbeitsraum einer höfisch, aristokratischen Gesellschaft, in dem noch bis zur Französischen Revolution geklagt wird, dass das »Zimmer voll Menschen« einem die Handschrift unleserlich mache.[7]

Im Gegensatz zum Kaufmannskontor bereitet es den Gelehrten wesentlich mehr Mühe, sich ein humanistisches Studio als abgeschiedenen produktiven Lese-, Schreib- und Gesprächsort als Selbstverständlichkeit in Haus oder Wohnung eingeräumt zu bekommen. Der Geist bedürfe einfach dieses ruhigen stillen Gehäuses, heißt es jeweils. Aber wirklich überzeugend beweisen lässt sich das eigentlich für eine breitere Öffentlichkeit nie. Schließlich ist ja seit je trotz aller noch so beklagenswerten Erschwernisse geistig dennoch stets rege weiterproduziert worden. Und wenn »der Geist kein Geschlecht hat«, wie der Philosoph François Poullain de La Barre (1647–1723) schreibt,[8] so wird das auch für weibliche Gelehrte und Autorinnen zu gelten haben, wenn sie überhaupt in traditionell patriarchalen Familienstrukturen je in den Genuss eines eigenen Arbeitszimmers kamen. Virginia Woolf weist schon auf die mangelhafte Faktenlage seit dem Zeitalter Elisabeths I. v. England (1533–1603) hin, dieser goldenen Epoche der englischen, mehrheitlich männlichen Literatur. Und das mag wohl auch erklären, weshalb sich etwa noch Jahrhunderte später in den Romanen von Jane Austen (1775–1817), die ihre Manuskripte in räumlich äußerst beengten

Verhältnissen heimlich an einem Tischchen im Wohnzimmer schuf, keinerlei Anzeichen dafür finden lassen wollen, »dass ihre Lebensumstände ihrem Werk auch nur im mindesten geschadet hatten. Das war daran vielleicht das allergrößte Wunder.«[9]

Dieses leidige Thema verschärft sich im 18. Jahrhundert noch zusätzlich in der bürgerlichen Kleinfamilie, die finanziell wenig Spielraum für größere, mehrere Zimmer umfassende Wohnräumlichkeiten hatte. Entsprechend wuchsen die finanziellen und emotionalen Abhängigkeiten in den kleinräumigen Familienhaushalten, die für Frauen nach wie vor die tradierte Rolle im Haushalt vorsahen. Wenn dennoch die Zahl der schreibenden Frauen um 1800 zunahm – zwischen 200–500 Autorinnen wurden gegenüber 2000–3000 Autoren allein in der deutschen Literatur mittels Buchmesse-Katalogen gezählt[10] –, so war das auf verbesserte Ausbildung, größere Akzeptanz und häufig auf notwendigen Gelderwerb, die »Brodnoth«[11] zurückzuführen; einmal ganz abgesehen von der persönlichen Möglichkeit, den »herabstimmenden« Alltag[12], wie Charlotte v. Stein 1798 an Charlotte Schiller schrieb, mit Schreiben zu sublimieren und zeitweilig vergessen zu können. »So verdiente ich wohl die Hälfte unseres Einkommens«, wird die literarisch tätige Therese Huber (1764–1829) ihrem Vater 1810 schreiben, »indem ich mit dem Kinde an der Brust, neben der Wiege, und in den Nachtstunden wo alles schlief, meinen Kopf dadurch erhellte, daß ich die heftigen Gefühle meines Herzens, und den Flug meiner Fantasie in deutliche Bilder einschränkte, und an den Faden einer Erzählung anreihte. Ich bin mir bewußt viel beßer geworden zu sein, indem ich das Beßere schilderte. [Mein Mann Ludwig Ferdinand] Huber schrieb dann meine unförmlichen Brouillons ins Reine, feilte, malte aus und beschnitt.«[13] Das ist bei aller drastisch realistischen Beschreibung auch als eine Rechtfertigung zu verstehen, es sich mit der literarischen Tätigkeit nicht leichtgemacht zu haben. Sie war sozusagen »als gute Hausfrau, Nätherinn, Köchinn« redlich verdient.[14]

Hinzu kam aber noch die Geistesgemeinschaft mit ihrem ersten Mann, dem renommierten Wissenschaftler und Weltreisenden Johann Georg Forster (1754–1794), die ihrem schriftstellerischen und journalistischen Talent intellektuell ungemein förderlich war. Noch 1816 schreibt sie, obwohl missglückt und geschieden, über die Ehe mit Forster: »Ich habe 1000 Nationen gesammelt – denn von meiner Heirath an sah ich nun Menschen und Welt und lebte mit Forstern im innigsten Geistesverein – aber unterrichten that er mich nie – er ließ mich mit seinem Geiste leben […].« Also eine Förderung, wie sie Therese schon als Jugendliche zuvor im Studierzimmer ihres Vaters, des Göttinger Altphilologen und Professors Christian Gottlob Heyne erlebt hatte, in dem sie bei Diskussionen und Gesprächen zuhören durfte, wobei ihre treffsicheren wie vorlauten Kommentare sie bald einmal als »Universitätsmamsell« stadtbekannt machten: »[…] ich las, las, las und schwazte mit meinem Vater, der mich über spekulative Gegenstände alles schwazen ließ, las alles was mir im Lesen vorgeführt wurde, nur nichts alt klaßisches. Das langwilte mich.«[15]

Nun, solch geistig befördernde, abwechslungsreich launische oder schulisch pedantische Anregungen mag es wohl in Einzelfällen seit der Renaissance immer wieder in der gebildeten Oberschicht gegeben haben: Männer nahmen ihre begabten Töchter, Schwestern oder Ehefrauen mit auf das eigene Studierzimmer – falls überhaupt vorhanden –, um ihre Ausbildung zu fördern, von ihren Kenntnissen und Ideen zu profitieren oder ihnen sogar als Gehilfinnen und Sekretärinnen das tägliche, mühselige »Schreibejoch«[16] aufzuerlegen. Und vielleicht waren solche Gesprächs- und Lehrsituationen sogar schon vor der eigentlichen Entwicklung eines abgesonderten Studienbereichs in privilegierten Familien möglich. Wie ließe sich da nicht über die geförderten Grundlagen des singulären Auftretens von weiblich literarischen Persönlichkeiten seit der Antike weiter spekulieren, von etwa En-hedu-ana (23. Jh. v. Chr.) in Mesopotamien über Sappho auf Lesbos (6. Jh. v. Chr.), Aspasia aus Milet und Corinna aus Böotien (5. Jh. v. Chr.) oder Paula v. Rom (347–404) bis hin zu den mittelalterlichen Autorinnen wie Ava v. Melk (11. Jh.), Heloïse (ca. 1095–1164) und Beatriz de Dia (12. Jh.) in Frankreich oder Madonna Nina (13. Jh.) auf Sizilien. Aber derart die Literaturgeschichte neu zu erzählen wäre, um es mit Virginia Woolf zu sagen, ein Ehrgeiz, der die »Kühnheit« überfordert.[17]

Bleiben wir also beim Arbeitszimmer, das den Frauen mit der blaubärtigen Drohgebärde vorenthalten wird; selbst dort, wo das neugeschaffene, moderne Studio, wie etwa beim adligen Essayisten Montaigne ausdrücklich der eigenen Ehefrau Françoise und der Tochter Leonore entzogen wurde, konnte anderweitiger weiblicher Besuch nicht ausgeschlossen werden. »Mit Freude«, schreibt er, »habe ich schon verschiedentlich von den Hoffnungen gesprochen, die ich in meine geistige Adoptivtochter Marie de Gournay le Jars [1565–1645] setze: Ich hege zu ihr eine gewiss mehr als väterliche Liebe – ja, umschlossen von meiner Zurückgezogenheit und Einsamkeit fühle ich mich ihr so tief verbunden, als wäre sie einer der besten Teile meines eignen Wesens. Für mich gibt es nur noch sie auf der Welt. Wenn Jugend je vielversprechend war, dann diese. Ihre Seele wird eines Tages der hochherzigsten Dinge fähig sein, unter andern der Vollendung unsrer unverbrüchlichen Freundschaft. (Niemand ihres Geschlechts hat sich bisher, wie wir aus den Büchern wissen, zu einer solchen erheben können.) Ihr aufrichtiger und zuverlässiger Charakter gewährleistet das jetzt schon, und ihre Zuneigung zu mir ist von derart überströmender Herzlichkeit, dass nichts zu wünschen bliebe, wenn nicht, dass sie von der Furcht weniger grausam gequält würde, ich könnte, weil ich bei unsrer ersten Begegnung [1588] schon fünfundfünfzig Jahre alt war, in Bälde dahinscheiden. Das Urteil, das sie über meine ersten Essais abgab – man bedenke: als Frau, und in diesem Jahrhundert, und so jung, und als einzige in ihrer Gegend –, sowie die außergewöhnliche Heftigkeit, mit der sie allein durch die von deren

Lektüre ausgelöste Wertschätzung lange vor unserer Begegnung in Liebe zu mir entbrannte und mich kennenzulernen wünschte, verdienen allerhöchste Achtung.«[18] Und so wird seine intellektuelle Adoptivtochter aus verarmtem Landadel und vollständige Autodidaktin, was speziell bei ihren Latein- und Griechischkenntnissen imponiert, nicht nur nach seinem Tod 1592 Nachlassverwalterin und Herausgeberin der »Essais«, sondern auch mit ihrer breiten wie gelehrten Publizistik die Leser als »Zehnte Muse« verwirren wie begeistern. Der holländische Gelehrte Justus Lipsius drängt sich ihr in einem Briefwechsel gar als geistiger »Bruder« auf.[19] Doch eine Autorin, die in aller Öffentlichkeit mit unerwartet neuen, gar libertinären Positionen und der Betonung auf der »Gleichheit der Männer und Frauen« (1622) auffiel, musste unweigerlich auch das Misstrauen männlicher Konkurrenten auf sich ziehen. Bezeichnenderweise legt denn der klatschsüchtige Schriftsteller Gédéon Tallemant des Réaux (1619–1692) in seinen »Geschichtchen« die Betonung auf ihren unordentlichen Schreibtisch und die vielen Katzen im Arbeitszimmer.[20] Mochte ihr Kabinett in Wirklichkeit auch alles andere als unaufgeräumt sein,[21] die Gehässigkeiten zeigen, wie die Polemik gegen gelehrte, preziöse Frauen auch nicht vor dem weiblichen Rückzugsort für Studien haltmachte. Wenn die gelehrte Frau schon im höfischen wie literarischen Salon eine nicht mehr wegzudenkende Rolle spielte, allerdings noch weit entfernt von der Zulassung zu gewichtigen Ämtern und Funktionen, so versuchte man sie wenigstens in den Privaträumlichkeiten als lächerliche, verbildete und tugendlose Schwärmerin auf ihre traditionelle Hausfrauenrolle zurückzuverweisen. Solch bärtige »fröhliche Maulhelden«[22] machten keine großen Unterschiede zwischen den Gesellschaftsklassen und schon gar nicht, ob eine Frau verwitwet, getrennt, geschieden oder unverheiratet wie Marie de Gournay war. In die Welt der Studien und Bücher hatte allein der Mann im Überdruss vor der anödenden bartlosen Gesellschaft oder gar dem Schreckgespenst einer gelehrten

Frauenrunde das Recht zu entkommen. Denn kein Mann »ist solch ein Narr«, wird noch die abenteuerliche Herrscherin im Libanon Lady Hester Stanhope (1776–1839) ihrem erstaunt Einwände machenden Leibarzt versichern, »dass er sich seine Zeit durch das sinnlose slip-slop-Gespräch mit einer Bande Frauen verpfuschen lässt«.[23] Und an dieser Tatsache änderte offensichtlich auch die Erfahrung zunächst nichts, dass ja bisweilen mit sich absondernden Männern die wesentlich größeren Enttäuschungen erlebt worden waren. Denn wer einem Biedermann wie »seinem eigenen Bruder« vertraute und ihm einen »Schlupfwinkel« zum stillen Arbeiten im eigenen Palais anbot, konnte über das später publizierte Machwerk, das dort in aller Abgeschlossenheit wie Undankbarkeit gebraut worden war, mehr als nur enttäuscht werden.[24]

Dennoch fallen seit dem 17. Jahrhundert auch männliche Stimmen auf, die von einer gefühlsbetonten Ehepartnerschaft, von einer »amitié conjugale« sprechen, die auf gemeinsamen Interessen zu beruhen habe.[25] In männlich autobiographischen Texten tauchen denn auch immer wieder Äußerungen auf, in denen davon die Rede ist, dass eine Tochter oder die eigene Frau als aufmerksame, unterhaltende Gesellschafterin die Atmosphäre im Studio erst recht zu einem intellektuellen »Fest« werden ließ.[26] Und selbst im bürgerlichen, ärmlicheren Milieu wurde die Arbeitsstube nicht selten bei Geburt oder Krankheitsfällen der Ehefrau geräumt oder bisweilen sogar fast ganz aufgegeben. Der Theologe Johann Salomo Semler (1725–1791) schreibt in der Rückschau auf seine Ehe: »Was unsere tägliche Lebensordnung betrift: so hab ich, recht nach dem Wunsch und Verlangen meiner lieben Frau, sie stets um mich gehabt, ob ich gleich eine so genante Studierstube hatte, welche also nur für meine Bücher bestimt war. So lebten wir in Altdorf, und so sezten wir es in Halle fort; und ich fande nur selten wichtige Ursache, einige halbe Tage wirklich allein zu seyn. Wir haben uns dadurch ein vertrauliches Vergnügen geschaft, das täglich zunam; und so sezte ich wirklich auch diese Stubengeselschaft fort, da sie Kinder hatte. Sie sezte sich mit ihrer weiblichen Arbeit neben mich; und es konte völlig so aussehen, als wolten wir einander zur Arbeit anhalten. Nur selten hatten wir einige Geselschaft, die, ihrer Absicht nach, uns trennen solte. Ich konte mit meinen Arbeiten nie fertig werden; und sie hatte eben so wenig in so vielen Stunden des ganzen Jahres, iemalen viele übrig, die blos zum Zeitvertreibe hätten dienen sollen. Ich habe mich durch diese stete Geselschaft so gewönet, daß mich auch ein ziemlich lautes Geräusch von mehrern, die mit einander über ganz andre Sachen sprechen; und ein freies Spielen der Kinder, nicht im geringsten hindert, ich mag zu schreiben oder zu lesen haben, was es immer seie.«[27]

Mag sein, dass sich mitten im 18. Jahrhundert trotz aller rousseauistischen Predigten für eine erzieherische weibliche Rollenfestlegung als Hausfrau, Gattin und Mutter[28] doch noch etwas ganz Neues anbahnt, das nicht nur die bisherigen Weiberfeinde aufhorchen lässt. Jedenfalls ist die Verwunderung allgemein groß, dass »unsere Weiber jetzt, auf bloß dilettantischem Wege, eine gewisse Schreibgeschicklichkeit sich zu verschaffen wissen, die der Kunst nahe kommt«.[29] Mit so schneller, aufholender Auffassungsgabe hatte man wohl bei allen gelehrten Geschlechterquerelen gar nie gerechnet. Und so sind sie auf einmal da und nicht mehr wegzureden, diese »empfindsamen, lesesüchtigen und schriftstellerischen Weiber«, die, wie zu befürchten ist, das Hauswesen nun gänzlich dem Verfall anheimgeben.[30] Der französische Gelehrte Montesquieu (1689–1755) schreibt etwa resigniert: »Man kann all das nicht mehr ertragen, was einen bestimmten Gegenstand hat: die Kriegsleute können den Krieg nicht mehr ertragen, die Gelehrten nicht mehr das Studierzimmer, und so fort. Man kennt nur die allgemeinen Gegenstände, und das heißt praktisch gesehen nichts. Frauenart hat uns dahin geführt: Es entspricht ihrer Wesensart, sich an nichts Festes zu heften. Es gibt nur noch ein einziges Geschlecht, und dem Geist nach sind wir allesamt Frauen. Und wenn wir eines Nachts alle ein anderes Gesicht bekämen, würde das kaum weiter auffallen. Auch wenn die Frauen alle Stellen übernähmen, welche die Gesellschaft bieten, und die Männer alle verlören, welche die Gesellschaft nehmen kann, wäre kein Geschlecht sonderlich empört.«[31]

Vielleicht denkt Montesquieu dabei nicht nur an Frauen, die die Pariser Salons oder den königlichen Hofstaat dominiert haben, sondern auch an die Vielzahl von Porträts, die lesende und schreibende Frauen der Oberschicht ganz selbstverständlich im Ambiente ihres gelehrten Arbeitszimmers oder ihrer Bibliothek zeigen. Es wird selbst im gebildeten Bürgertum, dem »aufgeklärten Mittelstande«,[32] mit Schreibfeder und Zirkel statt Nadel und Strickzeug oder mit Globus und Buch statt Wickelkind und Schoßhündchen elegant posiert, ohne dass das 18. Jahrhundert darin etwas Empörendes zu sehen vermochte. Selbstsicher und eigenwillig präsentieren sich so der kräftigende eigene Gestaltungswillen, die erworbenen Verdienste in den wissenschaftlichen und künstlerischen Kreisen und je nachdem auch die geistige wie materielle Unabhängigkeit. »In meinem Zimmer, u[nd] rund um mich ist es rein«, schreibt 1793 unbeengt von Ehemann und Kindern Brendel Veit, nachmalige Dorothea Schlegel (1764–1839), ihrer Freundin und Schriftstellerin Rahel Levin (1771–1833), die spätere Ehefrau des Diplomaten Karl August Varnhagen. »Und draußen weit, u[nd] heiter, der Kopf kalt u[nd] ruhig, mein Herz warm, u[nd] empfänglich für jedes Gefühl; erkennen Sie das Glük?«[33] Ein Glücksgefühl, das sich ungeniert gehenlassen kann, und so bisweilen auch als künstlerische Darstellung etwa eines Pierre-Antoine Baudouin den männlichen Bildbetrachter ans optische Gängelband nimmt, um ihm verführerische Aspekte eines weiblichen Arbeitszimmers vorzuführen,[34] die er voyeuristisch seit je schon hinter separierten Frauengemächern vermutete oder ersehnte. War die Aufforderung zum Betreten eines Männerstudios für das weibliche

Dienstpersonal schon nie ganz ungefährlich gewesen, so konstruiert sich jetzt die Männerphantasie als Pendant ähnlich gefährliche Örtlichkeiten, »des lieux dangereux«. Das geheimnisvolle Kabinett einer Geliebten, beweist etwa der amourös wie neugierig eindringende Privatlehrer Saint-Preux im Roman »Julie oder Die neue Héloïse« (1761) vom großen zeitgenössischen »Herzenskündiger Rousseau«,[35] wird unter den Augen des männlichen Betrachters zum schwül-erotischen »Heiligtum«: »Alles begünstigt und nährt hier das Feuer in meinem Herzen.« Alle Sinne werden angesprochen: Der Raum hat einen unbeschreiblich blumigen Duft; der herumliegende Kopfputz, Halstuch, Negligé, Pantoffeln und Mieder sind ein unwiderstehlich »wollüstiger Anblick!« Bezeichnenderweise für einen Briefroman liegen die Tinte und das Papier seiner Schülerin gerade in Reichweite, weshalb Saint-Preux den Raum für sich ungeniert als sein Schreibzimmer nutzt. Bedrohlich anklagend versteht sich: »Wie brennend und schmerzhaft ist Deine Behausung für mich! Sie ist schrecklich für meine Ungeduld!«[36] Und da sich weder entlarvende Leseware noch ein versteckter Nebenbuhler im Bücherschrank findet,[37] wird der Eindringling nun seinerseits von jedem Außengeräusch geängstigt, als wäre er geradezu verzagend in einer Folterkammer einer jeden Moment zurückkehrenden tödlichen Blaubärtin. Oder zumindest ihres »unmenschlichen Vaters«, der sich aus adligem Standesdenken der Ehe seiner Tochter mit einem bürgerlichen Hauslehrer strikte widersetzt.

Umgekehrt aber scheint das Märchen vom strenggehüteten Blaubart-Zimmer ausgedient zu haben. Wenigstens wird der junge Ludwig Tieck (1773–1853) dieses französische Schreckensmärchen als »eine wahre Familiengeschichte« 1797 umschreiben und vorsichtshalber unter dem Pseudonym Peter Leberecht veröffentlichen. Sein Ritter Blaubart heißt nun Peter Berner und wird sich mit Hilfe eines Zauberers die Form seines Lebensglücks sowie dessen unglückliche Kehrseite aussuchen dürfen. Er entscheidet sich dabei für das »Glück gegen meine Feinde« und nimmt dafür das »Unglück mit Weibern« in Kauf. Ein wohl allzu schweres, bereits vielfach tradiertes Los, würde ihm da nicht doch noch eine Fee einen bleiernen Kopf schenken, der stets klugen Rat weiß, aber nur in einem »eigens verschlossenen Zimmer« aufbewahrt werden darf.[38] Eines Tages muss Peter allerdings wegen einer Fehde ausreiten und händigt seiner geliebten Haushälterin Mechthilde den kleinen goldenen Schlüssel zu seiner »Rathsstube« aus, die sie natürlich auf keinen Fall betreten dürfe. Und er vertraut ihr, weil er es »für unedel« hält, »gegen seine Geliebte mißtrauisch zu seyn«. Aber Mechthilde dringt sogleich ins verbotene Mannszimmer ein, um dem denkenden Kopf mit ihrer ungestillten Wissbegierde alle Weisheit wegzufragen. Als dann der Ritter wieder zurückkehrt, merkt er, dass sein Ratgeberkopf völlig unbrauchbar geworden ist. »So verwünsch' ich Euer ganzes Geschlecht! rief Peter in der höchsten Wuth aus, so seid Ihr nicht werth, daß Euch die Erde trägt, und ist es eine Wohlthat für alle Männer, Euch auszurotten. Ich will keiner von Euch mehr trauen, ich will so viele abstrafen, als mein Schwerdt nur erreichen kann, und mit Dir will ich den Anfang machen. Mechthilde sagte ganz gelassen: Gebt Euch keine Mühe, denn dagegen habe ich eben von Euerm Kopfe Hülfsmittel gelernt. Wenn Ihr nicht mein guter Freund bleiben wollt, so weiß ich Euch wohl noch zu strafen. Hiemit berührte sie seinen Arm, und Peter fühlte sich augenblicklich so ohnmächtig, daß er das Schwerdt fallen lassen mußte. Er sah Mechthilden verwundernd an, die über ihn lachte und sagte: Seht, Euer Kopf hat mich sehr gute Künste gelehrt, ich denke, wir versöhnen uns wieder.«[39]

Diese märchenhafte Versöhnung eines Tieck alias Peter Leberecht, mag sie in der weiteren Erzählung auch wieder scheitern, ist doch einer neuen bildungspolitischen und rechtlichen Vorstellung von Gleichberechtigung der Geschlechter geschuldet, wie sie im Umfeld der Französischen Revolution, sei es etwa von Olympe de Gouges (1748–1793), Mary Wollstonecraft (1759–1797), Marquis de Condorcet (1743–1794) oder Theodor Gottlieb v. Hippel (1741–1796), theoretisch geäußert wurde. Der aus den höfischen Frauengemächern abgeleitete zeitgenössische Begriff »Frauenzimmer« als Synonym für Frauen insgesamt, stellt damit für die berufliche »Außer-Haus-Frau« auch neue Fragen in Literatur und Wissenschaft, dieser traditionellen »Männer-Zone«,[40] nach eigenen, adäquaten Arbeitsräumlichkeiten neben Salon und Boudoir. Zumindest die Bewegung der Frühromantiker wird sich an der Wende zum 19. Jahrhundert in Jena ganz konkret damit auseinandersetzen. Einer ihrer Hauptprotagonisten war Friedrich Schlegel (1772–1829), der einen Frauentyp idealisierte, der nicht nur für »Wahrheit und Menschlichkeit« stehe, sondern auch als geliebte Muse das künstlerische Schaffen des Mannes überhaupt erst ermögliche. Letztlich ging es um gelebte, universelle Freundschaft: »Freundschaft ist partiale Ehe und Liebe ist Freundschaft von allen Seiten und nach allen Richtungen [...].«[41] Es ging ihm aber auch ganz konkret um gemeinsame Arbeit, wie er sie etwa mit Caroline (1763–1809), der Frau seines Bruders August Wilhelm, für den »Lucinde«-Roman erlebt hatte. Stichwort wurde das gemeinsame Philosophieren und Dichten. »Vielleicht würde eine ganz neue Epoche der Wissenschaften und Künste beginnen, wenn die Symphilosophie und Sympoesie so allgemein und so innig würde, daß es nichts Seltnes mehr wäre, wenn mehre sich gegenseitig ergänzende Naturen gemeinschaftliche Werke bildeten. Oft kann man sich des Gedankens nicht erwehren, zwei Geister möchten eigentlich zusammengehören, wie getrennte Hälften, und nur verbunden alles sein, was sie könnten. Gäbe es [nur] eine Kunst, Individuen zu verschmelzen, oder könnte die wünschende Kritik etwas mehr als wünschen, wozu sie überall so viel Veranlassung findet [...].« So möchte Schlegel, man höre und staune, die beiden Autoren Jean Paul als »groteskes Talent« und den Peter Leberecht alias Ludwig Tieck mit seiner »fantastischen Bildung« in eins kombinieren. Diese Symbiose zwischen dem Frauenverehrer und -liebling mit dem wilden Blaubart-Erzähler ergäbe »einen vortrefflichen romantischen Dichter«.[42] Eine gewagte inhaltliche Symbiose, die gleichzeitig aber auch nur mit dem Ausbrechen aus jeglicher bürgerlichen Beschränkung zu bewerkstelligen ist. Denn schließlich spricht dieser Versuch von der Utopie eines gemeinsamen, die Stile und Inhalte vermischenden Schreibens ohne klar erkennbare Autorschaft. Mutig beginnen so das Ehepaar Caroline und August Wilhelm Schlegel mit dem Liebespaar Friedrich Schlegel und Dorothea Veit in Jena ihre Vorstellungen in die Praxis umzusetzen, welche Letztere 1799 kurz umreißt: »Ein jeder hat sein eigns wohl eingerichtetes kleines Quartier in demselben Hause, wir sind jeder allein, oder man besucht sich auch einander.« Wobei sich zu den Mittags- und Abendmahlzeiten meist noch 15 bis 18 weitere Personen einfanden, darunter Ludwig Tieck mit seiner Frau Amalie, der Dichter Novalis oder Friedrich Wilhelm Joseph Schelling, der Philosoph und spätere Ehemann von Caroline Schlegel. »Auf den Abend wird Italiänisch in der Communität getrieben. Nemlich Dante. – Schlegels sind Meister, wir übrigen die Schüler. Gegen 10 Uhr ist jeder wieder in seiner Clause.«[43]

In dieser regen wie erregten Atmosphäre stiftete man sich gegenseitig mit Kritik, Ironie und Zuspruch zu weiteren romantischen Leistungen an. Dorothea Veit spricht davon, dass Friedrich Schlegel sie »zur Künstlerin« ordne, indem er ihr etwa »keine Ruhe liess«, bis sie ihr »Phantasienspiel« »Florentin« »nach weltlicher Weise ausführlich vollendete«.[44] Sie fühlte sich als »sein Geselle«[45] oder unterschrieb ironisch als »der Sekretarius« in diesem sie umgebenden »ewigen Concert von Witz und Poesie und Kunst und Wissenschaft«. Und während die romantische Hausgemeinschaft »à la hauteur« symphilosphierte[46] und von außen gerade wegen ihrer Frauenbeteiligung angefeindet wurde, fiel man drinnen über Schillers biederes Frauenbild vor Lachen geradezu vom Stuhl. »Wir sind so lustig«, schreibt Dorothea Veit,

»als gäbe es keine Kälte, keinen Holzmangel und keine dummen Menschen mehr! Nur an einem einzigen Gut fehlt es uns, und das ist freylich, leider das Geld!« Das war in der Tat ein großer Unterschied zu den englischen Arbeitsgemeinschaften der Geschwister Wordsworth und Samuel Taylor Coleridge 1797 auf dem Landsitz in Alfoxden oder in den Villen 1816 am Genfersee der Shelleys und Lord Byrons. Aber die Armseligkeit war nur das eine, woran die Jenaer Gemeinschaft bis zum endgültigen Scheitern krankte, das andere waren die allzu disparaten Charaktere, die innerhalb kürzester Zeit zu schwerwiegenden Reibereien führten. Tiecks reisten wieder ab nach Berlin, Caroline Schlegel wurde schwer krank und Dorothea Veit beklagte sich darüber, dass ihr Zimmer zu »einem common place gemacht« worden sei, in dem sie nicht mehr ungestört hätte arbeiten können: »[…] so habe ich mir für weniges Geld ein stilles Zimmer in einer artigen Gegend am Wasser gemietet, dort werde ich einige Stunden des Tages einsam arbeiten. Dieses ist aber ein Geheimniß, es weiß es kein Mensch als Friedrich [Schlegel], und Tiecks, man soll es auch nicht erfahren.«[47]

Die allzu offenen wie benachbarten Arbeitsverhältnisse verunmöglichten einen geheimeren, stilleren Ort der phantasierenden Innerlichkeit und subjektiven Selbstreflexion. Ob »kleines Kabinetchen«[48] oder teuer möblierte Mietwohnung mit Pianoforte, wie sie sich etwa die deutsche Schriftstellerin Sophie Mereau (1770–1806) leisten konnte, es war letztlich doch nur in diesem Rahmen möglich, die still lesende Bücherfrau mit der »Zauberey« der geschriebenen Worte[49] seriös in Verbindung zu bringen, sowie die eigene auf die Zimmerwände geistig »gemahlte Welt«[50] mit andern Frauenphantasien zu erweitern, bis zur Selbstvergessenheit. »Weißt Du, am Neujahrstag kam ich zu Dir!«, schreibt Bettina v. Arnim (1785–1859) ihrer Freundin Karoline v. Günderode (1780–1806). »Da kam ich zu Dir in die Stube herein und sagte: Gott, es ist so heiß hier in Asien, daß wir nur so hinschmachten, und drauß vor der Tür in Frankfurt da hängen dem Kutscher die Eiszapfen am Knebelbart. – Was haben wir gelacht, Günderode; – und haben unter Zimmetbäumen eine Tasse Schokolade getrunken, die wir in Deinem Öfchen kochten mit wohlriechendem Sandelholz; und da kam ein Salamander ins Feuer und färbte sich da in allerlei Farben und warf die Schokoladenkanne um, und wir melkten die weiße Elefantin, die ihr Junges in unserer Nähe säugte, und machten Elefantenbutter; ich wollt als immer Löwenbutter machen, das littest Du nicht, denn Du warst sehr vorsichtig, Du meintest, es sei zu viel Gefahr dabei, die Löwin könne mir einmal wild werden über dem Melken. – Und die Erlebnisse am Ganges und Indus, die schönen Knaben, die uns da begegneten, wo wir uns versteckten und sahen sie vorübergehen und sich waschen in den heiligen Fluten und Gebete tun; da sagtest Du, es müssen wohl Tempelknaben sein, […] abends im Mondschein, das war unsre beste Zeit, wo wir phantasierten, und hielten uns einander bei den Händen, wenn wir die Berge hinanstiegen, und ruhten unter Dattelbäumen aus; […] Wir waren doch so glücklich; wie schwärmte mein Kopf von brennenden Farben der Blütenwelt, wie waren wir entzückt vom Duft, der uns umwallte! – das dauerte den ganzen Winter, und kein Mensch wußte, daß wir in einer südlichen Welt lebten, wir gingen grade in den Gärten von Damaskus spazieren, ganz entzückt von dem Blumenparadies und trunken von ihrem Duft, da kam der alte Herr von Hohenfeld und brachte Dir das erste Veilchen, was er auf seinem Spaziergang im Stadtgraben gefunden hatte. Ach, da verließen wir Damaskus und ließen uns von Hohenfeld hinausführen, wo er das Veilchen gefunden hatte, und suchten noch mehrere; und von da an war der Zauber aufgehoben, und wir lachten recht, daß uns das Veilchen so schnell aus Asien herübergezaubert hatte nach Frankfurt auf die alten Festungswälle […].«[51] Der »gute Hohenfeld«, ein alter Familienfreund, mag er sich innerlich auch »keine unebenen Frauenzimmerchen« gedacht haben, seine Äußerungen sprechen dann doch nur philisterhaft von »Überspanntheit«, ähnlich all dem Gerede der »klugen Leute, die viel von einem wissen und von denen man nichts weiß«.⁵²

Doch diese Klugschwätzer mögen letztlich auch nichts Besseres von männlichem Teamwork im Arbeitszimmer berichten. Egal ob der Rokokodichter Martin Wieland in Zürich zeitweise mit dem Kritikerpapst Johann Jakob Bodmer am gleichen Schreibtisch oder die romantischen Volksliedsammler Achim v. Arnim und Clemens Brentano im gleichen Zimmer arbeiteten, diese konfliktreichen Arbeitsumstände dauerten nie sehr lange und ihre Ergebnisse waren selten so gemeinsam entstanden, wie es im Nachhinein etwa bei Sammelbänden verklärt wurde. Und hielten die gemeinsamen Arbeiten doch länger an, wie etwa bei den Brüdern Goncourt oder Grimm, so waren getrennte Studienzimmer doch die Regel. Wer Jacob Grimm 1860 davon reden hört, wie ihm sein im Vorjahr verstorbener Bruder Wilhelm immer noch im Traum lebendig erscheint, der ahnt, wie komplex und tief solch vertrauensvolle Verhältnisse angelegt sein müssen. »So nahm uns denn in den langen schleichenden schuljahren ein bett auf und ein stübchen, da saßen wir an einem und demselben tisch arbeitend, hernach in der studentenzeit standen zwei bette und zwei tische in derselben stube, im späteren leben noch immer zwei arbeitstische in dem nemlichen zimmer, endlich bis zuletzt in zwei zimmern nebeneinander, immer unter einem dach in gänzlicher unangefochten und ungestört beibehaltender gemeinschaft unsrer habe und bücher, mit ausnahme weniger, die jedem gleich zur hand liegen mußten und darum doppelt gekauft wurden. auch unsere letzten bette, hat es allen anschein, werden wieder dicht nebeneinander gemacht sein; erwäge man, ob wir zusammengehören und ob von ihm redend ich es vermeiden kann, meiner dabei zu erwähnen.«⁵³

Eine Erwägung, die sich wohl bei jedem mehr oder minder berühmten Paar seither anstellen lässt, welches das Wagnis des Zusammenlebens wie -arbeitens Zimmer an Zimmer, Schreibtisch an Schreibtisch eingeht und damit jeweils auch das Risiko des Scheiterns und der Trennung in Kauf nimmt. Als im Januar 1923 Katherine Mansfield (1888–1923) stirbt, die berühmte Erzählerin mit neuseeländischen Wurzeln, wird ihre geliebte Freundin wie eifersüchtige Konkurrentin Virginia Woolf sich noch einmal genau das höher gelegene Zimmer mit Sofa bei der letzten Begegnung 1920 mit der an schwerer Tuberkulose Leidenden vergegenwärtigen. Auf dem Schreibtisch neben aufgetürmten Romanen stehen ein Glas Milch und eine Medizinflasche. »Alles war sehr ordentlich, hell & irgendwie puppenstubenhaft.«[54] Es ist eine starke, bleibende Erinnerung, die sich bis in Woolfs Träume hineinsenkt. Sogar im Sommer 1928, die beiden Vorträge über »Frauen und Fiktion« in Cambridge stehen noch bevor, träumt sie die ganze Nacht von Mansfield: »[...] auch wenn ich jetzt fast vergessen habe, was im Traum passierte, außer, dass sie auf einem Sofa lag in einem Zimmer hoch oben, & sehr viele Frauen mit traurigen Gesichtern sie umgaben.« Was Träume überhaupt sind, fragt sich Woolf angesichts des dadurch geweckten Gefühls, ihre tote Rivalin sei für einen Moment wieder lebendig zurückgekehrt. An Weihnachten im gleichen Jahr wird sie vom Londoner Nachbesitzer eingeladen und im ehemaligen Haus Mansfields herumgeführt: »Dieses hier war Katherines Zimmer, sagte er. Es ist ärmlich, aufgeräumt, sauber – ein Bett, ein Tisch. Der Blick geht über Hintergärten zu den Bäumen von Regent's Park.«[55] Woolfs nüchterne Tagebuchnotiz erklärt hier nichts weiter. Ist alles gleich geblieben, ist alles verändert? »Man betritt das Zimmer«, heißt es in ihrem »Room of one's own«, »aber die Mittel der englischen Sprache müssten kräftig gedehnt werden, und ganze Schwärme von Wörtern müssten sich in ein illegitimes Erdenleben aufschwingen, bevor eine Frau sagen könnte, was geschieht, wenn sie ein Zimmer betritt. Die Zimmer unterscheiden sich so von Grund auf; sie sind ruhig oder tosend; mit Blick aufs Meer oder, im Gegenteil, auf einen Gefängnishof; hängen voller Wäsche; oder blitzen von Opalen und Seide; sind hart wie Rosshaar oder weich wie

Federn – man braucht nur in irgendein Zimmer in irgendeiner Straße zu gehen, damit einem das Ganze dieser außerordentlich vielschichtigen Kraft der Weiblichkeit ins Gesicht springt. Wie sollte es auch anders sein?«[56] So vermag letztlich Woolfs Essay vom »Eigenen Zimmer« uns bis heute zusätzlich noch den Blick zu erweitern, wie sich Räumlichkeiten – darunter mittlerweile auch die selbstverständlich gewordenen weiblichen Arbeitszimmer und Ateliers – aus der jeweiligen Sicht der Geschlechter spezifisch beschreiben, begreifen und benutzen lassen. Entsprechend ist das auch längst keine romantische Entweder-oder-Frage des Allein- oder Zusammenseins mehr. Dennoch bleibt die Woolfsche Raummetapher, indem sie für den eigenen Arbeitsraum gerade auf der Differenz zwischen Frau und Mann beharrt, auch ein selten gelingender Ausdruck für eine Anschauung, die noch in ihrer literarisch und künstlerisch perfekten Qualität überzeugend herausfordert.

Romantische Höhlen

Dort im Nirgendwo, wo die Häusermasse der Wiener Vorstadt allmählich in einzelne, verstreut liegende Gebäude mit üppigen Küchengärten übergeht, liegt das niedrige, ärmliche Haus. Es ist nicht schwer zu finden. Im Flur weist eine bodenlos erstaunte Gärtnersfrau den Besucher die Bodentreppe hinauf in den ersten Stock, wo er seinen »anthropologischen Heißhunger« und die »psychologische Neugierde« zu stillen hofft. »Ich stand vor einer niedern und halb schließenden Türe«, erzählt er später, »pochte, erhielt keine Antwort, drückte endlich die Klinke und trat ein. Ich befand mich in einer ziemlich geräumigen, sonst aber höchst elenden Kammer, deren Wände von allen Seiten den Umrissen des spitz zulaufenden Daches folgten. Hart neben der Türe ein schmutziges, widerlich verstörtes Bette, von allen Zutaten der Unordentlichkeit umgeben; mir gegenüber, hart neben dem schmalen Fenster, eine zweite Lagerstätte, dürftig, aber reinlich, und höchst sorgfältig gebettet und bedeckt. Am Fenster ein kleines Tischchen mit Notenpapier und Schreibgeräte, im Fenster ein paar Blumentöpfe. Die Mitte des Zimmers von Wand zu Wand war am Boden mit einem dicken Kreidenstriche bezeichnet, und man kann sich kaum einen grelleren Abstich von Schmutz und Reinlichkeit denken, als diesseits und jenseits der gezogenen Linie, dieses Äquators einer Welt im kleinen, herrschte.«[1]

Was der Berichterstatter hier in Franz Grillparzers (1791–1872) Erzählung »Der arme Spielmann« im Zuhause eines heruntergekommenen Straßenmusikanten beobachtet, ist eine um 1830 literarisch angesiedelte Dachstuben-Situation, in die noch nach rund 180 Jahren nur zu gut hineinzuträumen ist. Geradezu plastisch erscheint das armselige Interieur, als hätte es Modell für eines der vielen entsprechenden Sujets des deutschen Biedermeierkünstlers Carl Spitzweg (1808–1885) gestanden. Denn dessen mittelalterlich idyllische Kleinstädte sind voller Dachkämmerchen mit üppigen Blumenkistchen vor den Fenstern, die von poetischen oder gelehrten Käuzen und Hypochondern oder von hübsch-hausbackenen Mägden und Töchtern bewohnt werden.[2] Wobei Letzteren auf waghalsigste Art noch allerlei Musikanten ein Ständchen auf den höchst gefährlich gelegenen Dächelchen darbringen müssen. Und drinnen sieht es stets nach zweierlei aus: entweder unordentlich genial wie im abgeschrägten Zimmer eines »Armen Poeten«, der sich beim Dichten mit Schlafmütze und Hausmantel im Matratzenbett am Boden warm hält, oder aber pedantisch aufgeräumt wie wenn etwa »Ein Besuch« eines lustigen Vogels auf dem Fensterbrett den davorsitzenden, gelehrigen Biedermann aus seinen verstaubten Büchern aufschreckt. Ja, gibt es denn so etwas überhaupt? Man mag solche Sonderlinge belächeln, in ihrer liebenswürdigen Detailschilderung aber bekommen die Spitzweg'schen Miniaturwelten von hoch unter dem Dach einen beneidenswerten Ausdruck von restlos vergangener, harmlos verträumter Gemütlichkeit. Und selbst wenn es diese Dachstuben von damals mit ihren treuen Bewohnern nicht mehr gibt, so blickt man dennoch berührt in dieses bildhaft erzählte Interieur, als lebte man noch heute im Gebälk eines Post-Biedermeier.

Dabei sind ja zunächst die Räume unmittelbar unter dem Dach nichts weiter als billigster Lager-, Arbeits- und Wohnraum.

Denn das Dach als Abschluss eines Hauses ist nicht nur allen möglichen Witterungen ausgesetzt, sondern lenkt auch das Dachbodenklima: Die Sonne macht es zum Brutofen, die Kälte zum Kühlschrank, der Regen und Schnee zum Feuchtgebiet und der Wind zur lauten Zugluftorgel, an deren Crescendo im Sturmfinale gar noch das Dach wegzufliegen droht. Dennoch sind diese unwirtlichen Räumlichkeiten seit der Antike nicht nur zur Lagerung genutzt, sondern auch bewohnt worden. Speziell in den spätantiken Städten mit wenig Platz für Nebengebäude wurden sie billig vermietet. Von solch eingemieteten, armen Poeten berichtete bereits der römische Satiriker Juvenal, die dort unter dem Dach lebten, dichteten und litten. Aber auch der römische Dichter Martial im 1. Jahrhundert soll, bevor er sich sein eigenes kleines Haus leisten konnte, im dritten Stock einer Mietskaserne in Rom gewohnt haben. Diese Wohnungen waren klein, bisweilen nur aus einem einzigen Zimmer ohne Kücheneinrichtung bestehend. Sie ließen entsprechend wenig Mobiliar zu: ein Bett, eine Bank oder ein Wandtischchen und Truhen oder Kisten für die restlichen Habseligkeiten, darunter die Bibliothek mit eigenen und fremden Werken. Das großstädtische Ambiente konnte einem letztlich solch kleine Wohnungen infolge des starken Lärms, unangenehmer Nachbarn oder krimineller Umgebung auch wieder verleiden, das diktierende Schreiben und deklamierende Lesen ließ sich ja noch an andern, öffentlichen Orten oder bei Mäzenen praktizieren.

Daran wird sich auch im Mittelalter wenig ändern. Die Mietwohnungen in den drei- bis vierstöckigen Häusern der Städte bestanden meist nur aus einer Stube mit Küche und Schlafzimmer. Wer aus Armut keine Miete aufbringen konnte, versuchte in selbstgefertigten Buden, Hütten und Verschlägen ein Unterkommen am Stadtrand zu finden. Und wer wie das Gesinde, Lehrlinge, niedrige Handwerker oder ärmliche Reisende über kein eigenes Zimmer verfügte, dem wurde am Abend auf wundersamste Weise dennoch Quartier geboten: auf und unter

Werk- und Sitzbänken, in mehrfach belegten Betten und Schlafkammern, in der Küche, in der Stube am Ofen oder am Boden. Überall konnte sich irgendeine Schlafstelle finden. Allerdings machte die stetig anwachsende Zahl der schulischen Kostgänger den Universitätsstädten zunehmend Sorgen. Sie benötigten vermehrt Studentenhäuser und Pensionen. Das städtische System von konstant günstig gehaltenen Mieträumen war bei geringer Bautätigkeit äußerst limitiert. Waren zunächst die Keller bevorzugte Lager- und Werkstatträume, so blieben für zusätzlich separierte Schlafstätten eigentlich nur die höher gelegenen Räumlichkeiten unter dem Dach, die allerdings kaum beheizbar waren. Was in Herbergen und Wirtshäusern seinen unwirtlichen Anfang für wenig zahlungskräftige Gäste nimmt, wird seit dem 16. Jahrhundert allmählich zu einer Notlösung für Vermieter wie häufig auch Untervermieter, um zusätzliche Schlafstätten für das Gesinde, Lehrlinge, Schüler und Studenten zu finden. Im Dachstock ließen sich mit wenig Aufwand – man denke nur an den Kreidestrich in Grillparzers Spielmann-Erzählung – sogar neue Zimmer gewinnen, um den Bedürfnissen einer mobil umherziehenden Schicht von Handwerkern und Auszubildenden entgegenzukommen, ohne gleichzeitig das Haus mit teuren Ausbauten zu belasten.

Gelehrte, die ein Studio einrichteten, gehörten allerdings nicht zu diesen billigsten Untermietern. Sie erhielten Einnahmen durch den Lehrbetrieb oder die von ihnen aufgenommenen studentischen Kostgänger, durch Buchhonorare, bezahlte Auftragsarbeiten – sogenannte Gelegenheitsdichtung in Form von Hochzeits-, Glückwunsch- oder Begräbnisgedichten – und andere gönnerhafte Zuwendungen, mit denen sich eine Wohnung oder gar ein Haus mieten ließ. Doch so wie schon die Studenten ihre Schreibarbeiten aus Platzmangel in öffentlichen Räumen verrichteten, konnten Akademiker fürs eigene Schreiben noch zusätzliche Räumlichkeiten in Schulen, Universitäten und Klöstern finden. Das in höheren Stockwerken angesiedelte gelehrte

Gehäuse wird bis ins 18. Jahrhundert hinein häufig allein unter dem medizinischen Gesichtspunkt der gesunden Luft, wegen der wohltuenden Aussicht oder seiner schönen Anspruchslosigkeit gelobt. Noch Jean de La Fontaine (1621–1695) wird in einer seiner Fabeln den »Vorteil der Wissenschaft« danach beurteilen, dass man zu den Gelehrten eben gerade ins berühmte »dritte Stockwerk«, also unters Dach reisen muss.[3] Nicht aber in den Dachstuhl, wo sich eine wachsende Zahl von Schreibenden einfindet, denen die Einnahmen durch mangelnde Lehrberufe und Mäzene, fehlende Pfarr-, Bibliotheks- und Sekretärstellen, durch starke Konkurrenz, Honorar-Prellerei oder anderweitige Schicksalsschläge nur ein billiges Mietzimmer erlauben. Und da seit der Französischen Revolution 1789 und der einsetzenden Industrialisierung neben allen Studenten und Künstlern auch noch viele schollenbefreite, ihrer Leibeigenschaft enthobene Landbewohner ihr Glück mit allen nur denkbaren Dienstleistungen in den Städten zu machen suchen, werden sie mitunter selbst um diese einfachen Zimmer kämpfen müssen. Bisweilen tragisch, wie etwa das Schicksal des hochbegabten Autors Thomas Chatterton (1752–1770) aus Bristol zeigt, der in seiner Armut und wegen seines lädierten Rufs, nachdem seine Mönchspoesien aus dem 15. Jahrhundert als Fälschung entlarvt worden waren, in seiner kümmerlichen Londoner Dachkammer keinen anderen Ausweg mehr als Selbstmord mit Arsen wusste.

Das 19. Jahrhundert beginnt denn auch mit einer veritablen Wohnungskrise, und es erstaunt insofern nicht, dass die damaligen frühsozialistischen Theoretiker wie etwa der englische Fabrikant Robert Owen (1771–1858) oder der Franzose Charles Fourier (1772–1837) ihre Utopien einer neuen Gesellschaft mit Großprojekten des sozialen Wohnungsbaus kombinieren. Letzterer träumte nicht nur von einem gesellschaftlichen Idealzustand mit Millionen von Dichtern, sondern sah für die Ärmsten auch noch in gigantischen utopischen Bauten, sogenannten »phalanstères«, die besten Wohnungen vor. Bei aller Zukunftsträumerei, Tatsache um 1800 war, dass »ziemlich hoch in kleinen niedrigen Zimmern« zu wohnen jetzt allgemeine »Schriftsteller- und Dichter-Sitte« sei.[4] Und literarische Fourieristen vom Schlage eines Raymond Brucker (1800–1875) werden die schlimmen sozialen, miserabeln Mansarden-Verhältnisse, im alten Paris etwa, im Gegensatz zu den neuen Prunkgemächern der aufstrebenden Bourgeoisie derart salonfähig in der französischen Unterhaltungsliteratur machen, dass selbst noch der Naturalismus eines Emile Zola (1840–1902) für seine großstädtischen Milieubeschreibungen davon profitieren wird.

Es mutet allerdings bezeichnend wie befremdend an, wenn der deutsche Schriftsteller Paul Raabe 1854, also mitten in der größten, noch unbewältigten Wohnungskrise, in seiner romanhaften Berliner »Chronik der Sperlingsgasse« wieder auf diese ärmlichen Schriftsteller des 18. Jahrhunderts zurückkommt, ihnen aber eine ganz andere, optimistische Deutung der Dachkammer-Situation verpasst. »Ich behaupte, ein angehender Dichter oder Maler – ein Musiker, das ist freilich eine andere Sache – dürfe nirgend anders wohnen als hier! Und fragst du auch, wo die frischesten, originellsten Schöpfungen in allen Künsten entstanden sind, so wird meistens die Antwort sein: in einer Dachstube! – In einer Dachstube im Wineoffice Court war es, wo Oliver Goldsmith [1728–1774], von seiner Wirtin wegen der rückständigen Miete eingesperrt, dem Dr. [Samuel] Johnson [1709–1784] unter alten Papieren, abgetragenen Röcken, geleerten Madeiraflaschen und Plunder aller Art ein besudeltes Manuskript hervorsuchte mit der Überschrift: ›Der Landprediger von Wakefield‹. In einer Dachstube schrieb Jean-Jacques Rousseau seine glühendsten, erschütterndsten Bücher. In einer Dachstube lernte Jean Paul den Armenadvokat ›Siebenkäs‹ zeichnen und das ›Schulmeisterlein Wu[t]z‹ und das ›Leben Fibels‹!«[5]

Es sind in der Tat große, berühmte Schriftstellernamen, die Raabe da ins Spiel führt. Aber er will es mit diesen Beispielen auch nicht allzu genau nehmen: Die Anekdote mit dem zum

Alkohol neigenden englischen Schriftsteller Goldsmith ist vermutlich eine schön ausgeschmückte Erfindung seines Londoner Literatenfreundes Johnson, und Rousseau lebte zwar zunächst 1742 in einem billigen Logis in Paris, aber in kürzester Zeit auch als protegierter Musiklehrer. Bleibt allein der Schriftsteller Jean Paul, der allerdings bereits seine persönliche Studentenkrise 1784 hinter sich hatte, in der er vor seinen Schuldnern zur Mutter ins Haus im bayrischen Hof zurückkehren musste, als er seine romanhaften Dachzimmerinsassen zu belletristischem Erfolg führte. Aber Raabe geht es ja vor allem um diesen fiktionalisierten Aspekt: die Dachkammer als romantisierte Kunstwelt. Bereits hatten beliebte, weitverbreitete Märchen- und Volksliedsammlungen die Turmkämmerlein und Stüblein weit droben interessant mit allerhand spinnenden Feen und schönen, schlafenden oder Ausschau haltenden Fräuleins belebt. Beide Textsorten waren schließlich Urformen der romantischen Poesie. Wenigstens für den Dichter Novalis, der 1798 fragmentarisch noch seine Vorstellung für eine Poetisierung der Welt zur Auffindung allen ursprünglichen Sinns quasi als eine phantastisch einfache Anleitung zur literarischen Romantik entwickelte: »Indem ich dem Gemeinen einen hohen Sinn, dem Gewöhnlichen ein geheimnisvolles Ansehn, dem Bekannten die Würde des Unbekannten, dem Endlichen einen unendlichen Schein gebe, so romantisiere ich es [...].«[6]

Und die Dachkammer lässt sich, gerade weil ihre Wände gewöhnlich nur das Notdürftigste umschließen, wirklich ideal als eine romantisierte Welt auf kleinstem Raum auffassen, die sich zu jeder nur möglichen bürgerlichen Funktion potenzieren lässt. Denn sie dient zu allem zugleich: als Schlaf- und Badezimmer, Küche, Toilette und Wäscherei, Esszimmer und Rauchsalon, Bibliothek und Labor oder Büro und Balkon. Häuslicher und beruflicher Bereich gehen fließend ineinander über; beschränkter Raum und geringe Geldmittel ließen den Hausrat wie Arbeitsmöbel kaum über einen Tisch, einen Stuhl und ein

Bett anwachsen. Allzu häufig war diese Möblierung schon beim Einzug vorhanden. Das Dachkämmerchen ist zunächst ganz real die kleinstmögliche, auf ein Zimmer konzentrierte Wohnung und damit eigentlich bereits auch eine verkehrte Welt. Alles ist hier einfach und ganz anders. Was sonst unten, das ist hier zuoberst. Der auf Erden allzu verachtete Bettelpoet wird hier oben unterm Dach dem Poesiehimmel um vieles noch näher sein, als ein Eichendorff'scher »Taugenichts«, der auf seinem hohen Baum droben über die Welt nachsinnt, um dann seiner verstaubend hängenden Geige zuzurufen: »Ja, [...] komm nur her, du getreues Instrument! Unser Reich ist nicht von dieser Welt!«[7]

Es lässt sich denn auch in diesen romantischen »Empor-Stuben«[8] christusgleich auf die verlogene Philisterwelt gut herabschauen – hin und wieder wird dabei auch in den rußigen Innenhof hinuntergespuckt und der hämmernden, qualmenden Fabrik gegenüber mit der Faust gedroht. Hier oben konstruiert sich ein poetisches Gegenreich der Schreibfeder, in dem die Sonne nicht so schnell untergeht. In Eintracht mit den Schornsteinfegern, Dachkatzen, Mäusen, Mauerseglern und allerhand Ungeziefer sowie all den Gestirnen am Himmelszelt lebend, die noch nachts wie leuchtende Kerzenstummel durchs Dachwerk schimmern, wird einmal mehr die Welt des Parnass mit Flügelross und Musen oder andern Geisteswesen beschworen. So hoch über den Dächern herrschen keine adlige oder großbürgerliche Etikette und keine Eleganz. Der Poet darf sich unfrisiert im Arbeitskostüm und mit Bartstoppeln ganz nach Lust und Laune gehenlassen, dabei allein seiner künstlerischen Arbeit verpflichtet. Die vielen Tabakkrümelchen oder die Zahl der Kippen im Aschenbecher beweisen das hohe Arbeitsethos ebenso wie die anwachsende Makulatur im Papierkorb oder die vom schlechten Arbeitslicht geröteten tränenden Augen. Eigentlich dient das alles geradezu einem Lebensmotto, wie es schon der französische Dichter François Rabelais (ca. 1494–1553) in seinem grotesken Riesenwerk für das karnevaleske Anti-Kloster »Thélème« entworfen hatte: »TU, WAS DU WILLST!«[9] Nach Lust und Laune wird dabei die Nacht zum Tag gemacht, das Bett zum Schreibtisch und aus der hungrigen Nüchternheit entsteht eine mit »sehr fatalen« Fäulnisgerüchen,[10] Tabak, Kaffee, Alkohol oder gar Opiumlösung namens Laudanum stimulierte Trunkenheit, bis zur Selbstzerstörung. Vielleicht bekommen dann die Möbel und Stoffe im Raum – also nicht nur der unheimliche Totenkopf als Briefbeschwerer – etwas Verträumtes. Ein solch »geistiges Zimmer« mit all seinem Inventar nimmt, wie der französische Dichter Charles Baudelaire (1821–1867) in »Le Spleen de Paris« schreibt, etwas an, wie »mit einem bewusstlosen Leben begabt« von Pflanzen und Mineralien.[11] Und wer nicht wie der amerikanische Sozialreformer Henry David Thoreau (1817–1862), diesem auf sich selbst gestellten, schriftstellernden Waldeinsiedler bei Concord, aus Angst vor dem Abstauben gänzlich auf jegliche Gegenstände verzichtet,[12] der wird mit seiner noch so geringen Habe, mit all dem Papierkram ein immens anregendes, genialisches Chaos gestalten. Wo die unten dekorieren, wird im romantischen Durcheinander oben in aller Wildheit das Unaufgeräumte zum künstlerischen Ready-made weit vor dessen Erprobung durch Marcel Duchamp (1887–1968). Oder die schimmlig feuchten Wände werden mit Graffiti oder Angeheftetem, Pin-ups aller Art als seelischer Blitzableiter bedeckt, so wie schon etwa der Schweizer Schriftsteller Gottfried Keller (1819–1890) in Berlin seine Schreibtischunterlage 1855 verliebt wie resigniert prä-dadaistisch bekritzelte: »BETTY, Bettybettybettybettybetty, tibetti tibetti, Bethly, Bethely, Bettly Bettly, Bettchen? Bettchen? Betty bitte! bitte Betti! BBBBBBBBBetty, Bettyjoggel, Bettioggelein, bittre, bittre schöne süße Zeit, bittre Kräuter, Bitterlichkeiten.«[13]

Wenn sich so spielerisch das eigene Liebesleiden bis zur Körperlosigkeit vergisst, so lässt sich dennoch im »elenden Wohn-Nest«[14] auch körperlich vieles sublimieren. Man kann hin- und hergehen, hüpfen,[15] turnen,[16] singen, deklamieren und fluchen, denn das Selbstgespräch vermag so manche literarische Clubrunde zu ersetzen wie Niedergeschlagenheit zu kompensieren. »Ich kramte im Zimmer herum, ging willenlos auf und ab«, schreibt der norwegische Erzähler Knut Hamsun (1859–1952) in seinem autobiographischen Roman »Hunger« über die ärmlichen 1880er Jahre in Kristiania, dem heutigen Oslo. »Kratzte mit den Nägeln an der Wand, legte meine Stirne vorsichtig an die Tür, klopfte mit dem Zeigefinger auf den Boden und horchte aufmerksam, alles ohne irgendeinen Sinn, sondern nur still und nachdenklich, als hätte ich eine wichtige Sache vor. Und dabei sagte ich ein übers andere Mal laut, so dass ich es selbst hörte: Aber, du guter Gott, das ist doch Wahnsinn! Und so trieb ich es ununterbrochen weiter. Nach langer Zeit, vielleicht einigen Stunden, nahm ich mich fest zusammen, biss mich in die Lippe und straffte mich auf, so gut ich konnte. Es musste ein Ende haben! Ich suchte einen Span, um darauf zu kauen, und setzte mich entschlossen wieder zum Schreiben hin.«[17] Das sind alles nicht nur mögliche Rituale gegen Schreibkrisen, sondern dient auch der Ablenkung des nur zu oft von Hunger und Kälte geplagten Poeten. Die Zeit bis zum Abend vergeht so besser, ohne dass man ständig an seinen Körper und das ihn umgebende unerhörte Elend zu denken braucht. Außerdem wird selten jemand in diese Höhen hinaufsteigen, um zu reklamieren und die Nachbarn sind tagsüber meistens fern oder fabrizieren ebenfalls ähnlichen Höllenlärm.[18]

Das Dachzimmer ist aber auch eine eigentliche Fluchtwelt, um den strafenden Blicken der guten Gesellschaft zu entgehen, den unten lauernden Vermieterinnen, Gläubigern und Verwandten nicht verhängnisvoll über den Weg zu laufen oder die eigenen Kleider und Schuhe bloß für einen Moment zu schonen. Die großstädtische Boheme wird allerdings in all dem ihren Ausgangspunkt für eine zukunftsweisende künstlerische Laufbahn sehen und verklären. Zunächst sieht sie sich verkannt in die Bohemebude verbannt und dann wird sie zufällig erkannt und derart in allgemeinen Erfolg und Bekanntheit überführt. Was im Dachzimmer seinen Anfang nimmt, lässt sich aus der Saturiertheit im Nachhinein nur noch nostalgisch bestaunen, wie Ludwig Tieck in seiner Erzählung »Des Lebens Überfluss« schreibt, in der ein Paar nach langer Zeit wieder sein armseliges altes Stübchen aufsucht. »Diese Szene ihres vormaligen Elends und zugleich unendlichen Glücks rührte sie innigst.«[19] Und sie waren für den Vermieter weiß Gott keine leichte literarische Gesellschaft, indem sie das hölzerne Inventar inklusive Treppe radikal verheizten.

Aber diese Welt rührt eben nicht nur dadurch, dass man dort für sich gelebt und letztlich glücklich alles überlebt hat, sondern sie lebt auch von ganz speziellen Nachbarschaften, mit rührseligsten Geschichten und Episoden. Wenn der französische Romancier Honoré de Balzac 1830 von einer einsamen Dachstätte als »freiwilligem Gefängnis« spricht, so betont er gleichzeitig die Vorteile einer solchen Abgehobenheit, etwa in Form anregender Aussichten von »Himmelshöhen« aus auf »diese Savannen von Paris, die Ebenen gleichförmiger Dächer, die so viel Leben beherbergten«.[20] Denn dort leben Handwerker, Arbeiter, Kleinbürger, Taglöhner, Studenten, Künstler, Näherinnen, Prostituierte oder Dienstmädchen und kleinere Angestellte Tür an Tür. Im Dachstock begegnet sich letztlich die städtische Unterschicht, deren Niedrigstlöhne, kleine Stipendien und Honorare, Liebeslöhne und momentane Zuwendungen kaum Chancen auf eine bessere Zukunft versprechen. Allein Sparsamkeit und Heimarbeit vermögen hier noch etwas Hoffnungsfreudiges zu bewahren. Wenn denn Raabes alter, Pfeife rauchender Chronist mit seinem Hund Karo, der einsame Gelehrte Johannes Wachholder, in der »verwilderten Stube«, aus der er im Gegensatz zum Autor selber offenbar nie hinausgekommen ist, den Kopf auf die Hand gestützt, vom unmittelbar Vergangenen am Fenster sinniert, so sieht er sie wieder vor sich, die verstorbene einstige Angebetete. »Marie, die niedliche kleine Putzmacherin, wohnte mir gegenüber und nähte gewöhnlich am Fenster, während ich, Kants ›Kritik der reinen Vernunft‹ vor der Nase, die Augen – nur bei ihr hatte. Sehr kurzsichtig und zu arm, mir für diese Fensterstudien eine Brille, ein Fernglas oder einen Operngucker zuzulegen, war ich in Verzweiflung. Ich begriff, was es heißt: Alles liegt ins Unendliche auseinander.«[21]

Man konnte sich für die gegenüber arbeitende Schönheit am Fenster wahrlich die Nase an der Scheibe platt drücken, falls sie nicht mit Papier und anderem geflickt war, oder sich gar halsbrecherisch weit zu den unteren Stockwerken hinauslehnen, wie etwa Xavier de Maistre in einer »Nachtfahrt um mein Zimmer« phantasiert. «Alsbald stieg ich, da ich meiner Neugier nicht mehr widerstehen konnte, auf die letzte Sprosse, setzte meinen Fuß auf die Dachkante, hielt mich mit der einen Hand am Fensterpfosten und beugte mich so über die Straße, auf die Gefahr hin hinabzustürzen. Darauf sah ich auf einem Balkon zu meiner Linken, etwas unter mir, eine junge Frau im weißen Nachtkleid. Mit der Hand stützte sie ihren reizenden Kopf, der hinlänglich seitwärts geneigt war, um mich im Licht der Sterne das interessanteste Profil sehen zu lassen, und ihre Stellung schien dazu ausgedacht zu sein, um einem Luftreisenden wie mir eine schlanke und wohlgestaltete Figur in ihrer ganzen Schönheit zu zeigen; einer ihrer nackten Füße, der nachlässig zurückgeworfen war, stand so, dass es mir trotz des Dunkels möglich war, daraus auf die glücklichen Größenverhältnisse zu schließen, während ein hübscher kleiner Pantoffel, der sich von dem Fuß gelöst hatte, sie meinem neugierigen Auge noch deutlicher zeigte.«[22]

Eine in jeder Hinsicht qualvolle Ausgangslage für eine sich anbahnende Romanze. Da gäbe es doch für große Distanzen eine viel geeignetere und weniger gefährliche Sprache der Liebessignale mit Zuspiegelungen oder auf- und zugezogenen Vorhängen. »Lassen Sie den Vorhang herunter, bedeutet das: Gute Nacht [...] es ist Zeit, schlafen zu gehen! Ziehen Sie ihn hoch, bedeutet das: Guten Morgen, [...] haben Sie wohl geruht? Oder:

Wie geht es Ihnen gesundheitlich? [...] Sehen Sie nun, mein Herzchen, was das für eine feine Idee ist – und Briefe sind gar nicht mehr nötig! Schlau, nicht wahr?«[23] So beginnt wenigstens der russische Romancier Fjodor Dostojewskij (1821–1881) seine sentimentale Liebesgeschichte über den Hof »Armer Leute« (1846). Aber es leben in Dachhöhe – in aller inspirierenden Unbequemlichkeit – auch noch die vollkommen Unattraktiven, erfolglos Gebliebenen, die verunglückten Poeten, die alten Leute im Trümmerhaufen ihres zerbrochenen Lebens als geradezu abschreckende Beispiele. Denn »niemand profitiert davon«, laut der amerikanischen Autorin Dorothy Parker (1893–1967), »dass er in einer Klause unterm Dach juchhe haust, falls es sich nicht um einen Ableger von John Keats [engl. romantischer Dichter; 1795–1821] handelt. Wer in den zwanziger Jahren [des 20. Jahrhunderts] gute Sachen schrieb, dem ging es auch gut; er hatte keine Geldsorgen. [...] Man brauchte keine Mansarde unterm Dach.«[24] Wer aber auf die Dauer den erfolgreichen Boden unter den Füßen gänzlich verloren hat, der dichtet nicht aus Kälte und Langeweile mit Bleistift oder den neuen Stahlfedern auf Brettern, Pappe-Unterlagen oder Mappen im Strohbett, oder weil er wie Truman Capote »zur seltsamen Gattung der horizontalen Autoren« gehört, die nur liegend arbeiten können,[25] sondern hütet allein nur noch aus Schwächlichkeit und Krankheit die berühmte »Matratzengruft«, wie der todkranke Dichter Heinrich Heine (1797–1856) sein Pariser Arbeitszimmer 1851 nannte.[26] Dem kann nur noch im Nu das fatale Finale folgen, wie es etwa der naturalistische Schriftsteller Arno Holz (1863–1929) bedichtet hat:

»Und als der Morgen um die Dächer
sein silbergraues Zwielicht spann,
da war der arme, bleiche Schächer
ein stummer und ein stiller Mann.
In seines Mantels grauen Falten,

> so lag er da, kalt und entstellt –
> fürwahr, er hatte Recht behalten,
> sein Reich war nicht von dieser Welt!
>
> Ein goldnes Sonnenstäubchen tippte
> ihm auf die Stirn von ungefähr,
> und seine lieben Manuskripte
> verschloß der Armenkommissär.
> Sein Freund, der Doktor, aber zierte
> brutal sich durch das Kämmerlein
> und schneuzte sich und konstatierte:
> Verhungert! auf dem Totenschein.«[27]

Arno Holz, selbst zeitlebens ein armseliger wie in seiner Konzentration vielfach gestörter Dachzimmerbewohner,[28] redet sich immerhin mit der berühmten »Unsterblichkeit« Mut zu dieser gefährdeten poetischen Höhenexistenz ein. Allerdings war diese romantische Art, die eigene Berühmtheit erst für die Nachwelt zu erlangen, doch auch stets umstritten. »Der arme Deutsche«, schreibt Heinrich Heine 1822, »verschließt sich in seiner einsamen Dachstube, faselt eine Welt zusammen, und in einer aus ihm selbst wunderlich hervorgegangenen Sprache schreibt er Romane, worin Gestalten und Dinge leben, die herrlich, göttlich, höchstpoetisch sind, aber nirgends existieren. Diesen phantastischen Charakter tragen alle unsre Romane, die guten und die schlechten, von der frühesten Spieß-, Cramer- und Vulpius-Zeit bis Arnim, Fouqué, Horn, Hoffmann usw., und dieser Romancharakter hat viel eingewirkt auf den Volkscharakter, und wir Deutschen sind unter allen Nationen am meisten empfänglich für Mystik, geheime Gesellschaften, Naturphilosophie, Geisterkunde, Liebe, Unsinn und – Poesie!«[29]

So ironisch sich das anhört, die Dachkammer bekommt gerade wegen ihrer darin herrschenden Überspanntheiten auch den Ruf, sich den realen Themen zu stark entfremdet zu haben.

Der Poet sitzt quasi als verträumter Wolkenschieber oben bei den Sternen und wartet frierend auf Einfälle, während in den unteren Stockwerken das Haus bereits bedrohlich brennt.[30] Der Schweizer Landpfarrer und Romancier Jeremias Gotthelf (1797–1854) wird 1845 dem Dichter, der »in dunkler Stube mit Schreiben Geld verdient« vorwerfen, er wisse ja gar nicht, »woher das Gedeihen kommt, was die Sonne kann, was der reiche Gott dem armen Menschen ist« und würde mit seinem daraus folgenden, abgehobenen »Dünkel« sich bewusst in den Großstädten einnisten, »wie eigentlich alle Krankheiten, Nervenfieber und Cholera zum Beispiel«.[31] Wie tendenziös dies in seiner Großstadtfeindlichkeit auch immer ist, die Poesie dieser Dachstockbewohner verflachte allmählich auch mangels Talent und einem neuen Zeitgeist, der vermehrt statt romantischer Lyrik die härtere, naturalistische Sozialkritik in Prosa und Drama schätzte. Und das war wohl wiederum auch eine Folge der Ende des 19. Jahrhunderts eingeleiteten Stadtsanierungen in mittelalterlichen Zentren und in Form von Schleifung alter, einschränkender Stadtbefestigungen. Stattdessen nahm die Zahl der Mietskasernen bis in die Vororte hinein zu. Letztlich setzte der großangelegte Sozialwohnungsbau des 20. Jahrhunderts dann dem Wildwuchs der ungenormten Dachkämmerchen ein endgültiges Ende. Der Berliner Schriftsteller Theodor Fontane (1819–1898) wird aber bereits 1891 sichtlich erleichtert aufatmen: »Die Zeit der Dachstubenpoeten ist ja Gott sei Dank vorüber und kehrt nie wieder.«[32]

Damit hatte er faktisch recht. Es waren ja am Schluss kaum mehr Berühmtheiten darunter zu finden. Nur bleibt bei Fontanes Formulierung außer Acht, dass jede Studenten- und Künstlergeneration aus Geldmangel nach wie vor von neuem Erfahrungen mit den engen, die geistige Arbeit befördernden[33] Dachzimmern macht. Und auch die einfache, antibourgeoise Lebensweise der Boheme stellt gerade damit für neue, avantgardistische Strömungen das immer wieder nachahmenswerte Vorbild dar. Es wird etwa der expressionistische Dichter Georg Heym

(1887–1912) noch kurz vor seinem tödlichen Schlittschuh-Unfall in Berlin nach wie vor apodiktisch behaupten: »Die jungen Genies blühen bei uns nur in den Dachstuben. Man glaube nicht, daß es keine gäbe. Es gibt ihrer unzählige, denn die Natur ist niemals sparsam mit ihnen.«[34] Worin ihm ganz sicher der dilettierende Dichter und Maler des deutschen Expressionismus Ludwig Meidner (1884–1966) noch nach dem Ersten Weltkrieg mit seinem »Mondsichelgesang« recht gegeben hätte: »Nun, was schert mich der Tag! Ich lebe in die Ewigkeit hinein, habe weder Kalender noch Uhr, weder Butterkarte noch Zeitungsabonnement. Ich bin ein wenig Dichter geworden in diesen Jahren. Das genügt mir. Damit komme ich aus. Zur Seite steht mir ein blauäugiger Tintenstift, die Tabakpfeife und ein Wörterbuch unserer Sprache, das ich immer aufschlage wenn ich hungrig bin und im Rausch der Alliteration hüpfe ich zügellos zwischen den anämischen Stühlen. Meine katzfellgefütterte Weste Funken spritzt, wenn ich vom Waschtisch zur Bettstelle taumele und meinen Dichterbrüdern über die Jahrtausende verwegene Händedrücke reiche. Ja, ich bin noch ledig. Meine Marotten sind meine einzigen Kinder. Meine gloriosen Wortprächte sind mir lieber als eine fette Gemahlin. Ich bin innen und außen lebendig und frei und nehme keinen Anteil an der Weltgeschichte.«[35]

Es ließe sich aber auch weniger dramatisch sagen, dass die im 19. Jahrhundert so starke Betonung des Dachzimmers zumindest als literarisches Motiv keineswegs für das noch folgende Jahrhundert ausgedient hat. Ja, nicht einmal der soziologisch neugierige Blick vom hohen Dach ist verschwunden. Räume und ihr menschliches Inventar interessieren die Modernen der Literatur ungemein, egal ob als französische »Nouveau Roman«-Verfasser oder avantgardistische Sprachexperimentierer wie die in den 1960er Jahren gegründete Gruppe »Oulipo«, zu deren Mitgliedern etwa Georges Perec (1936–1982) gehörte. Er wird 1978 eine romanhafte Gebrauchsanweisung »Das Leben« verfassen, in der ein Pariser Mietshaus mitsamt seinem Innenleben präsentiert wird, als wäre es ein in alle Zimmer bis zum Dachstock einsehbares Puppenhaus. Das Leben der andern gilt weiterhin als beobacht- und beschreibbar wie bemerkenswert. »Ich redete mir ein, den Schreibtisch ans Fenster gerückt zu haben, um in die Bäume hinaussehen zu können, wenn ich an meiner Olivetti Baby saß und Zeile um Zeile tippte«, erinnert sich der Erzähler des in den 1970er Jahren spielenden Romans »Cowboysommer« (2010), verfasst vom in Irland lebenden Schweizer Autor Hansjörg Schertenleib. »Dabei wusste ich, es war der Blick in die rot erleuchteten Fenster eines Bordells gegenüber, der mich ans Fenster fesselte. Ich sah Frauen, die in Reizwäsche, Netzstrümpfen und hochhackigen Schuhen am Küchentisch saßen, Lockenwickler in den Haaren, und in der Nase bohrten, strickten, Kreuzworträtsel lösten, sich die Zehennägel lackierten oder Suppe löffelten. Waren die Fenster offen, hörte ich das befreite Aufgrunzen der Männer, die gespielten Schreie der Frauen und ihr Lachen, dreckig, wenn die Freier in der Nähe, hell und offen, wenn sie unter sich waren. Ich sah behaarte Männerrücken, wippende Brüste, emporgereckte Frauenärsche, gespreizte Schenkel, rasierte Mösen und feuerrote Lackstiefel. Ich verbrachte Stunden am Fenster meines dunklen Zimmers. Das unermüdliche Theater der gekauften und darum geheuchelten Begierde und des männlichen Triebes ließ mir keine Ruhe. Die Arbeit an den Erzählungen stockte, nicht zuletzt, weil in ihnen irgendwo immer ein Mann auftauchte, der sein Leben damit vertat, am Fenster zu sitzen und die Freier und Prostituierten eines gegenüberliegenden Puffs zu beobachten, um ihnen ausgefallene Lebensgeschichten anzudichten.«[36]

Das klingt nach einer Poetik des Erzählens aus der Demimonde, der sogenannten Halbwelt. Aber gerade dabei sieht sich der beobachtende, intim persönliche Moment des Schreibens und der Selbstreflexion nach wie vor am ehesten plastisch in einem kleinen Dachgehäuse besser aufgehoben als in großen, bürgerlichen Repräsentationsräumen. Die allzu vertraute Mansarde, egal wie gut ausgebaut, gilt durch ihre störungsfreie Isolierung des Geistes immer noch als ausgesprochen gute »Denkkammer«[37] für allerlei unkonventionell Provozierendes und Poetisches. Gerade der Schweizer Schriftsteller Robert Walser (1878–1956) entwickelt in seiner Kleinprosa den sogenannten »Zimmermann« in allen nur erdenklichen Variationen, der allein auf »seine Ruhe und seinen stillen Aufenthalt im Zimmer« versessen ist und entsprechend unfähig, davon Abschied zu nehmen.[38] Es wimmelt denn auch in seinen Texten von verträumten Dichtern und Käuzen, die in wahren und unwahrscheinlichen Prototypen von niedlichen, fröhlich wie tragischen Dachzimmern hausen. »Wer den Mietzins zu zahlen habe«, heißt es in der Erzählung »Rückblick« von 1919, »kümmerte mich nicht im mindesten. O es war reizend, ganz und gar keine drückenden Gedanken haben zu müssen. Vielleicht bin ich damals eher etwas wie Abenteurer als schaffender Schriftsteller gewesen, woraus ich kein Hehl machen zu sollen glaube.«[39] Aber diese Figuren leben neben aller Neoromantik auch eine prekäre Schwellenexistenz, denn sie sind stets auf dem Sprung aus der Normalität heraus. Vom Arbeitszimmer aus vagabundieren sie hinaus in die Welt, um dort draußen sich wieder hoffnungslos ins Drinnen zurückzusehen.

Walser fasst diese Spannung in einem modernen Kunstmärchen gleich großartig selber zusammen: »Es war einmal ein Dichter, der so verliebt in den Raum seines Zimmers war, daß er den ganzen Tag über in seinem Lehnstuhl saß und die Wände anbrütete, die vor seinen Augen lagen. Er entfernte die Bilder von diesen Wänden, um durch keinen zerstreuenden Gegenstand gestört und verleitet zu werden, irgend etwas anderes zu betrachten, als die kleine, fleckige, unfreundliche Wand. Man kann nicht sagen, daß er den Raum mit Absicht studierte, sondern man muß gestehen: Er lag ohne einen Gedanken in den Banden einer grundlosen Träumerei, in welcher seine Stimmung weder lustig noch traurig, weder munter noch melancholisch, sondern so kalt und gleichgültig wie die eines Wahnsinnigen war. Er verbrachte drei Monate in diesem Zustande und an dem Tage, mit welchem der vierte beginnen sollte, konnte er sich nicht mehr von seinem Platze erheben. Er war festgeklebt. Das ist etwas Sonderbares und es liegt Unwahrscheinlichkeit in dem Versprechen des Erzählers, der beteuert, daß sogleich noch Sonderbareres folgen soll. Zu dieser Zeit nämlich suchte ein Freund unseres Dichters den Dichter in seinem Zimmer auf und fiel, wie er dasselbe betrat, in dieselbe schwermütige oder lächerliche Träumerei, in welcher der erste gefangen lag. Einige Zeit nachher widerfuhr einem dritten Verse- oder Romanschreiber, der kam, um nach seinem Freund zu sehen, das gleiche Unglück, in welches nacheinander sechs Dichter fielen, die alle kamen, um sich nach dem Freunde zu erkundigen. Nun sitzen alle sieben in dem kleinen, dunklen, düsteren, unfreundlichen, kalten, kahlen Raum und draußen schneit es. Sie kleben an ihren Sitzen und werden wohl nie wieder eine Naturstudie machen. Sie sitzen und starren, und das freundliche Gelächter, welches diese Geschichte belohnt, ist nicht imstande, sie aus ihrem traurigen Bann zu erlösen. Gute Nacht!«[40]

Gute Nacht, wie oft mag Walser selber diesem traurigen Bann erlegen sein. Seit seiner Berliner Zeit arbeitete und verzweifelte er immer wieder in kahlen, unbeheizten Dachzimmern, allein vom schweren Militärmantel und den mit Kleiderabfällen und Papier gestopften Hausschuhen gewärmt. Und wie tragisch dabei Biographie und literarische Fiktion zusammenkommen, zeigt etwa die Erzählung mit dem bezeichnenden Titel »Die Ruine« von 1926, wo die Rede von einem viel zu kleinen und engen Gemach ist. »Weil mein Zimmer bloß so ein Zimmerchen war, bohrte ich ein Loch durch die Wand, damit gewissermaßen etwas wie eine Erweiterung des Horizontes zustande käme. Im Nebengemach wohnten nämlich Mädchen, und ich gestehe damit etwas für mein Ansehen Unvorteilhaftes, aber mein Ruf ist so gut, daß ihm ein kleiner Schaden nicht viel schadet. Ich nehme es wenigstens an.«[41] Eine falsche Annahme:

Es sollte ihm leider allem Anschein nach als reale Person schaden, dass sich 1929 in Bern die beiden Vermieterinnen von seinen Eigensinnigkeiten bis zu Heiratsanträgen mehrfach belästigt fühlten. Seine daraufhin angeforderte Schwester Lisa wird ihn, da sie ihn bei sich in Bellelay nicht aufnehmen kann oder will, in die Berner Heilanstalt Waldau überführen.[42] Eine mehr als 25-jährige Internierung bis zu seinem Tod in Herisau wird die bedauerliche Folge davon sein. Neben solch einer biographischen Tragik nehmen sich literarische Dachexistenzen wie die von Arno Schmidt, Ernst Jünger oder Hermann Lenz geradezu betulich und wohlsituiert aus. Denn sie haben sich auf ihre spezielle Art und Weise den Wunschtraum des Romanhelden »Malte Laurids Brigge« von Rainer Maria Rilke erfüllt, »das lichte Zimmer im Giebel« mit »alten Dingen, den Familienbildern, den Büchern«[43] einzurichten oder zumindest einen idealen, ruhigen Studier- und Schreibraum, dessen Sinn und Ordnung sich jedem fremden Eindringling entzieht. Und wehe, Letzterer würde sich daran vergreifen, unerlaubterweise aufräumen, alles gar umordnen.[44]

Sind sie einmal dort oben im allerruhigsten Dachfirst, so werden die Schreibenden wohl darin auch »all die Meeresstille in den langen gedankenreichen Nächten« spüren,[45] die romanhaft surreal »Die Dachkammer« (1962) des jugoslawischen Schriftstellers Danilo Kiš (1935–1989) als »dem Bauch jener kleinen Schiffe ähnlich« beschreibt, »die in dunklen Nächten verloren auf offener See schaukeln«.[46] Eine eigenartige wie beliebte metaphorische Bildsprache: die Nussschale von Dachkammer und rundherum mehr als nur ein tintiges Meer. Da fühlen sich wohl viele wie Jules Verne 1895 als Schreibkapitäne in ihren »Kajüten«.[47] Wenn die Erzählerin in Friederike Mayröckers »mein Herz mein Zimmer mein Name« (1988) aus dem Fenster blickt, so kann sie sich gar »über den Dachaufbauten von gegenüber die grauen Gestade des Meeres denken«. Und als wäre Noahs Taube mit einem Blatt zurückgekehrt, liegt am Boden »ein Ahornblatt in der Mitte des Zimmers, hereingeweht zum offenen Fenster«.[48] Hereingeweht in ihre »Räuberhöhle«, dieses unvorstellbare, geradezu an psychisch krankhaftes Messietum gemahnende Durcheinander mit Schichten von Zeitungen, Büchern und Wäschekörben voller Notizen und Schriften, Haushaltsplunder und Trödel. Etwas davon, was auch die Autorin Mayröcker selber in ihrem legendären Wiener Schreibzimmer umgibt. Wer sie darin aufsucht oder sich auch nur schon mittels Fotografien davon ein Bild zu machen sucht, greift in der Beschreibung des geradezu Unbeschreiblichen ebenfalls gerne zu wassererprobten Metaphern von »Papierwellen, kleines Meer, großer Seegang« oder sieht sie im »Papiermeer« schreiben »an überflutenden. Schreibtischen«, wo die Papiere alles überdecken.[49]

Das Dachzimmer als ausuferndes Chaos: egal, ob es literarische Arbeit betont oder vortäuscht, egal, ob es ein inspirierender Papierfundus oder voll unentsorgtem Müll ist, es ist das Kellergelass, der Stauraum von unten nach ganz oben unters Dach transportiert. Aber das zutiefst unten gelegene wahre Kellerloch, das ebenfalls seit dem 18. Jahrhundert immer wieder billig als Schlafstätte untervermietet wurde, ist wohl noch prekärer als jede Dachkammer, was seine düsteren, feuchten, schlecht belüfteten wie belichteten Untertagverhältnisse betrifft. Meist hielt man es wie etwa Friedrich Nicolai kaum für möglich, dass jemand in einem solch schmutzig modrigen »Winkel« im Untergrund bei den Ratten überhaupt hausen könne.[50] Als Schreibzimmer taugte es wohl vor der Elektrifizierung nur sehr bedingt. Allerdings umgibt auch den Kellerraum, wo sich Armut und Kriminalität so leicht begegnen, seit den frühen Schauerromanen des 18. Jahrhunderts eine romantische Aura des unheimlich Untergründigen sowie dank der vielen sozialen Elendsgeschichten des 19. Jahrhunderts auch eine gewisse Rührseligkeit.

Der literarisierte »Kellerlochmensch« wird gerade geschätzt, wenn er in seinem hoffnungslos armseligen »Futteral«, in das er sich verkrochen hat, als »Anti-Held« seine »heiligsten Ideeen«

ausbrütet, mag er dabei noch so bösartig und hysterisch paradox wie bei Dostojewskij seine Bekenntnisse mit der Schreibfeder aufzeichnen. Wie er Letzteres allerdings am Stadtrand von Petersburg wirklich tut, ob am Küchentisch zwischen Eierschalen und Kehricht, auf dem mit Lederkissen bestückten Wachstuchsofa, aus dem das Seegras herausquillt, oder mit einer Schreibfläche auf den Knien hinterm Ofen, ob beim Schein einer Kerze oder Argandlampe, dieser im 18. Jahrhundert mit mehr Sauerstoffzufuhr verbesserten Öllampe, oder ob bei Petroleum- oder Gaslicht, über all das schweigt sich auch der Autor Dostojewskij aus. Es geht ihm ja einzig und allein um diese ungewöhnlichen Einblicke in die moralische Innenwelt eines asozialen einsamen Bewohners im tiefliegenden, stinkenden Gemäuer. Das ist keine wirkliche Sozialreportage, denn im entscheidenden, dramatischen Höhepunkt, mag sein launischer Diener – nomen est omen – auch Apollon heißen, verliert selbst der bekenntnisfreudige Kellermensch alle »Lust« am weiteren Aufschreiben. Ihm trübt wohl sein rätselhaftes Kellerschicksal, dieses »Sich-selbst-lebendig-Begraben«,[51] auch ein wenig »das Licht der Vernunft«. Und das ist letztlich nur schwer erzählbar, wie es der österreichische Schriftsteller Adalbert Stifter (1805–1868) in einer seiner gesammelten »Bunte Steine«-Erzählung vorführt. Dabei wählt er für die Geschichte eines Mädchens, das im Kellerloch zur kommunikativ gestörten Kaspar-Hauser-Gestalt verzogen wird, den bezeichnenden, mineralischen Titel »Turmalin«. »Der Turmalin ist dunkel, und was da erzählt wird, ist sehr dunkel.«[52] Man droht dort unten im Gewölbe einzugehen oder bleibend Schaden zu nehmen, zumindest wenn man wieder ans Tageslicht herauskommt.[53] Entsprechend bleibt diese undurchdringliche Dunkelheit im Souterrain bestehen, die noch im 20. Jahrhundert von großer Verwegenheit kündet, wenn man sie phasenweise mit avantgardistischen Veranstaltungen wie Diners belebt[54] oder sogar bewohnt, wie etwa Autoren von Michail Bulgakow (1891–1940) über Truman Capote (1924–1984) bis Günter Grass zeigen.

»Ich glaube nicht«, sagt die amerikanische Schriftstellerin Katherine Anne Porter (1890–1980) in einem Interview, »dass ein Leben in Kellern und Verhungern für einen Künstler besser ist als für irgendjemand anderen; allein manchmal muss es der Künstler hinnehmen, weil es der einzige Weg zur Erlösung ist, man möge das altmodische Wort verzeihen.«[55] Und derart fasziniert auch die Idee der Schreib- und Lesehöhle nach wie vor literarisch, wenn sie sich im Dämmerlicht »in Pfeifentabakschwaden zwischen Säulen von Büchern und Papieren« für die geheimnisvolle, düster gehaltene Verschwörerliteratur abzeichnet.[56] Oder wenn sich dem Autor Hugo Sarbach im Genfer Arbeiterquartier Jonction gar wirklich die Riesentür ohne Klingel zur Kellerwohnung des Schriftstellers Ludwig Hohl (1904–1980) eines Tages öffnete. Er berichtet vom unterirdischen Logis des berühmten Einzelgängers wie von einer Löwenhöhle. »Der Raum, abgeschieden von allem nach und von außen, durch und durch geprägt vom Bewohner, bestand aus einem einzigen Raum, L-förmig angelegt, tiefer als breit. Man betrat ihn von einer der Seiten, vorbei am WC, auch ›Scheißhaus‹ genannt – Hohl liebte es, Dingen, aber auch Menschen eigene Namen zu geben. Der Raum war aufgeteilt in eine Ecke zum Kochen, Waschen und Feuern. Der Kellermensch pflegte jahraus und jahrein, also auch im Sommer, in einem zylindrischen Holzofen selbst Feuer zu machen, auch gegen die Kellerfeuchtigkeit und aus Gründen der Atmosphäre, wie er verriet. Längs einer Mauer folgten die Bibliothek – Bibliothek ist viel gesagt – und Schriften, Dokumente, die notwendigsten Gebrauchsgegenstände usw., das meiste vergilbt, zerlesen, unter einer Staub- und Rauchschicht von Jahren; gegenüber befanden sich niedrige Gestelle ähnlichen Inhalts. Von der Wand mit einem großen Spiegel aus altem Glas schaute Bertram Russell herunter; zwei, drei Pin-up-Girls, etwa so wie sie in Arbeiterbaracken anzutreffen sind, fehlten nicht. In der Mitte standen zwei in der Längsrichtung aneinandergerückte Tische; an einem aß man, auf dem anderen die Schreibmaschine und viele Papiere. Zuhinterst im Raum hatte Hohl hinter einem Paravent sein Bett. Dort befand sich auch das Telephon. Tag und Nacht brannte elektrisches Licht, nackte Glühbirnen; schaltete man das Licht aus, wurde es im Keller fast stockdunkel. Es gab zwar in dem Gemach zwei Fenster, diese gingen aber bloß in einen Schacht, der zu einem Eisengitter hinaufführte, das vom Trottoir her eingelassen war (man konnte manchmal die Passanten und Passantinnen über sich vorbeigehen und sprechen hören). In verschiedenen Richtungen, vor allem längs der Mitte, waren Schnüre durch den Raum gespannt, an denen jene legendären losen Blätter hingen – jederzeit ohne große Sucherei bereit zum Gebrauch für den Benutzer, ›Gedächtnisstützen‹ nannte Hohl sie. Wie das meiste, was bei ihm einen Sinn haben musste, war auch sein Keller nichts anderes als funktional. Es sah dort ein bisschen aus nach einer Hütte, einem Refugium im Hochgebirge […].«

Geistige Höhen, voller Gedanken, Sätze und Gespräche, die allmählich »im Nebel der Erinnerung und der starken Getränke« bei Sarbach verdämmern.[57] Dort, in der Rue David-Dufour, in den 1970er Jahren. Und heute? In welcher Suburb? In welchem Sozial- oder Altbau? Der anthropologische Heißhunger, die psychologische Neugierde – diese journalistischen Berufskrankheiten –, sie sind noch unvermindert da. Sie halten nach wie vor Ausschau nach neuen urmenschlichen Rückzugsorten für Kunst und Literatur. Und sie werden sie wohl auch wieder von neuem aufzustöbern wissen. Diese uns noch unbekannten, sich gänzlich isolierenden Randexistenzen. Diese »Studierzimmerniemalsimstichlasser«.[58] Ganz unerwartet tauchen sie auf, als spannende Erzählungen, irgendwann, irgendwo. Über-, unter-, irdisch.

Vorhang auf: Die Schreibbühne

»Das Gespräch mit dem Könige ist ganz ungezwungen, und er spricht gut, wenn er seine Blödigkeit abgelegt hat«, schreibt 1791 Elisa v. der Recke (1754–1833) in ihrem Berliner Tagebuch. Die empfindsame Schriftstellerin aus kurländischem Hochadel hatte ihren literarischen Durchbruch vier Jahre zuvor mit einer Aufklärungsschrift erlebt, in der sie ausführlich die eigene, zeitweilige Verblendung durch den dubiosen italienischen Alchemisten und abenteuerlichen Geisterseher Alessandro Graf v. Cagliostro, eigentlich Giuseppe Balsamo (1743–1795), darstellte. Gleichzeitig führte sie leidenschaftlich Tagebuch – es wird am Ende mehr als 18 Bände umfassen –, worin sie nicht nur ihre weitreichenden Bekanntschaften mit der bürgerlichen, aufgeklärten Prominenz in Deutschland dokumentiert, sondern auch mit der adligen Hofwelt von Warschau und Berlin. Indem sie gerade an Letzterem, dem Hofe der Hohenzollern, versuchte, die herzogliche Erbfolge in Kurland zugunsten ihrer Familie mit Heiratsplänen zu sichern, stand sie mit König Friedrich Wilhelm II. von Preußen (1744–1797) auf derart vertrautem Fuße, dass sie ihn auf einem Kutschenausflug nach Schloss Sanssouci in Potsdam begleiten durfte. Dort, im »sorgenfreien« Lieblingssitz seines Onkels Friedrich II. (1712–1786), des sogenannt Großen, geht allerdings der linkische, beinahe lästige Neffe angesichts des berühmten königlichen Vorgängers geradezu als harmloser Guide im Tagebuch v. der Reckes in Vergessenheit. »Mit heiliger Ehrfurcht betrat ich die Wohnung des größten Königs. [...] Ein heiliger Schauer ergriff mich, als ich mich an dem Orte befand, wo Friedrich gedacht, gelebt und empfunden hat – er, der bei der tiefsten Menschenverachtung mit wacher, unermüdeter Sorgfalt für das Glück seines Staates tätig war. Wir durchgingen seine Zimmer, und der König zeigte uns die Stelle, auf welcher Friedrich gestorben ist. Wir verweilten zu meiner Freude in diesem Zimmer länger als an andern Orten. Dies Zimmer ist jetzt anders eingerichtet, als es zu der Zeit war, da der selige König lebte. Mir wären auch jetzt diese Zimmer noch lieber gewesen, wenn der gute König das Andenken seines Vorgängers so geehrt hätte, daß er in diesen Zimmern, da er sie nicht bewohnt, alles so gelassen hätte, als es beim Tode seines verstorbenen Oheims war. Auch die Uhre zeigte der König uns, die immer auf dem Schreibtisch des seligen Königs gestanden hat, und von der die Sage geht, daß sie in der Sterbestunde des Unsterblichen stehen geblieben ist.«[1] Eine Sage, die nicht nur etwas von der spiritistischen Affinität des Nachfolgekönigs und der Tagebuchschreiberin aufscheinen lässt, sondern auch von der ungeheuren Macht einer verehrten geschichtlichen Persönlichkeit erzählt, der sich selbst die alltäglichsten Dinge im Arbeitszimmer bis in den Tod sagenhaft unterordnen. So ist dieses Zeugnis einer Schlossbesichtigung auf den Spuren von Friedrich dem Großen gleich in mehrfacher Hinsicht interessant. Zunächst einmal, weil es verärgert von der Vernachlässigung des Arbeitszimmers durch die Nachwelt berichtet. Dabei war dieser sorglose Umgang mit den Zimmern eines Vorgängers seit eh und je unter Herrschenden – und nicht nur dort – üblich gewesen: Man prägte seinen persönlichen Lebens- wie Regierungsstil einfach den ererbten Gemächern neu ein. Schließlich ändern Eleganzvorstellungen von Generation zu Generation. Solch herrschaftliche Räume waren darüber hinaus sowieso den meisten Zeitgenossen unzugänglich und entsprechend nur vom Hörensagen bekannt. Denn selbst die seit dem Barockzeitalter repräsentativen Porträts von Herrschern oder Herrscherinnen zeigten diese zwar mit allen Insignien ihrer Macht, aber in einer künstlich arrangierten Kabinettsituation, vor drapierten, schweren Vorhängen und thronartigen Möbelstücken.

Zusätzlich spricht Elisa v. der Reckes Tagebucheintrag auch von einer neuen zeitgenössischen Sehnsucht nach einem aufgeklärten, erfolgreichen Staaten- und Kriegslenker, der dem seit der Französischen Revolution 1789 sich abzeichnenden feudalen Machtzerfall noch einmal erfolgreich entgegentreten könnte. Dieser »erste Diener des Staates« war laut Friedrich II. verpflichtet, »mit Redlichkeit, mit überlegener Einsicht und vollkommener Uneigennützigkeit zu handeln, als sollte er jeden Augenblick seinen Mitbürgern Rechenschaft über seine Verwaltung ablegen«.[2] Rechenschaft darüber ließ sich am schönsten allen einsehbar im Arbeitszimmer ablegen. Da aber dieses bis dahin als äußerst privater Raum galt, findet sich bezeichnenderweise auch keine zeitgenössische Darstellung von Friedrich II. darin. Was Elisa v. der Recke vielleicht bei allem authentischen Raumgefühl doppelt bedauerte, da die fehlende Kabinetteinrichtung von damals auch keine geeignete Vorlage für neue, posthume bildliche Darstellungen desselben bot. Und das wird erst die Französische Revolution und das daran anschließende Kaiserreich für die eigene Propaganda entdecken. Als Usurpatoren der adligen Macht setzen sie auf neue öffentliche Räume wie Abgeordnetenversammlungen, Tribunale oder militärische Stabsquartiere, um dort ihre Arbeitsqualitäten der überzeugenden Ideen, Reden sowie des unermüdlichen Eifers fürs eigene Volk großartig vorzuführen. Auch der sich emporadelnde Militär Napoleon Bonaparte (1769–1821) wird nicht nur viel Wert auf die klassizistische Gestaltung seiner Arbeitszimmer legen, sondern sich immer wieder in selbstsicherer Pose vor dem von ihm entworfenen und mit Arbeit überhäuften kaiserlichen Schreibtisch, diesem ersten hölzernen Diener seines neuen Herrn, von bedeutenden Malern wie Jean Baptiste Isabey oder Jacques Louis David porträtieren lassen. Die Insignien dieser Arbeitsmacht sind, neben der mit Orden geschmückten Uniform, die Wanduhr, Kerzenleuchter, Schreibzeug, benutzte Bücher, Notizanhäufungen bis aufs Sofa, Lagepläne und Amtsakten. Hier wird nicht nur allem Anschein nach Tag und Nacht fleißig gearbeitet, sondern selbst der Empire-Luxus des Interieurs dem unermüdlichen Arbeitseifer untergeordnet.

Vorbildlich, wie sich zeigt, denn seit 1810 wird sich das Schreibtischbild auch bei andern europäischen Herrschern allmählich einbürgern. Alle zeigen sich nun gerne als arbeitsame oberste Beamte mitten in ihren herrschaftlichen Biedermeier-Interieurs, egal, ob der Habsburger-Kaiser Franz I., der russische Zar Alexander I. oder der neue bayrische König Maximilian I. Joseph. Allein bei den preußischen Königen bleibt man zunächst eher zögerlich mit solch privaten Einblicken. Friedrich Wilhelm III. (1770–1840) lässt sich auf einem Aquarell 1828 zwar von hinten am Schreibtisch porträtieren, aber die Fülle von Bildern und Objekten, speziell eine kolossale Kopie der Sixtinischen Madonna des berühmten Renaissancemalers Raffael über dem Schreibtisch, lassen einen den Herrscher im Arbeitszimmer geradezu übersehen. Erst Friedrich Wilhelm IV. (1795–1861) wird von sich 1846 fast im Sinne Elisa v. der Reckes ein Porträt in Auftrag geben: vor dem wohlgeordneten Schreibtisch in der Erasmuskapelle des Berliner Schlosses posierend, also in unmittelbarer Nähe des ehemaligen Schreibkabinetts Friedrich des Großen. Das neue dynastische Selbstbewusstsein der Hohenzollern sowie romantische Vorstellungen eines neuen preußischen Absolutismus ließen Friedrich Wilhelm IV. mit Hilfe des Berliner Architekten Karl Friedrich Schinkel diese Räume sorgfältig restaurieren. Der Versuch, auch für das Schloss Sanssouci den friedrizianischen Arbeitsraum zu rekonstruieren, scheiterte aber aufgrund mangelnder Unterlagen.

Für eine intakte Erhaltung eines herrschaftlichen Arbeitszimmers brauchte es allem Anschein nach schon zeitlebens eine sorgfältige Kultivierung und Propaganda nach außen. Das hat offensichtlich der jüngere Bruder und seit 1871 deutsche Kaiser Wilhelm I. (1797–1888) begriffen, indem er sich häufig am mit Militär- und Familienandenken überhäuften Schreibtisch zur optischen Weiterverbreitung porträtieren oder sogar fotografieren ließ. Zusätzlich machte er sein Arbeitskabinett im Berliner Palais Unter den Linden für die Bevölkerung deutlich sichtbar, indem er sich regelmäßig beim mittäglichen Vorbeimarsch der Garde am Fenster zeigte. Und der Franzose Jules Laforgue berichtet 1887 aus Berlin: »Am Abend wird ein Vorhang über das Fenster herabgelassen, durch den hindurch die gebeugte Stirn des Kaisers, der beim Schein einer bescheidenen Lampe arbeitet, zu erkennen ist. Gruppen von Menschen stehen gerührt vor diesem Fenster unter den Augen der Polizisten, die das Palais bewachen.«[3] Hier wird wohl noch spätnachts in Papieren gekramt, gelesen, notiert, Gewichtiges ausgearbeitet, mit seinem Kanzler Otto v. Bismarck (1815–1898) beraten und als ultimativer Entscheid gefällt wie unterschrieben. Also alles Tätigkeiten, die sich mit der einsamen literarischen Arbeit vergleichen lassen. »Ich blicke noch einmal hinauf«, sagt zu Beginn des 19. Jahrhunderts ein literarisierter Vertreter der berühmt-berüchtigten, aber allmählich aussterbenden Berufsgattung romantischer Nachtwächter, indem er erfreut das matte Lämpchen eines Dachpoeten brüderlich grüßt. »Und gewahrte seinen Schatten an der Wand, er war in einer tragischen Stellung begriffen, die eine Hand in den Haaren, die andre hielt das Blatt, von dem er wahrscheinlich seine Unsterblichkeit sich vorrezitierte. Ich stieß ins Horn, rief ihm laut die Zeit zu, und ging meiner Wege.«[4]

Diese einfachen, transparenten Dachkämmerchen, worin ärmliches Leben und künstlerische Arbeit merkwürdige Symbiosen eingehen, sind im 19. Jahrhundert nur die eine Seite des literarischen Lebens. Auf der andern dominieren die realen und erträumten bürgerlich repräsentativen Arbeitsräume, die in ihrer »majestätischen Vornehmheit und Verlassenheit«, mit ihrer ganz individuellen Ausstrahlung und Ausdünstung von großen Leistungen und Erfolgen künden wollen.[5] Ob der Politiker und alte Fürstendiener Otto v. Bismarck oder der Schriftsteller Theodor Fontane an ihren Schreibtischen sitzen, fotografiert wirken sie beide in ihren nachdenklichen, aber den Stoff beherrschenden Arbeitsposen ähnlich gewichtig.[6] Schon in der Empirezeit wurden die herrschaftlichen Arbeitsräume mit Literatenköpfen geschmückt, während umgekehrt Schriftsteller ihre Schreibräume mit Politischem dekorierten, Goethe etwa mit einer Napoleon-Statue. Autoren sahen sich sowieso gerne bei ihrer Tätigkeit als literarische Feldherren mit dem Tintenszepter über alle Manuskripte befehlend sowie Zeitgenössisches heftig befehdend. Der berühmte norwegische Dramatiker Henrik Ibsen (1828–1906) bedichtet 1870 einen solchen literarischen Federführer:

> »Also leb' ich, meine Beste,
> Vom Belagrungsring umspannt,
> Still in meiner Stubenfeste,
> Innern Welten zugewandt.«[7]

Ibsen mag sowieso mit seiner streitbaren Inneneinrichtung in seinem Arbeitszimmer 1895 in Kristiania aufgefallen sein: Vor seinem Schreibtisch hing das eigene, triumphierende Porträt mit Ehrendoktordiplom und Orden, während er sich eine Darstellung von seinem Todfeind, dem schwedischen Konkurrenten August Strindberg (1849–1912) in den Rücken hängen ließ, quasi um unter dessen Augen zu schreiben, jeder Blick zurück im Zorn.

Mal schroff abweisend und mal liebevoll, so verkörpern letztlich die Räume in ihrer ganz neuen Mischung aus luxuriöser Bequemlichkeit, mit intimem Dekor und verbesserten Arbeitsutensilien wie Radiergummi und Löschpapier immer auch ihren literarischen Bewohner und sein Werk. Sie sind von beidem durch und durch geprägt. Zunächst fällt dem Besucher eines solchen Zimmers die wohlkonzentrierte Arbeitsatmosphäre auf: der Jahreszeit angepasste Helligkeit und Temperatur, eine möglichst leise Tisch- oder Wanduhr, ein bequemer Lehnstuhl, ein massiver Schreibtisch mit Schubladen wie Geheimfächern, vielleicht noch mit Buchstütze ausgerüstet, darauf die nötige Schreibunterlage und -utensilien zusammen mit Schreibblock oder reizvoll getöntem Papier; bisweilen war es zur Abwechslung auch ein Stehpult. Daneben standen gefüllte Bücherregale oder verglaste Schränke mit wichtigen Folianten und Nachschlagewerken oder Klassiker-Gesamtausgaben bestückt, die oft kostbar gebunden waren. Hinzu kamen in Leder eingefasste Manuskriptmappen, bisweilen ein zurechtgemachtes Ruhebett und selten gar noch eine Kopierpresse wie etwa beim amerikanischen Publizisten und Sklavereigegner Frederick Douglass (ca. 1817–1895).[8] All das konnte das Schreiben und Lesen erleichtern, ohne gleichzeitig die unmittelbaren Spuren der Arbeit betont aufscheinen zu lassen. Im Zimmer sollte sich letztlich die heikle Balance der literarischen Tätigkeit zwischen schwerfälliger Knochenarbeit und allzu leichtem Ideenfluss diskret widerspiegeln.

Es spricht denn die Zimmeratmosphäre keineswegs nur von der literarischen Tätigkeit, sondern ebenso von einem gemütlich behaglichen Nebenzimmer als einem weiteren Salon. Schließlich waren es häufig großbürgerliche Räume, in denen man sein ganzes weiteres Schriftstellerleben arbeiten würde. Ein Leben, das allerdings in Ruhe, Konzentration und Phantasie aufgehen sollte. Davon zeugen viele den Inschriften und Maximen der Antike und Renaissance nachempfundene und vor Selbstsicherheit nur so strotzende Schilder vor der Tür: von Ralph Waldo Emersons »Zur Laune« über George Sands »Homme des lettres« bis hin zu Friedericke Mayröckers »TABU« oder zum

Schild »Der Dichter arbeitet«, das der Symbolist und Surrealisten-Vorläufer Saint-Pol-Roux stets anbrachte, wenn er schlief. Und hinter den Türen liegen die luxuriös mit Velours bespannten und mit schwarzen Seidenkordeln verzierten Wände in Balzacs Haus in Passy bei Paris oder die mit goldenen Maiglöckchen auf cremefarbenem Hintergrund gemusterten Tapeten in Emersons Arbeitszimmer im amerikanischen Concord, das zusätzlich mit einem Brüsseler-Teppich mit Rosen und Gänseblümchen ausgelegt war, um die Schritte zu dämpfen und den Boden zu schonen. Ein Kamin mit entsprechendem Sims und einem Spiegel darüber, von großen herabhängenden Leuchtern oder Lampen erhellt – geradezu »als förmliche Aura um das Manuskript«[9] – vermochte den Raum ebenso zu erweitern wie die im Biedermeier so beliebten Zimmerlauben und späteren Glasveranden mit ins Draußen hinausragenden Terrassen und Balkonen.

Mit all dem wäre eigentlich das Arbeitszimmer bestens dafür geschaffen, eine zentrale gesellschaftliche Funktion im Sinne des bürgerlichen, abgesonderten Herren- und häufig auch Raucherzimmers zu übernehmen. Geraucht wurde derart selbstverständlich und exzessiv, dass die Schwester Maria des russischen Schriftstellers Anton Tschechow (1860–1904) aus Jalta berichtet: »In Antons Arbeitszimmer saßen [der Schriftsteller Wladimir] Giljarowski und ein Besucher, der eine Zigarre rauchte, obwohl an der Wand ein kleines, von Anton geschriebenes Schild hing, auf dem stand ›Bitte nicht rauchen‹. Das Zimmer füllte sich allmählich mit blauem Dunst, und Anton mit seiner kranken Lunge bekam nur schwer Luft. Aus Höflichkeit sagte er nichts. Schließlich fing er an zu husten. Der empörte Giljarowski sprang auf, nahm das kleine Schild von der Wand und verschwand damit. Setzte sich in seine Kutsche und fuhr in die städtische Druckerei. Dort wies er an, sofort, noch in seinem Beisein, mit großen Buchstaben ›Bitte nicht rauchen‹ zu setzen und einen Abzug zu machen. Dann kehrte er in Antons Arbeitszimmer zurück und heftete demonstrativ das neue Schild an die Wand. Dort hängt es bis heute.«[10] Neben allen mahnenden Schildern und Zetteln an den Wänden häuften sich aber auch verschiedenste Stühle, Sessel, Sofa und Tische darin an. Doch all diese Flächen, inklusive der Wände werden mit Arbeitsstimulanzen belegt. Zunächst einmal mit ausgewählten Porträts, Fotos und Büsten von Familienmitgliedern, Freunden oder Vorbildern. Aber auch mit allerhand Kuriositäten, die vom Reisesouvenir über Geschenke bis hin zum bildhaften Anschauungsgegenstand für eine Literaturstudie reichen können. Bärenfell, Zierdolch, ausgestopfte Tiere, Geweihe und Skelette, Treibhauspflanzen, kugelförmige Goldfischaquarien oder ein Eichhörnchen- beziehungsweise ein Vogelkäfig geben dem Raum nicht nur ein bewegtes Ambiente, sondern setzen den Bewohner auch noch zu jedem Gegenstand mit einer persönlichen Geschichte in Beziehung. Die Arbeitsstätte wird so zu einer verräumlichten Biographie, die ebenso über die materiellen Lebensbedingungen und künstlerischen Vorlieben Auskunft gibt, wie über den seelischen »Geisteszustand«[11] des dort Arbeitenden. Dazu gehören auch zerstreuende Ablenkungen wie Musikinstrumente, eine Staffelei, ein Zeichen- oder Billardtisch und kleinere bibliophile, archäologische oder anderweitige Sammlungen[12] zur anregenden Betrachtung. Wer allerdings kein Maß kennt, wird sich bald einmal wie der englische Essayist und Opiumsüchtige Thomas De Quincey (1785–1859) vor lauter Überfülle kaum noch im Schreibzimmer bewegen können. Denn vieles darin wird dem Schreibenden auch zum unabdingbaren Fetisch, ohne dessen unmittelbare Anwesenheit keine Zeile recht zu gelingen verspricht. Gottfried Keller spielt etwa mit großmütterlichen Ohrringen auf dem Schreibtisch, damit die Finger nach dem Aktenschreiben als Zürcher Staatsschreiber wieder gelenk für die literarische Arbeit werden.[13]

Alles in allem wird von nun an die Beschreibung eines dichterischen Arbeitszimmers mit all seinen charakteristischen Details eine beliebte biographische Textgattung. Die beiden schriftstellernden Brüder, Edmond (1822–1896) und Jules Goncourt

(1830–1870), sind mit ihrem eigenen überladenen Artistenhaus, das Edmond als detailliert beschriebenes »Haus eines Künstlers« noch publik machte, nicht nur Vorbild für viele literarische Zeitgenossen, sondern sie widmen auch den Besuchseindrücken bei Kollegen ausführlichen Platz in ihrem gemeinsamen Tagebuch. So werden sie den Besuch Ende Oktober 1863 bei Gustave Flaubert (1821–1880) in Croisset bei Rouen, wo er mit seiner Mutter und Nichte in einem »ziemlich strengen, sehr bürgerlichen und ein wenig beengten Zuhause« lebt, entsprechend akribisch im Tagebuch vermerken, denn sie wissen beide um die Feierlichkeit des Ortes, wo die skandalumwitterten Romane »Madame Bovary« (1857) und »Salammbô« (1862) entstanden sind. »Zwei Fenster gehen auf die Seine hinaus und lassen das Wasser und die vorüberziehenden Schiffe sehen; drei Fenster blicken auf den Garten, wo eine prächtige Buchenlaube den hinter dem Haus ansteigenden Hügel aufzufangen scheint. Große Bücherregale aus Eichenholz, mit gewundenen Säulen, zwischen den letzteren Fenster, ergänzen die große Bibliothek, die die ganze geschlossene Wand des Zimmers bedeckt. Gegenüber der Gartenaussicht ein Kamin in weißer Täfelung, der eine väterliche Stutzuhr aus gelbem Marmor mit einer Bronzebüste des Hippokrates trägt. Daneben ein schlechtes Aquarell, das Porträt einer kleinen Engländerin, schmachtend und kränklich, die Flaubert in Paris gekannt hat. Dann Schachteldeckel mit indischen Zeichnungen, die wie Aquarelle gerahmt sind, und ein Stich von [Jacques] Callot [1592–1635], eine ›Versuchung des Heiligen Antonius‹, die hier wie Bilder der Begabung des Meisters hängen. Zwischen den beiden auf die Seine gehenden Fenstern steht auf einem bronzefarben gestrichenen, viereckigen Sockel die weiße Marmorbüste seiner verstorbenen Schwester [Caroline; 1824–1846] von [James] Pradier [1790–1852] mit zwei englischen Locken und einem reinen und kräftigen Gesicht, das an ein in einem keepsake [=Andenken] wiedergefundenes griechisches Gesicht erinnert. Daneben ein Schlafdiwan aus einer mit türkischem Stoff überzogenen Matratze und mit Kissen beladen. In der Mitte des Zimmers, bei einem Tisch, auf dem eine Kassette aus Indien mit farbigen Zeichnungen und darauf ein vergoldetes [Buddha-]Idol stehen, ist der Arbeitstisch, ein großer runder Tisch mit grüner Decke. Die Tinte holt sich der Schreibende aus einem Tintenfass, das eine Kröte darstellt. Lustige, altmodische und ein wenig orientalisch wirkende Vorhänge mit großen roten Blumen hängen an den Türen und Fenstern. Und hier und da, auf dem Kamin, auf den Tischen, in den Fächern der Bücherregale, an Armen baumelnd oder an der Wand hängend orientalischer Plunder: Amulette mit grüner Patina aus Ägypten, Pfeile, Waffen, Musikinstrumente, Holzbänke, auf denen die Stämme Afrikas zu schlafen, ihr Fleisch zu schneiden und zu sitzen pflegen, Kupferplatten, Glasperlenhalsbänder und zwei Mumienfüße[14], die er den Grotten von Samoûn entrissen hat und die mitten zwischen die Broschüren ihre florentinische Bronze und das erstarrte Leben ihrer Muskeln bringen. Dieses Interieur ist ganz der Mann, sein Geschmack und sein Talent: seine eigentliche Leidenschaft gilt dem plump Orientalischen, seiner Künstlernatur liegt ein Barbar zu Grunde. […] Keinerlei körperliche Betätigung: er lebt in seinem Manuskript und in seinem Kabinett. Kein Pferd, kein Boot. […] Bei dem Suchen nach dem Roman hat er kunterbunt Papiere gefunden, die er uns abends vorliest. […] Und wir berauschten uns an allen diesen nackten Wahrheiten, an diesen abgründigen Wirklichkeiten, und sagten: ›Wie schön wäre es, für die Philosophen und die Moralisten eine Auswahl solcher Dinge zu veröffentlichen, die wirklich das Geheimarchiv der Menschheit wäre!‹ Kaum sind wir, auch nur für einen Augenblick und bloß zwei Schritt weit in den Garten hinausgegangen.«[15]

Flaubert wird zum literarischen Studienfall, der in seinen vier Wänden in aller Plunderfreudigkeit nicht nur sein bereits entstandenes Werk mit Anekdoten erklärt, sondern auch Zünftigeres für die Zukunft verspricht. Die Literatur wird sich diese

Art der Beobachtung zunutze machen und ihre fiktionalen Figuren eben gerade durch ihre Studierzimmer-Einrichtung und -Benutzung charakterisieren. Der realistische Romancier Theodor Fontane ist darin ein Meister, neue Arbeitszimmer literarisch zu entwerfen. Er wird etwa 1890 die junge Effi Briest im gleichnamigen Erfolgsroman bei ihrem neuen, mehr als zwanzig Jahre älteren Ehemann Baron v. Innstetten beim Frühstück ihre Gedanken über den »schwerfälligen« Schreibtisch inmitten eines Arbeitszimmers mit einer orientalischen Inneneinrichtung wie aus einem »Bilderbuch« machen lassen.[16] Würde sie nur bei all ihren türkisierten Blaubart-Assoziationen bleiben, sie sähe ihr Schicksal als eine aus kalt pedantischer Ehrsucht verstoßene Ehefrau in aller Klarheit voraus. Und genauso offenbaren die Arbeitszimmer von Prediger Seidentopf in »Vor dem Sturm« (1878), von Baron Botho Rienäcker in »Irrungen, Wirrungen« (1887) oder von Pastor Lorenzen in »Der Stechlin« (1897) unerbittlich den Lesenden die moralischen Stärken und Schwächen ihrer romanhaften Bewohner.

Natürlich werden sich auch Ästheten vom Schlage des Haupthelden Des Esseintes im Roman »Gegen den Strich« (1884) des Franzosen Joris-Karl Huysmans (1848–1907) bemühen, solchen noch vorhandenen Mängeln abzuhelfen und nach immer perfekteren, alle Sinne ansprechenden Inszenierungen zu suchen. Nicht nur nach immensen Sammlungsräumen à la Brüder Goncourt, sondern auch nach perfekter Isolation gegen störende Gerüche und Lärm, wie etwa die Schriftstellerin George Sand (1804–1876) mit wattierten Türen in ihrem Schloss Nohant in Mittelfrankreich. Bisweilen waren die Arbeitsräumlichkeiten sogar gegen eindringendes Licht isoliert, wie beispielsweise im mit Korkplatten tapezierten und mit dreifachen Vorhängen abgeschotteten Schreibzimmer des schwer asthmatischen Schriftstellers Marcel Proust (1871–1922) am Pariser Boulevard Haussmann. Und vermag von außen auch nichts mehr ins Arbeitszimmer einzudringen, so beschwören bisweilen Flaubert mit orientalischen Räucherstäbchen oder Rilke mit Zitronen ganz eigene, inspirierende Duftwelten herauf. Dandys wie der Ire Oscar Wilde (1854–1900) oder der französische Graf Robert de Montesquiou-Fezensac (1855–1921) arbeiten in Räumen, deren Farbgestaltungen mit allen nur möglichen Schattierungen die Augen betören. Doch für wahre Ästheten wie Des Esseintes ist all das geradezu ein ständig zu perfektionierender Prozess, um das räumliche Erscheinungsbild der Dinge »von Wehmut und Lust« im Arbeitszimmer »zauberhaft«[17] zu formen mit allen nur erdenklichen »aufrührerischen Farbharmonien, hybriden Paarungen von Stoffen und Lederarten«.[18] Erstaunlicherweise vermag das alles aber seine Neurasthenie, wie die gegen Ende des 19. Jahrhunderts allgemein ausbrechende Modeepidemie der hysterischen Nervenkrankheiten genannt wurde, nicht zu verhindern.

Der Hang zur historischen Kostümierung sucht in der Verhüllung wie im Aufschneidertum vieles vom Leiden am Literatenleben zu dämpfen. So ist bei verschiedenen Autoren, die es mit ihrem Werk – manchmal aber auch nur dank Mitgift und Erbe – zu Geld und Haus gebracht haben,[19] zu beobachten, wie sie sich voller Stolz in neue, perfekte Scheinwelten der Vergangenheit und der Exotik flüchten. Ob sich Walter Scott (1771–1832) im schottischen Schloss Abbotsford oder Emile Zola im umgebauten Landhaus bei Médan künstliche mittelalterliche Haus- und Arbeitswelten stilisieren, ob der französische Dichter Victor Hugo (1802–1885) oder der Theaterautor Victorien Sardou (1831–1908) ihre Privatmuseen einrichten, ob Pierre Loti (1850–1923) sich am Atlantik seinen orientalischen oder Gabriele D'Annunzio (1863–1938) am Gardasee seinen imperialen bzw. Karl May (1842–1912) in Alt-Radebeul seinen Western-Traum mit der »Villa Shatterhand« zurechtlegen, im Mittelpunkt steht stets der Gedanke, die literarisierte, fiktionale Welt mit der wirklichen in Übereinstimmung zu bringen. Es wird »das ganze reich ausgestattete, erstickende Mobiliar der Viktorianischen Ära«[20] gerade auch in seiner exotischen Überladenheit, in diesem urwaldhaften Unstil, zu einer wichtigen Quelle der Glaubwürdigkeit einer literarischen Großbürgerexistenz, die bis ins Detail den Besucher verblüffen, irritieren, aber letztlich auch fürs eigene Gehabe, fürs eigene Werk überzeugen und vereinnahmen soll.

Der Dichter will in »seiner traulichen Arbeitsstube«[21] auch Hof halten, denn sie ist weit mehr als nur eine vom familiären Leben abgesonderte Grummelbude, aus der einen die Ehefrau herausklopfen und vom Manuskript losreißen muss. Vertraute Besucher kommen und gehen unangemeldet, manchmal sogar ohne auch nur anzuklopfen. Aber selbst bei den Angemeldeten gehen die Türklingel und das Zimmerglöckchen bisweilen ununterbrochen.[22] Die Besucher Balzacs kommen gar ausschließlich, um sich am »köstlichen Duft eines Mannes von gutem Geschmack« zu erfreuen.[23] Sie nehmen dafür sogar jede Unbequemlichkeit im überfüllten Arbeitszimmer in Kauf, nur um ihrem bewunderten Vorbild nahe sein zu können. Der junge Oscar Wilde etwa findet 1882 auf seiner Vortragstournee in den USA beim amerikanischen Dichter Walt Whitman (1819–1892) nur mühsam einen Sitzplatz, indem er staubige Zeitungen und Schriftstöße, die normalerweise niemand anrühren durfte, von einem Stuhl entfernt. Aber trotz aller Umstände, man vermutet gerade bei den Berühmtheiten literarisch Exklusives wie Erhellendes aus den Arbeitsräumlichkeiten mit ihren unschätzbaren Archivalien zu vernehmen. So etwas wie Flauberts ausgestopften Papagei, den er sich vom Museum in Rouen ausborgte für die Niederschrift seiner Erzählung »Ein schlichtes Herz« (1877), in der die alte Magd Félicité eine besondere Beziehung zu ihrem Papagei Loulou entwickelt. Ob das für seinen Realismus wirklich nötig war, ist nicht so wichtig – Hauptsache es trägt die schönsten Anekdoten ein: Hermann Hesse erzählt beispielsweise 1935, Besucher schauten sich bei ihm um, »als habe er einen ausgestopften Steppenwolf im Zimmer«.[24] Natürlich bahnen sich dort im Arbeitsraum dann auch die berühmten Diskussionen und Lesungen an, die sich bei Tee und Kaffee oder Spirituosen und Tabakwaren gefährlich in die Länge ziehen können.²⁵ Je nach Gesellschaft sind sie auch mit großem Ärger verbunden, wie die gleichnamige Hauptgestalt in Anton Tschechows Stück »Iwanow« (1887) bemerkt: »Meine Herrschaften, Sie haben aus meinem Arbeitszimmer wieder eine Kneipe gemacht! ... Tausendmal habe ich alle und jeden einzelnen gebeten, das nicht zu tun ... Natürlich, ein Papier ist mit Wodka begossen ... Brotkrumen ... Gurken ... Das ist doch widerlich!«²⁶ Liegt die Arbeitsörtlichkeit wie bei Tschechow weit abgelegen, müssen diese seltsamen Gäste über die Jausezeit hinaus im Arbeitszimmer einquartiert werden.²⁷

Es wird denn bisweilen auch eine restriktivere Politik mit dem Allerheiligsten getrieben, und Verleger, Freunde und Journalisten bleiben solange ferngehalten, bis der letzte Schlusspunkt am Werk aufs Papier gesetzt ist. Viele lassen sich, falls sie keine Falltür mit Fluchtgang wie Balzac haben, als abwesend oder kränkelnd an der Tür vorsorglich verleugnen: »Am Sonnabend macht' ich die pflichtschuldigen Visiten; war auch bei der [Fanny] Lewald [1811–1889]«, schreibt Theodor Fontane 1849 in einem Brief. »Ich wurde nicht vorgelassen. ›Fräulein schriebe Briefe, die schnell zur Post müßten.‹ Im ersten Augenblick machte mich diese Offenheit stutzig; nachdem ich mich von meinem Schreck erholt hatte, fand ich es liebenswürdig. Man darf nun umso eher drauf rechnen, willkommen zu sein, wenn man geladen oder vorgelassen wird. Ein kleiner Schriftsteller-Tick verbirgt sich hinter diesem Manöver, doch das schadet nichts.«²⁸

Bei aller Politik des Wartenlassens, wirklich enttäuschend für den hingehaltenen Besucher ist der Umstand doch nur, wenn ein Arbeitszimmer nicht das verspricht, was es auf den ersten Blick suggeriert. Eine banale Geschichte, wie etwa der russische Autor Iwan Gontscharow mit seinem Roman »Oblomow« (1859) am gleichnamigen Faulpelz als Haupthelden demonstriert: »Das Zimmer, in dem Ilja Iljitsch [Oblomow] lag, schien auf den ersten Blick prächtig eingerichtet zu sein. Außer dem Schreibpult aus Mahagoniholz standen noch zwei Diwane mit seidenen Bezügen darin und schöne Wandschirme mit eingestickten Vögeln und Früchten, die es in Wirklichkeit gar nicht gibt. Ferner waren da noch seidene Vorhänge, Teppiche, einige Bilder, Bronzen, Porzellan und eine Menge hübscher Kleinigkeiten. Doch das geübte Auge eines Menschen von gutem Geschmack hätte mit einem flüchtigen Blick auf alles, was da stand und lag, sofort die Absicht erkannt, dass nur das Dekorum des unvermeidlichen Anstandes gewahrt werden sollte, um es dabei bewenden zu lassen. Tatsächlich war es Oblomow bei der Einrichtung seines Kabinetts nur um dieses eine zu tun gewesen. Ein feinerer Geschmack hätte sich mit diesen schweren, plumpen Stühlen aus Mahagoniholz und den wackeligen Etageren nicht zufriedengegeben. Die Rückenlehne eines Diwans hatte sich gesenkt, das Furnierholz war an mehreren Stellen abgesprungen. Genau den gleichen Charakter offenbarten die Bilder und die Vasen und die Kleinigkeiten. [...] Wären nicht dieser Teller oder die an das Bett gelehnte, eben ausgerauchte Pfeife oder der im Bett liegende Hausherr selber gewesen, hätte man glauben können, dass hier niemand wohnte [...] Auf den Etageren lagen freilich zwei, drei aufgeschlagene Bücher und sogar eine Zeitung, auf dem Schreibpult standen auch Tinte und Feder; aber die Seiten, auf denen die Bücher aufgeschlagen waren, hatten sich mit einer Staubschicht überzogen und waren vergilbt; [...] die Zeitung stammte vom vorigen Jahr, und aus dem Tintenfass wäre, hätte man die Feder eingetunkt, höchstens mit großem Gesumm eine erschreckte Fliege hervorgestürzt.«[29]

Das so wenig genutzte Arbeitszimmer nimmt einen leeren, bühnenbildhaften Charakter an. Eine Bühne, auf der sich reale und fiktive Figuren tummeln könnten. Doch werden die schweren Vorhänge wirklich hochgezogen, so präsentiert sich allein eine stille Zimmereinrichtung wie mittels einer theatralischen Regieanweisung aufgebaut, die ganz offensichtlich ihren einstigen Autor sucht. Solche Räume ohne einen bedeutenden Autor lassen sich außerhalb des Theaters immer wieder von neuem aufspüren. Dem ausgehenden 18. Jahrhundert geht es jedenfalls mit all seiner gesteigerten Autorenverehrung zunehmend so. Der Reisende Karl Philipp Moritz besucht 1787 etwa in Süditalien, beim heutigen Formia, die kärglichen Ruinen von Ciceros einst so »prächtigem formianischen Landsitze«, wie fünf Jahre zuvor bei seinem Englandaufenthalt das schäbige Haus von William Shakespeare (1564–1616) in Stratford-upon-Avon: »In diesem Hause wohnen jetzt ein paar alte Leute, die es gegen eine Kleinigkeit Fremden zeigen, und von diesem Einkommen leben. Schakespears Stuhl, worauf er vor der Tür gesessen, war schon so zerschnitten, daß er fast keinem Stuhle mehr ähnlich sah; denn jeder Durchreisende schneidet sich zum Andenken einen Span davon ab, welchen er als ein Heiligtum aufbewahrt. Ich schnitt mir auch einen ab, weil er aber zu klein war, habe ich ihn verloren, und Sie werden ihn also bei meiner Wiederkunft nicht zu sehen bekommen. Als wir weiterfuhren, betrachtete ich jeden Fleck mit Aufmerksamkeit, wo wir vorbeikamen, wenn ich dachte: das ist nun die Gegend, wo ein solcher Geist, wie Schakespears, seine erste Bildung durch die ihn umgebende Natur erhielt! Denn die ersten Eindrücke der Kindheit bleiben doch immer äußerst wichtig, und sind gewissermaßen die Grundlage aller folgenden. Obgleich die Gegend hier zwar nicht vorzüglich schön ist, so hat sie doch ganz etwas Eignes, Romantisches.«[30] Dieses Romantische lässt die stillen, von den Großen verlassenen Orte sowie die längst aufgegebenen in einem ganz neuen sentimentalen Licht erscheinen. Ort und mehr oder weniger berühmter Bewohner von einst sind nun ganz eins geworden. Geht eine solche Seele auch von hinnen, heißt es im Roman »Der Geltstag« von Jeremias Gotthelf, so steht doch »endlich das Bureau offen« und darin werden noch »ihre Spuren gefunden, Zeugen von ihrem Wesen, und was sie wohl zuletzt gedacht und gewollt. Da innen sind vielleicht Briefe verwahrt, die vieles sagen, da innen ist vielleicht der letzte Wille verwahrt, in welchem enthalten ist, wen die geschiedene Seele am meisten geliebt, enthalten ist, was zuletzt besonders sie bewegte.«[31] Solch inniges Seelenverständnis rührte schon 1788 den jungen, reisenden Dichter Friedrich Hölderlin (1770–1843) zu Tränen, als er das Wirtshaus »Viehhof« in Oggersheim erblickte, worin der geniale Schiller auf seiner Flucht 1782 vor dem herzoglichen Schreibverbot in Stuttgart abgestiegen war, um wieder in aller Freiheit literarisch arbeiten zu können. Hölderlins Erschütterung über den Anblick dieser unscheinbaren Literaturstätte geht derart tief, dass er von den andern Reiseeindrücken nichts mehr zu sagen vermag.[32] Und die Schriftstellerin Elisa v. der Recke wird 1806 im Garten des Landhauses »Les Charmettes« in der Nähe von Chambéry, wo Rousseau 1735 angeblich einen Rosenstock gepflanzt haben soll, bewundernd die denkwürdigen Blüten lesen, um daran anschließend gleich noch mit Ehrfurcht das Landhaus von dessen seinerzeitig größtem Konkurrenten, »les délices de Voltaire«, bei Genf zu besuchen. Über diese enorme Anziehungskraft solcher Orte notiert sie im Tagebuch: »Jener Hang, der uns zu solchen Stellen hinzieht, die ein hochbegabter Mensch einst bewandelte, ist wohl sehr natürlich […].«[33]

Über dieser neuen Natürlichkeit konnte man sich aus Forscherehrgeiz heftig in die Gelehrtenhaare geraten, wie 1761 der Advokat Domenico de Sanctis aus Tivoli und der Franziskaner Bertrand Capmartin de Chaupy. Sie stritten sich um die Priorität der Entdeckung des Standorts der Villa von Horaz bei Bardella. Dabei war das Gut in den Sabinerbergen schon Jahre zuvor durch eine aufgefundene Inschrift richtig lokalisierbar geworden.[34] Die Lokalbevölkerung wollte sowieso von vielen solchen antiken Dichter-Örtlichkeiten wissen, wie etwa die Bauern im italienischen Piettola von dem Häuschen Vergils so selbstverständlich redeten, als würde es noch ganz intakt und gut sichtbar in ihrer Nachbarschaft stehen. Bestätigende römische Funde auf den Feldern machte man in Italien immer wieder. Allerdings wird dann die Archäologie im 20. Jahrhundert doch nicht jede vermutete Schriftstellervilla, wie etwa die von Horaz, freizulegen vermögen.

Mochte im 18. Jahrhundert auch »der Rohrstuhl Shakespeares, die Kleiderkommode Friedrichs II., die Stutzperücke Rousseaus unser sehnendes Herz befriedigen«,[35] die danach so sehnsüchtig Ausschau haltenden Bildungsreisenden behandelten deswegen die neuen literarischen Wallfahrts-Räumlichkeiten nicht unbedingt schonungsvoll. So mussten als erzieherische Mittel 1783 in der alten Lutherstube in Wittenberg, eine der seltenen, dank der Universität erhaltenen Arbeitsräumlichkeiten aus dem 16. Jahrhundert in Deutschland, Gästebücher aufgelegt werden gegen die zahlreichen, als »unwürdig« empfundenen Graffiti mit Kreide.[36] Denkmalpflegerisch und museal wird man aber im Verlauf des 19. Jahrhunderts viele Dichtergedenkstätten überhaupt erst einmal wieder ausfindig machen oder gar ausgraben müssen, pietätvoll restaurieren oder mit Hilfe des Vermächtnisses oder Möbelstücken aus der Zeit den einstigen Originalzustand wieder einzurichten suchen. Vieles davon braucht allerdings eine erklärende Beschriftung oder mündliche Führung, denn selten war jemand vom Lesen und Hörensagen noch nach seinem Tod derart bekannt wie etwa Goethe, so dass man allein aufgrund zeitgenössischer Beschreibungen und bildlichen Darstellungen sein Arbeitszimmer zu kennen vermeinte, ohne je wirklich dorthin vorgelassen worden zu sein. Der Schriftsteller Karl Immermann (1796–1840) etwa besuchte es 1837, fünf Jahre nach dem Tod des bewunderten Bewohners: »Jetzt tat der Bibliothekssekretär [Friedrich] Kräuter, der frühere Schreiber Goethes, bevor er [Ernst] John zum Kopisten annahm, der treue Wächter dieses Allerheiligsten, die Tür des Arbeitszimmers auf, und da wurde mir ein rührender Anblick. Ich erinnerte mich aus [Johann Peter] Eckermanns Gesprächen der gelegentlichen Äußerungen Goethes, die mich hohe Simplizität hier erwarten ließen, aber wieder war die Wirklichkeit anders. Dieses kleine, niedrige, schmucklose grüne Zimmerchen mit den dunkeln Rouleaus von Rasch [= locker gewebter Wollstoff], den abgeschabten Fensterbrettern, den zum Teil morsch gewordenen Rahmen war also der Ort, von dem aus sich eine solche Fülle des glänzendsten Lichtes ergossen hatte! Ich fühlte mich tief bewegt, ich mußte mich zusammennehmen, um nicht in eine Weichheit zu geraten, die mir die Kraft zur Anschauung geraubt hätte. Nichts ist von seiner Stelle gerückt; Kräuter hält mit frommer Strenge darauf, daß jedes Blättchen, jedes Federschnitzel am Orte bleibe, wo es lag, da der Meister entschlief. Noch zeigt die Uhr die Todesstunde, halb zwölf, sie stockte damals, der Zufall schuf ein Wunder-Ähnliches.« Aha, also auch hier wie bei Friedrich dem Großen machten die Dinge vor dem Dichterfürsten Goethe bis zuletzt ihren Kotau.[37]

Aber Immermann gerät noch mehr in Fahrt mit seiner Beschreibung: »Hier ist jeder Fleck heiliger Boden, und tausend Gegenstände, von denen das Zimmerchen erfüllt ist, reden von dem Wesen und Weben des Geistes. [...] Dort steht die kleine Büste Napoleons aus Opalfluß, die ihm Eckermann aus der Schweiz mitbrachte, die ihm Sachen der Farbenlehre bestätigte und ihm zum wahren Entzücken gereichte! Über jene Flasche, die uns da auf dem andern Tisch gezeigt wird, jauchzte er wie ein Kind. Es war roter Wein darin gewesen, sie hatte auf der einen Seite umgelegen, und als Goethe sie zufällig gegen das Licht hielt, so sah er darin die allerschönsten Kristallisationen des Weinsteins in Blätter- und Blumenform abgesetzt. Begeistert rief er seine Nächsten zusammen, zeigte ihnen dieses Schauspiel, ließ eine brennende Kerze bringen und drückte mit Feierlichkeit sein Wappen in Siegellack auf den Pfropfen, damit kein Zufall diese Erscheinung zerstören möge. Die Flasche ist nachmals immer in seinem Zimmer geblieben. [...] Reinlich war Goethe über alle Maßen. Es verdroß ihn, daß der kleine Comptoirkalender, den er zu gebrauchen pflegte, sich das Jahr hindurch nicht sauber halten wollte. Da machte er eigenhändig ein pappnes Futteral dazu. In der Mitte des Zimmers steht ein großer runder Tisch. Daran saß der Kopist, dem Goethe diktierte, während er den Tisch unaufhörlich umwandelte. Die Arbeit begann um 8 Uhr morgens und dauerte oft bis 2 Uhr nachmittags, ohne Unterbrechung. Abends, wenn G. sich wieder, wie er in den letzten Jahren immer tat, in dieses stille Zimmer zurückgezogen hatte, sah ihm der Bediente nach den Augen, ob diese freundlich und aufgeweckt waren? Ließ sich darin ein Begehren nach Mitteilung und Gesellschaft verspüren, so rückte er stillschweigend den Lehnsessel zum Tisch, breitete ihm ein Polster auf denselben, setzte einen Korb zur Seite, in den G. sein Tuch legte, und dann nahm G. Platz, harrend, ob ihn ein Freund besuchen möge. Den Nächsten war unterdessen Nachricht gegeben worden, und wer wäre nicht gern, wenn er konnte, gekommen?«[38]

Diese persönliche, exklusive Einladung wenigstens posthum noch einmal zu ermöglichen, wirkte auf viele Zeitgenossen des 19. Jahrhunderts als ein äußerst faszinierender Gedanke. Es brauchte nur die richtige Inszenierung eines Arbeitszimmers mit den entscheidenden Objekten, damit der zugängliche Schrein mit angelesenen, bildungsbürgerlichen Assoziationen lebendig wurde. Es beginnt damit jenes Ritual, das die deutsche Kulturwissenschaftlerin Aleida Assmann als »Reanimation« bezeichnet, »wobei der Ort die Erinnerung ebenso reaktiviert wie die Erinnerung den Ort«.[39] Für solche dichterischen »Gedächtnisorte« eigneten sich besonders Geburts- als auch Wohn- und Sterbehäuser von Schreibenden. Schon Goethe plante 1817, letztlich allerdings vergebens, für seinen 1805 verstorbenen Freund Schiller in dessen Jenaer Gartenhaus eine literarische Gedenkstätte für »Fremde« mit ausgewählten Reliquien,[40] wobei ab 1835 die freskengeschmückten Dichterzimmer der beiden Klassiker im Weimarer Schloss vieles von diesen Gedanken aufnehmen sollten. Doch im Detail erwies sich für Schiller und Goethe die Herstellung von authentischen Andachtsräumen mit einer ehrfurchtsvollen Aura schwieriger als gedacht. Da waren zunächst Familienangehörige, die die Immobilien der Berühmten bewohnten oder vermieteten. So schloss etwa 1840 noch der Goethe-Enkel Walther Wolfgang (1818–1885) das Weimarer Goethe-Haus für jeden Publikumsverkehr,[41] um stattdessen mit Lithographien vom Arbeitszimmer in der Öffentlichkeit zu hausieren. Das Zimmer selber verwahrloste darüber, die Möbel wurden schrundig und die Tapeten lösten sich von den Wänden. Entsprechend schwierig gestaltete sich auch im Nachhinein die Rekonstruktion aufgrund von widersprüchlichen schriftlichen und bildlichen Zeugnissen. Bisweilen musste das ursprüngliche Mobiliar, wie im Fall Schillers, erst wieder mühsam aufgetrieben und restauriert werden.[42] Und wenn die literarischen Wallfahrtsstätten dann endlich ganz intakt eingerichtet waren, darunter auch die Geburtshäuser von Schiller in Marbach a. Neckar oder von Goethe in Frankfurt a. M. (Letzteres übrigens nach langwierigen Rekonstruktionen aufgrund Goethes Autobiographie »Dichtung und Wahrheit«), so wirkte, trotz des großen Besucherstroms und noch bevor die Bombardierungen des Zweiten Weltkriegs das meiste wieder zunichtemachten,[43] vieles vom andächtigen, epigonalen Klassiker-Kult bereits um 1900 reichlich verblüht. Es erwarteten die Literaturtouristen erstarrte, leblose Interieurs, aus denen die Autoren offenbar soeben aufgebrochen waren, allein unter Hinterlassung aller ihrer Schreibtrophäen und ohne eine Erklärung. Leblose, leicht verdüsterte Räume, wie sie sich auch auf den beliebten käuflichen Arbeitszimmer-Fotografien in Schwarzweiß wiederfinden, auf denen sich die Dichter aus dem Staub gemacht zu haben scheinen, »weil sie sich schämen, in Anwesenheit des Photographen schöpferisch tätig zu sein, oder weil sie es dann einfach nicht könnten«.[44]

Die Reisenotizen des tschechischen Schriftstellers Franz Kafka (1883–1924), der 1912 zusammen mit seinem Freund Max Brod (1884–1968) Weimar besuchte, sprechen in ihrem verwirrten Telegrammstil Bände: »Vormittag. Schillerhaus. Verwachsene Frau, die vortritt und mit ein paar Worten, hauptsächlich durch die Tonart das Vorhandensein dieser Andenken entschuldigt. [...] Nicht mehr menschliche Haarlocken, gelb und trocken wie Grannen. [...] Gute Anlage einer Schriftstellerwohnung. Wartezimmer, Empfangszimmer, Schreibzimmer, Schlafalkoven. [...] Goethehaus. Repräsentationsräume. Flüchtiger Anblick des Schreib- und Schlafzimmers. Trauriger an tote Großväter erinnernder Anblick.« Von der detailfreudigen Entdecker-Euphorie eines Immermann ist bei Kafka nichts mehr zu spüren. Stattdessen wird ihm wegen Margarethe Kirchner, der Tochter des Hausmeisters im Goethehaus, dieses mitsamt seinem Inhalt und den simplen Touristen (»Trudl, kuck mal her ...«, belauscht sie Max Brod) derart vergessen gehen, als hätte er sich allein wegen dieses Flirts jahrelang hierhergewünscht. Und auch sein Freund Max Brod ringt mit den Dingen, um die man »so viel Wesen macht«. Das jetzt von hochgewachsenen Bäumen verdunkelte Schreibzimmer Goethes – frisch gepflanzt waren sie vor einem Jahrhundert noch niedrig und klein – und die unerwartet kärgliche, so zeitfremde Einrichtung des benachbarten Schlafzimmers provozieren nur ironische Fragen statt Antworten: »Wo ist das Badezimmer? Warum wird das Kloset nicht gezeigt?« Eine bezahlte Führerin im Schillerhaus oder ein gekaufter Prospekt vom Haus Goethes helfen nur bescheiden mit Wiedererkennungseffekten und erhellenden Erklärungen zum damaligen Dichteralltag und seiner literarischen Produktion.[45] Zu vieles müsste erst wieder in Goethes ausuferndem Werk selber nachgelesen werden. Die konservierten Gedenkorte mit ihrer inszenierten Authentizität drohen die realen historischen Schreiborte für die Besucher enttäuschend zu überlagern. Was auf den Postkarten nach schimmerndem Parkett aussieht, ist in Wahrheit schlechtes Holz, der weiße Marmor nur Gips und statt beeindruckendem Prunk bleibt nur eine mehr oder weniger belächelnswerte Museumsrealität, wo »überall Löschapparate« oder offene Türen einen als unauthentisch jederzeit stören können.[46] All das und die »wie

Kranke in Hospitälern« hingebetteten Handschriften lassen allerdings erahnen, wie zunehmend schwerer einer Nachwelt der verstehende Zugang zur »Primitivität« des Goetheschen Arbeitszimmers fällt, »ehe das höllische Frührot des bürgerlichen Komforts zum Fenster hineinschien«. Der deutsche Kulturphilosoph und Schriftsteller Walter Benjamin (1892–1940) schreibt denn von einem Besuch dieser »cella« in Goethes Haus 1928 in Weimar, von der er schon in seiner Kindheit lebhaft geträumt haben will: »Wem ein glücklicher Zufall erlaubt, in diesem Raume sich zu sammeln, erfährt in der Anordnung der vier Stuben, in denen Goethe schlief, las, diktierte und schrieb, die Kräfte, die eine Welt ihm Antwort geben hießen, wenn er das Innerste anschlug. Wir aber müssen eine Welt zum Tönen bringen, um den schwachen Oberton eines Innern erklingen zu lassen.«[47]

Aber vielleicht erklingt da auch nur die eigene Stimme der Nachgeborenen wider, die sich dabei selber wiederum um den schmalen Grat ihres Nachruhms ängstigt. Wenn der amerikanische Autor Henry Miller 1939 im musealen Landhaus von Balzac in Passy sich über die Fotografien und Dokumente unter Glas beugt, wird er plötzlich seine geliebte Begleiterin Anaïs Nin fragen: »Glaubst du, dass eines Tages die Leute auch unsere Manuskripte und Fotografien so besichtigen werden?« Sie wird ihm auf seine Frage, die viele Schreibende der Moderne umzutreiben scheint, keine Antwort geben. Dies, obwohl auch Nin »das Sterben der Häuser« kennt, die, kaum verlässt man sie als Künstlerin, sofort ihren Glanz verlieren, verflecken, verwelken und verfallen.[48] Es liegt aber für erfolgreiche Schreibende zumindest etwas Anziehendes in diesem Gedankenspiel, die eigene »Rumpelkammer voller totem Tand«[49] zu hinterlassen, weil nur dann von einer Nachwelt die »Schätze« im Schreibtisch wirklich in aller Ruhe gewürdigt werden.[50] Was im Nachhinein mit der »Hier-dichtete«-Inschrift versehen wird, daran sollen sich später literaturwissenschaftliche »Doktoranden die Zähne ausbeißen«.[51] Und die eigenen Nachkommen können noch davon zehren, dass sie den Besuchergruppen in Filzüberschuhen Eintritt abverlangen oder Totenmasken-Ansichtskarten verkaufen.[52] Denn es drängen Freunde des Lesens und der Literatur- und Kulturgeschichte bis heute in die inflationär angewachsene Zahl von Literaturmuseen und literarischen Gedenkstätten auf der Suche nach dem Geist des Ortes, jenes Genius loci, der die einst dort Wohnenden und Schreibenden derart einmalig inspiriert haben muss. Mag die Bedeutung eines solch musealen Ortes als Beginn von wissenschaftlicher Forschung und Archivierung nicht zu unterschätzen sein, die Absicht, dank der Visualisierbarkeit von Schreibumständen bessere Verständnishilfen und Lektüreanregungen zu schaffen, bleibt bei aller modernen Literaturpädagogik zumindest bei Autoren stets umstritten. »›Das ist ja gräßlich‹«, bemerkte etwa Bertolt Brecht (1898–1956) gegenüber dem DDR-Schriftsteller Erwin Strittmatter (1912–1994): »›Die Anzüge des Dichters wurden also in Glasvitrinen zur Schau gestellt?‹ – ›Ja.‹ – Es blitzte in seinen Augen, als er sagte: ›Ich befehle Ihnen, dafür zu sorgen, daß nach meinem Tode alles von mir, einschließlich meines Autos … im Schiffbauerdamm-Kanal versenkt wird!‹«[53] Die Vorstellung an die fortwährend in das Herzstück des Schreibens[54] hereinflutenden fremden Andächtigen muss jeden Autor erschrecken, der diese Art Kult lieber umgehen oder selber steuern möchte. Das ahnte wohl auch Friedrich der Große kurz vor seinem Tod 1786, als er den beigezogenen Schweizer Arzt Johann Georg Zimmermann (1728–1795) aus seinem Arbeitszimmer in Sanssouci verabschiedete: »Zimmermann, behalten Sie den guten Alten in Erinnerung, den Sie hier angetroffen haben.« Und alsbald streute dieser dem »Wunder des achtzehnten Jahrhunderts« 1788 sein publizistisches »Blümchen« als Erinnerungsbuch aufs Grab. »Bey dem schrecklich grossen Manne stand ich da, ganz alleine, in der allgemeinsten, feyerlichsten Stille und weit umher herrschenden Ruhe; und darum gieng mir auch mancher mich zerstreuender, und auch zuweilen ein herzerhöhender Gedanke durch den Kopf. Bald heftete ich meine Augen auf Ihn – bald auf ein herrliches Bruststück des [römischen Kaisers] Marcus Aurelius aus weissem Marmor und vielfärbigem Achat, das neben Ihm auf dem Kamin, seinem Bette gegenüber stand [...] Ohne von dem Fleck zu weichen, worauf ich stand, betrachtete ich alles, was mir an dem König, und in seinem Zimmer auffiel.«[55] Aber es ist letztlich derart wenig, was er neben dem leibhaftig Bewunderten wirklich zu beschreiben vermag, dass das Arbeitszimmer bei ihm keine verlässlichen Konturen für den Lesenden annimmt. Elisa v. der Recke wird 1791, wie am Anfang des Kapitels beschrieben, nicht zuletzt auch von der Zimmermann-Lektüre angeregt, dieses königliche Arbeitszimmer voller Ehrfurcht betreten und gleichzeitig mit ihrer Enttäuschung über das Vorgefundene nicht zurückhalten können. Dagegen wird »das unweise Buch« Zimmermanns etwa den englischen Schriftsteller Thomas Carlyle (1795–1881) als Biographen von Friedrich II. ungemein verärgern, wegen der »beständigen Abschweifungen«, hinter denen er nur zu deutlich die »ungeheuere Vorstellung des Verfassers von sich selbst« wittert. Doch auch er wird sich sein Idealbild eines kleinen friedrizianischen Rückzugzimmers machen, in dem sich bequemes »häusliches Dasein« und die Arbeit an »öffentlichen Verbesserungen« absolut vortrefflich ergänzt haben sollen. Eine allzu idealisierte Arbeitsbühne für seinen »letzten der Könige«, vor der auch Carlyle irgendwann einmal die Vorhänge wieder ziehen muss. »Lebt wohl, gute Leser; schlechte, lebt – auch wohl.«[56] Das Leben auf den Schreibbühnen ist letztlich ebenso zeitlich begrenzt wie posthum die gewährte, museale Besuchs- und Betrachtungszeit. Und so fragt sich Viriginia Woolf denn 1904, ob solche biographischen »Pilgerreisen« zu den Berühmtheiten nicht einfach als reine Sentimentalität zu betrachten seien: »Es ist doch besser Carlyle im eigenen Studierstuhl zu lesen, als sich im schalldichten [Museums-]Raum in seine Manuskripte in Chelsea [im Westen Londons] zu vertiefen. Ich wäre nicht abgeneigt, da eine Prüfung über Friedrich den Großen einzuführen anstelle von Eintrittsgeld; allein, in dem Fall würde wohl das Dichterhaus bald zu schließen haben.« Nur müsste damit wohl letztlich auch ein großer Teil des ungezwungenen Gesprächs über Dichterorte verstummen, egal, ob es sich einem Blick in die Kammer aus andächtiger Verehrung oder mäkliger Konkurrenz verdankt. Also bleibt allein die Neugier, die doch irgendwie immer legitim erscheint, zumindest »wenn das Haus großer Schreibender oder seine unmittelbare Umgebung etwas zum Verständnis ihrer Bücher beizufügen vermag«.[57]

Arbeitszimmer ade

Kaum haben wir Literaturtouristen das Dichtungs- oder Studierzimmer eingehend gemustert, uns einen Überblick im Bücher- und Nippes-Dickicht verschafft und den Schreibtisch darin entdeckt, so treten wir auch schon ans Fenster. Ob in Goethes Weimarer Arbeitszimmer, im Gartenhaus Virginia Woolfs in Rodmell, im Tübinger Turmzimmer des internierten geisteskranken Hölderlin, in Kafkas Schreibhäuschen im Prager Goldmachergässchen oder gar in irgendeiner der vielen zugänglichen Arbeitsstuben von Provinzgrößen: In all diesen verschiedenartigen Räumen ereignet er sich irgendwann einmal, dieser erwartungsvolle Besucherblick zum Fenster.

Dabei ist ein Fenster eigentlich längst keine Sensation mehr. Schon seit dem 15. Jahrhundert sind wir kulturhistorisch an Glasfenster in Wohnräumen gewöhnt. Diese Fenster-Versessenheit ist wohl eher etwas wie ein unmittelbarer Reflex auf das Statische, die Unverrückbarkeiten eines Zimmers. Denn was uns in nächster Nähe auch alles umgibt – Dinge wie Gedanken –, es lässt sich mit einem Ausblick perspektivisch stets gegen den Horizont hin in eine neue, unendliche Ferne bis zur eigenen Selbstvergessenheit hinaus projizieren, gar transzendieren. Der Blick aus dem Fenster versinnbildlicht derart den eigenen Seelenzustand. Zugleich sorgen dort draußen vor dem Fenster viel Wind, Vögel und Flugzeuge am wolkigen Himmel und in den Baumwipfeln und Fahnenmasten ununterbrochen für ganz unerwartete Bewegungen. Stehen die Fensterflügel dann gar noch angelweit offen – und wie viele erholsame Raucherpausen gehen gerade derart in unseren gesunden Zeiten vonstatten –, so strömen, wie schon zuvor Licht und Zwielicht, die unterschiedlichsten Geräusche, Gerüche oder Großwetterlagen von außen in unsere wohlbehütete Stille hinein. Wirkt das museale Dichterzimmer auch noch so leblos und tot, mit Hilfe von Fenstern belebt es sich erstaunlicherweise wieder. Auf ganz ähnliche Weise müssen es wohl auch die berühmten Zimmerinsassen von einst jeweils empfunden haben, wenn ihr müder und erschöpfter Blick aus dem öde gewordenen Arbeitsraum, diesem »Studierkerker«,[1] vom Geschriebenen am Schreibtisch weg und hinaus abschweifte. Allerdings macht uns Nachgeborenen das Anachronistische dabei gleich wieder einen ironischen Strich durch die Rechnung, wenn allzu viel motorisierter wie maschineller Lärm und Gestank, all die fotografierenden Touristenmassen oder die Betonblöcke voller Fernseh-Satellitenschüsseln vor den Fenstern erscheinen. Die einst kokett hereinnickende Natur oder die gegenüberliegenden, stilsicheren Fassaden kamen noch ganz gut ohne all den neuen zivilisatorischen wie funktionalen Schnickschnack aus.

So gesehen, half der damalige Blick hinaus auf eine in- und auswendig vertraute, seltsam nahe Garten-, Landschafts- oder Häuseraussicht gegen Schreibhemmungen. Dort draußen lagen genügend beschreibbare Atmosphäre und ungestörte romantische Inspirationsquellen. Natürlich vor allem dann, wenn sich »mit einem Blick das ganze Panorama des grandiosen Platzes« vor dem Kabinett überschauen ließ. War es noch in einer Großstadt wie Berlin, an einem vielbesuchten Markt- oder Festtag, dann brauchte es, wie der düstere Romantiker aus Königsberg, E.T.A. Hoffmann (1776–1822), in seiner Erzählung »Des Vetters Eckfenster« kurz vor seinem Tod schrieb, in der Tat nur »das kleinste Fünkchen von Schriftstellertalent«, um aus der unmittelbaren Anschauung »eine Skizze nach der andern« zu entwerfen. Und mögen dabei die phantastischsten neuen Geschichten herauskombiniert worden sein, so machte darüber hinaus die literarisch »lebendige Darstellung alles so plausibel«, dass der Lesende einfach dran glauben musste, mochte er wollen oder nicht.² Diese soziologisch anmutenden Beobachtungen in der näheren Umgebung lassen sich aber auch noch mit entfernter Liegendem ideal kombinieren. Der französische Autor Guy de Maupassant (1850–1893) beschreibt beispielsweise das »hübsche weiße Haus« mit »großartigem Garten« in Croisset an der Seine, wo der Schriftsteller Gustave Flaubert wohnt: »Durch die Fenster seines geräumigen Arbeitskabinetts sah man, wie ganz in der Nähe und wie wenn sie mit ihren Rahen die Mauern berührten große Schiffe stromaufwärts nach Rouen fuhren oder stromabwärts zum Meer. Er liebte es, die stumme Bewegung dieser großen Schiffe zu betrachten, die auf dem breiten Fluss dahinglitten und nach all den Ländern reisten, von denen man träumt. Häufig ließ er sich vom Arbeitstisch gelöst im Fenster zeigend einrahmen, seine breite Brust eines Riesen und seinen Kopf eines alten Galliers.«³

Das Fenster lädt den neugierig Herantretenden auch zu zerstreuenden gedanklichen Reisen ein,⁴ selbst wenn dabei allein der eigene warme Atem oder Reif und Regen von außen die Scheiben mit eigenartigen Figuren bemalen. Der Insasse in seinem Arbeitszimmer – egal ob voll stickiger Luft oder wie bei Kafka bis zur Leere gelüftet⁵ – sucht mit einer ihm eigenen Mischung aus Neugier und Lüsternheit die draußen vorbeiziehenden Ströme und Straßen bis zum bläulich daliegenden Horizont nach bewegtem wie bewegendem Leben ab. Er schließt, um es mit dem romantischen schlesischen Dichter Joseph v. Eichendorff zu sagen, »Fenster, Herz und Äuglein auf!« Denn es lockt eine eigentümliche Weltsehnsucht die am Schreibtisch lebendig Begrabenen ins Freie, um mehr als nur imaginierend am Fenster stehen zu bleiben oder alles bloß von toten Buchseiten oder abstrakten Landkarten in die Unterwelten angelesener Bildung hinabzusaugen. Da ruft die Muse schon auf dem gesattelten Dichterross Pegasus laut durchs Fenster herein:

»Pfui, in dem Schlafrock siehst ja aus
Wie ein verfallenes Schilderhaus!
Willst du denn hier in der Tinte sitzen,
Schau, wie die Felder da draußen blitzen!«[6]

Aber Achtung, verführerisches Geistesblitzen, wir wissen ja eigentlich schon von den ausziehenden Rousseauisten im 18. Jahrhundert her, dass eine solche Aufbruchstimmung zurück in die Natur nicht immer Hand in Hand mit den erwarteten Verbesserungen für das eigene literarische Schreiben ging. Ließ sich für das Arbeitszimmer auch jederzeit leicht ein Ortswechsel vornehmen, so bedeutete doch jeder neue Raum vom Garten- bis zum Ferienhaus oder einer Zweitwohnung neben allem mühseligen Umzug – selbst bei schon vorhandenen portablen oder zusammenklappbaren Möbeln – auch noch eine ungewisse Akklimatisierung der eigenen Schreibwerkzeuge wie -techniken. Und auf wie vielen Reisen wurden unpassende oder fehlende Schreibräume nicht vorwurfsvoll beklagt.[7] Es ist allerdings bemerkenswert, wie sich hier eine eigentümliche Übereinstimmung von Medien- und Literaturgeschichte abzeichnet. Es scheint nämlich zunächst im Nachhinein immer so, als wären Verbesserungen wie Veränderungen der Schreibmedien zum literaturgeschichtlich haargenau richtigen Zeitpunkt erfolgt, also immer dann, wenn das literarische, individuelle Schreiben sie eben speziell zu benötigen schien. Aber wurde zum Beispiel der hölzerne Bleistift seit dem 17. Jahrhundert wirklich nur entwickelt, um Poesie im Freien zu ermöglichen, an Orten ohne eigentlich ausreichende Schreibvorkehrungen, wenn nicht gar während der Kutschenfahrten oder zu Pferde, wie dies etwa Petrarca oder Goethe taten?[8] Nehmen wir es genau, so waren an solch sensationell neuen Erfindungen neben tüftelnden Handwerkern, Ingenieuren, Militärs und bildenden Künstlern die Schriftsteller und Gelehrten kaum beteiligt, und es brauchte stets eine gewisse Zeit, bis sie diese überhaupt kritisch zur Kenntnis nahmen. Das hat wohl hauptsächlich damit zu tun, dass das professionelle literarische Schreiben eine vereinzelnde Angelegenheit war und bleibt, ohne dass sich die dabei ergebenden individuellen Abänderungen und Anpassungen der verwendeten Medien überhaupt für weite Kreise kommerziell sinnvoll nutzen ließen. Das konnte sich in ausgeklügelten Diktiermethoden oder einer erhöhten Angepasstheit der eigenen Handschrift und Schriftsprache an das Schreibtempo sowie die beschreibbare Unterlage zeigen. Aber auch das Schreibzeug selbst lud zu kleineren Verbesserungen ein, auf denen man dann jeweils stur beharren konnte. Der Kulturpublizist Walter Benjamin wird Schriftstellern in den 1920er Jahren als Technik empfehlen: »Meide beliebiges Handwerkszeug. Pedantisches Beharren bei gewissen Papieren, Federn, Tinten ist von Nutzen. Nicht Luxus, aber Fülle dieser Utensilien ist unerläßlich.«[9] Wie heikel die Papierwahl im Zeitalter der Schreibfeder war, zeigt etwa Schiller bei seinen delikaten Papierbestellungen oder Flaubert, der sein allzu weißes Schreibpapier immer zuerst mit Ideensammlungen gegen mögliche Schreibhemmungen »tönte«. Noch Hermann Hesse benötigt je nachdem besondere Qualitätspapiere zum Schreiben, Thomas Mann kann nur auf ganz weißes und vollkommen glattes Papier schreiben, und der amerikanische Schriftsteller Jack Kerouac wird seinen Roman »On the Road« (1951) auf einer 40 Meter langen Rolle aus zusammengeklebten Zeichenpapierbögen verfassen. Neben der Papierqualität lässt sich aber auch noch weiteres Schreibgerät individuell anpassen, von der Tischoberfläche bis zum Härtegrad einer Feder oder nach dem Zweiten Weltkrieg die Farbe und Handlichkeit eines Kugelschreibers oder Filzstifts. Die größte

Herausforderung war allerdings seit je der Übergang zwischen vorbereitetem, eingerichtetem Schreiben und dem spontanen wie unerwarteten Notieren von Ideen und Einfällen. Gerade wer aus inspirierenden Träumen erwachte, im Bett liegend phantasierte oder an ungewöhnlichen Orten und Stellen etwas Beobachtetes aufschreiben wollte, musste sich damit zwangsläufig auseinandersetzen. Es klagt etwa der italienische Renaissancedichter Petrarca einem Freund über seinem unaufhörlichen Studieren: »Oft stand ich auch mitten in der Nacht auf und ergriff bei gelöschtem Licht die neben dem Kissen liegende Feder, und damit meine Gedanken nicht davonflössen, schrieb ich im Dunkeln, was ich bei zurückgekehrtem Licht nur mit Mühe lesen würde.«[10]

Allerdings soll er sich aufgrund solch mühseliger Erfahrungen ein Lederwams besorgt haben, auf dem er sich jeweils spontan seine Gedanken stichwortartig notieren konnte, wie andere ganz offensichtlich dafür sogar ihre Pelzmäntel benützten.[11] Bei aller Absonderlichkeit der Materialien, das lederne Schreibwams wird zumindest als Wunschtraum Prominenten wie Descartes oder Goethe nachgesagt werden. Und noch dessen Sekretär Johann Peter Eckermann wird 1842 festhalten: »Nachtwandlerisches Produciren, nicht den Muth gehabt, ein schiefliegendes Blatt gerade zu legen aus Furcht, die Geister zu verscheuchen. Schreibe nachts im Dunkeln. Schiefertafel. Ledernes Wams.«[12] Selbst ein vielgerühmter Volkskundler wie der Mecklenburger Richard Wossidlo (1859–1939) wird zumindest bei seinen Feldforschungen zusätzlich auf abwaschbare Gummimanschetten schreiben, damit ja keiner seiner Informanten aus dem »Volk« Verdacht schöpft, er werde streng wissenschaftlich »belauscht«.[13] So wird sich noch im gegenwärtigen Zeitalter der industriell gefertigten wie normierten Notizbücher und -blöcke, die sich ganz problemlos überallhin mitnehmen lassen, ein Autor wie der Mannheimer Wilhelm Genazino Kartons im Brusttaschenformat für Notizen zurechtschneiden. Und genauso können eben auch

Federn, Bleistifte, Füllfederhalter und Kugelschreiber mit Etuis und Aufhängevorrichtungen den individuellen Schreibbedürfnissen angepasst werden, wie seit den 1930er Jahren vermehrt Reiseschreibmaschinen oder im 21. Jahrhundert die Programme von Laptops und iPads. Weiter stehen heute akustische und optische Reproduktionsmöglichkeiten zur Verfügung, vom digitalen Tonaufzeichnungsgerät bis zu Foto- und Filmapparaten, die sogar eine schriftliche Notiz gut zu ersetzen vermögen. Eigentlich könnte man jetzt quasi überall schreiben, Eindrücke aufnehmen, sogar tisch-, wenn auch nicht ganz körperlos.[14] Aber diese Medienentwicklung spiegelt nur eine Seite der Schreibmobilität wieder. Auf der andern Seite haben wir nämlich auch die bemerkenswerte Tendenz im Zeitalter des gedruckten Buches entwickelt, in der städtischen Öffentlichkeit Räume einzurichten, die an ein neues Schreiben außer Haus denken lassen. Zunächst gehören dazu Grundlagen wie die bis zur guten Handlichkeit verkleinerten Buchformate sowie eine Öffnung der Bibliotheken und Archive als exklusive Studienorte, indem sie vieles von ihrem Besitz ausleihbar oder in Lesesälen zugänglich machen. Erst damit kann man eigentlich auch richtig ans literarische wie gelehrte Tagesgeschäft unter den Augen der anderen denken. Der Englandreisende Karl Philipp Moritz wird 1782 erstaunt über die Londoner Kaffeehäuser nach Deutschland berichten: »Viele Briefe und Aufsätze werden hier geschrieben, auch solche, die man in den Zeitungen gedruckt liest, sind gemeiniglich aus irgendeinem Kaffeehause datiert. Es läßt sich also schon denken, daß jemand hier eine Predigt verfertigen könne, die er im Begriff ist, sogleich in einer naheliegenden Kirche zu halten.« Ein gar nicht so fernliegender Gedanke, wie sich alsbald zeigt: »Es währte nicht lange, so kam auch der Geistliche, den wir hatten predigen hören. Er forderte sich Feder und Dinte, schrieb in großer Eile einige Blätter voll, die er wie ein Koncept in die Tasche steckte, darauf ließ er sich zu essen geben, und ging unmittelbar darauf wieder in dieselbe Kirche. Wir folgten ihm, und er trat auf die Kanzel, nahm sein Geschriebnes aus der Tasche, und hielt wahrscheinlich die Predigt, die er in unsrer Gegenwart im Kaffeehaus verfertigt hatte.«

Wie schnell sich Moritz selber an diese Sensation gewöhnt, zeigt sein Reisebericht rund eine Woche später aus Windsor: »Jetzt schreibe ich Ihnen unten im Coffee room, wo ein Paar Deutsche neben mir sprechen, die gewiß glauben, daß ich sie nicht verstehe, da ich mich also zu erkennen gebe, daß ich ein Deutscher sei, würdigen mich die Kerls nicht mit mir zu reden, weil ich ein Fußgänger bin.«[15] Es ließen sich also nicht nur Predigten, Reiseberichte, Essays und Briefe hier verfassen, sondern zugleich bildete das soziale Miteinander der Müßiggänger im Raum beim stillen Aufschreiben eine akustische Hintergrundkulisse, die das Mit- wie Weghören einübte – es war ja wesentlich mehr zu belauschen als vormals in den eigenen vier Wänden. Im Arbeitszimmer inmitten von fremden Leuten dagegen konnte man, ganz im Gegensatz zum isolierenden, ruhigen Einzelzimmer der Herbergen und Hotels, eben das verstohlene wie ungenierte Beobachten vom Nebentisch aus üben. Ein neuer, feuilletonistischer Blick auf das Leben der anderen mit allen nur denkbaren Rendezvous wurde da möglich. Auch die eigene Beachtung in aller Augen konnte gesteigert werden, indem man sein Bild vom ins Lesen und Schreiben Versunkenen oder eines tagträumend auf poetische Einfälle Wartenden in aller Öffentlichkeit genauso wie auf Parkbänken oder in Bahnhofswartesälen aufsehenerregend kultivierte. Mit diesem neuen, bohemienhaften Künstlerimage wurde etwa literarisches Gesellschaftsleben zelebriert, indem sich nicht nur das Gelesene wie Geschriebene am Stammtisch lebhaft diskutieren ließ, sondern auch das Literaturgeschäft als eine Beziehungsform, eine frühe Form des Social Networking, mit Verlegern, Theaterdirektoren, Kritikern, Buchhändlern und Druckern ganz offen betrieben wurde. Literarische Manifeste wie Gründungen avantgardistischer Gruppen und Clubs waren hier ebenfalls leicht zu bewerkstelligen.

Und in einem solchen Literatencafé saßen dann im 19. Jahrhundert nicht nur »Scharen von Junggesellen, die der einsamen Kammer oder Mansarde entflohen, um in Licht und Wärme zu sitzen und menschliche Wesen zu treffen, mit denen man reden konnte«,[16] sondern auch noch alle Rebellen der Mokka-Gegenkultur, um vom bürgerlichen Geschäfts- und Alltagsleben Urlaub zu nehmen für einen Ausflug zum ganz eigenen koffein- und tabakhaltigen »Parnass«.[17] Es entwickelte sich hier allmählich eine Art »literarisches Verkehrscentrum«[18] mit einem ausgeklügelten und allen zugänglichen Inventar von Zeitungen, Zeitschriften und Nachschlagewerken, aber auch mit diskret kauzigen Saalkellnern, reservierbaren Stammplätzen, allerhand Spielmöglichkeiten und warmer Küche mit berauschenden Versuchungen wie Absinth, Kokain, Freudenmädchen oder gar bedrohlich observierenden Polizeispitzeln. Speziell in Wien entwickelte sich das Kaffeehaus zu einer kulturellen Institution, eine Art »Ersatztotalität«,[19] in der man 1895 ebenso Sigmund Freud (1856–1939) bei einer seiner ersten Traumanalysen antreffen konnte, wie den psychotischen Philosophen Otto Weininger (1880–1903) beim Ausbrüten von Frauenhasstiraden. Die literarischen Jung-Wien-Avantgardisten lärmten in Vorlese- und Erzählrunden, während der Jahrhundertwende-Hippie und causierende »Sokrates von Wien«[20] Peter Altenberg (1859–1919) »bei sich zu Hause« im »Café Central« geniale Kleinprosa-Skizzen am mit entsprechendem Ruheschild versehenen Bistrotisch verfasste. Ein Abriss, wie etwa 1897 des allerhand Größenwahn beherbergenden Wiener Cafés Griensteidl, bedeutete denn sogleich »Die demolirte Literatur«, wie Karl Kraus ironisch seine Darstellung der zeitgenössischen Kaffeehaus-Literaten betitelte. Denn Literatur- und Kulturgeschichte fand so gesehen seit der Jahrhundertwende immer mehr auch in Cafés, Cabarets und Kneipen, Bistros, Bars und Bierlokalen statt.

Dort entstanden Prototypen von öffentlichen Schreiborten, auf die sich nicht nur das eigene Schreiben und Auftreten einüben konnte, sondern mit deren Vorhandensein man auf Reisen durch Europa bis hin zur unfreiwilligen Emigration ganz sicher rechnen durfte. Und ist auch vieles von dieser öffentlichen Schreib- und Debattenkultur nach den beiden Weltkriegen wieder verlorengegangen, so werben doch immer noch alle Reiseführer mit den davon übriggebliebenen, attraktiven Konsumorten. Die gestiegenen Preise und Touristen mögen das Volk der Schreibenden daraus längst vertrieben haben; aber wenigstens künden noch heute die Tischsets, Speisekarten, Papierservietten, Zuckersäckchen, Pappdeckel und Rechnungszettel von einer Zeit, als hier eben ganz ungeniert und schnell Entwürfe und Ideen auf alles gerade in Reichweite liegende Papierene notiert werden mussten.

Ganz anders sah es dagegen zunächst bei den mobilen Verkehrsmitteln aus. Wer klassisch, also zu Fuß reiste und dies gar noch mit Schreibzeug, war Ende des 18. Jahrhunderts eine auffallende Erscheinung. Karl Philipp Moritz berichtet von seinem Haupthelden »Anton Reiser« im gleichnamigen psychologischen wie autobiographischen Roman: »Er hatte sich zu dieser Reise mit einer Spezialkarte von Niedersachsen – einem tragbaren Dintenfaß – und einem kleinen Buche von weißem Papier versehen, um über seine Reise unterwegs ein ordentliches Journal führen zu können. – Mit jedem Schritte, den er tat, nachdem er aus den Toren von H[annover] war, wuchs gleichsam seine Erwartung und sein Mut – und er war von seiner Reise so begeistert, daß er schon ein paar Meilen von H[annover] sich auf einem Hügel an der Landstraße setzte, sein Dintenfaß, das mit einem Stachel versehen war, vor sich in die Erde pflanzte, und auf diese Weise halb liegend anfing, in seinem Journal zu schreiben – es fuhren unten einige Kutschen vorbei, und die Leute, denen ein schreibender Mensch auf einem Hügel an der Landstraße freilich ein sonderbarer Anblick sein mußte, lehnten sich weit aus dem Schlage, um ihn zu betrachten – dies beschämte ihn etwas – aber er erholte sich bald wieder von der unangenehmen Wirkung, die dies neugierige Angaffen zuerst auf ihn tat, indem er sich in Ansehung dieser Menschen, die ihn nicht kannten, seine Existenz hinwegdachte – er war für diese Menschen gleichsam tot – darum schloß er auch den Aufsatz, welchen er auf dem Hügel an der Landstraße in sein Taschenbuch schrieb, mit den Worten:

> Was kümmert mich der Leute Tun,
> Wenn ich im Grabe bin?«[21]

Es brauchte also zunächst Mut zum Einzelgängertum, wenn man auf dem Land in aller Öffentlichkeit schrieb. Schon die skizzierenden Maler hatten einschlägige Erfahrungen gemacht, wenn man sie bei ihrer Tätigkeit als Spione oder auskundschaftende Kriminelle verdächtigte. Und auch der 1886 recherchierende schwedische Schriftsteller August Strindberg wird im französischen Festungsort Belfort die »unangenehme Aufmerksamkeit« sogleich bemerken, die seine Notizbücher erregen.[22] Insofern war es wohl wesentlich einfacher, auf einem Schiff mit separierenden Kajüten[23] oder in einer Kutsche mit wenigen Passagieren zu schreiben. Allerdings musste Letztere auf ruhigen Strecken fahren, wo der Wagen den Verfasser nicht »dermaßen stößet«.[24] Andernfalls ließ sich nur an Haltestellen etwas mit einem Bleistift notieren, um es dann später in einem Gasthof mit Tinte nachzuziehen oder auszuarbeiten. Erst die Eisenbahn bringt allmählich eine gewisse Verbesserung mit sich. Mögen schon um 1850 Schriftsteller mit ihrem entsprechenden Lob der Geschwindigkeit, der vielfältigen Aussichten und des Komforts dem Postkutschenzeitalter endgültig ade sagen, sie werden sich dennoch relativ spät über die Bahn als Schreibörtlichkeit rühmend äußern. August Strindberg schreibt 1885 in seiner Frankreich-Reportage, für die er rund 3800 Kilometer zurücklegte, davon vieles per Bahn: »Es ist ein Aberglaube geworden, dass man vom Zugfenster aus nichts sieht. Wahr ist, dass ein uninteressiertes Auge nur eine

Hecke und eine Reihe Telegraphenpfähle erblickt. Nachdem ich mich aber drei Jahre geübt habe, habe ich vom Coupéfenster aus Landschaften, Flora, Bauernhäuser, Werkzeuge in Deutschland, Frankreich, Italien, der Schweiz, in Tirol, Dänemark und Schweden ›referiert‹ und gezeichnet. Ich will allerdings niemandem raten, ein fremdes Land nur vom Coupéfenster aus zu beschreiben, denn die Bedingung dafür, dass man das tun kann, ist ganz einfach: alles vorher wissen. Die Autopsie wird nur eine Verifikation dessen, was man vorher studiert hat.«[25]

Doch selbst wenn man gut vorbereitet eine Bahnreise unternahm, das dortige Schreiben über Brief und Postkarte hinaus war gar nicht so einfach, denn das Eisenbahncoupé mit bequem gefederten wie verstellbaren Sitzen und Klapptischchen, Sonnenvorhängen und Leselämpchen, Heizung und Klimaanlage, oder gar mit einem Bibliothekswaggon wie bei der Transsibirischen Bahn, musste erst noch richtig entwickelt werden. So notiert sich denn der 31-jährige russische Theaterautor Anton Tschechow 1891 lakonisch im Tagebuch für die Bahnfahrt von Petersburg nach Wien: »Gerät zum Schreiben in Zugabteilen ausprobiert. Es geht, man kann damit schreiben, wenn auch schlecht.«[26] Bleibt wenigstens der gesellschaftliche Umgang und Austausch, der allerdings streng nach Klassen separiert war. »Es ist kein Vergnügen, dritter Klasse zu fahren«, schreibt August Strindberg, »aber es ist ein ausgezeichneter Ort, die Mitglieder der Gesellschaft, mit denen man sonst nicht in Berührung kommt, zu treffen und mit ihnen zu plaudern. Sie sind sehr mitteilsam und sind leicht durch eine kleine Höflichkeit zu gewinnen, indem man ihr Bündel aufhebt, den Kindern hereinhilft und sie sofort anspricht.«[27]

Es wird doch noch etwas dauern, bis Schreibende sich im Eisenbahnabteil heimisch fühlen und mit Notizblock oder Laptop ihr wahres Arbeitszimmer auch als fahrbares entdecken.[28] Draußen verändert sich stetig die Aussicht, während drinnen mit den aus- und zusteigenden Passagieren mal verschwiegene

Physiognomien und seltsame Verhaltensweisen mit lautstarken und mal ergreifenden wie banalen Erzählungen und Redeweise wechseln. Und was dabei auch alles aufeinandertrifft und existentiell zusammenfindet, es bleibt letztlich doch nur eine sich temporär begegnende Gesellschaft. Wer hier mit der richtigen Einstellung schreibt, den wirft wohl so schnell keine störende Intervention mehr wie den verhinderten Dichter »Balduin Bählamm« (1883) bei Wilhelm Busch (1832–1908) aus der Bahn. Der Schweizer Schriftsteller Peter Bichsel (*1935) spricht denn auch von einem »ganz billigen Arbeitszimmer«, wo er dank seinem Laptop und der gewonnenen Mobilität das reiche Angebot an Geräuschen, Klängen und Stimmen für seine Kolumnen zu nutzen vermag. Man muss dafür nur geduldig alles Unerwartete aushalten, wie als mögliche Anregung konzentriert verwerten.[29] Das ist letztlich den Aufenthalten in andern öffentlichen Lokalitäten, etwa einer Kneipe oder Cafeteria, durchaus vergleichbar. Und was sich beim fahrenden Schreiben alles abspielt, ist eigentlich als Inbegriff einer Erfahrung der Moderne zu verstehen. Die unterschiedlichsten Parallelwelten treffen zu einem einzigen mehrperspektivisch herausfordernden Eindruck aufeinander: ein den rhythmischen Fahrbewegungen ausgesetzt sitzender oder liegender Körper, die wie ein Film am Fenster vorbeistreifende Landschaft, die Lautpoesie des Fahrgeratters, der komplexe, in sich selbst versunkene innere Erinnerungs- und Gedankenfluss, die Lektüre-Eindrücke und die nahen Gerüche, Geräusche und Gesprächsfetzen der Mitreisenden und Lautsprecherstimmen. Ja, die Scheiben sorgen darüber hinaus noch für eigenartig bewegte Kunstwelten mit Schmutzflecken und Regenspuren oder verwirrenden Lichtreflexen und Spiegelungen, speziell am Abend wie im Dunkeln des Tunnels.

Solche komplexen Bild- und Geräuschwelten werden nicht nur Komponisten, bildende Künstler und Schriftsteller herausfordern, sondern auch allerhand gelehrte Praktiker der Theorie. Denn über all diese unterschiedlichsten Eindrücke legt sich für die »Schriftsteller ohne Schreibtisch als Instrument der Eingebung«[30] noch ein riesiger Reflexionsraum. In ihm lässt sich wie etwa der französische Kulturphilosoph Paul Virilio (*1932) in »Rasender Stillstand« über den Zusammenhang von Kino und Eisenbahn nachdenken.[31] Und dem kritischen Soziologenblick Theodor W. Adornos (1903–1969) wird dabei keineswegs entgehen, wie im Nachkriegsdeutschland nach allem unmenschlichen Grauen letztlich kein »harmloses« Zufallsgespräch, kein »Prosit der Gemütlichkeit« mehr in der Bahn gelingt, von dem man nicht ahnt, dass es »auf Mord hinauslaufen« muss.[32] Dagegen wird der österreichische Verhaltensforscher Konrad Lorenz (1903–1989) hier »den besten Ort« wittern, »um die abstoßende Wirkung intraspezifischer Aggression und ihre Funktion bei der Gebietsabgrenzung zu studieren« – sprich, wie man mit dem Bedecken der Sitzplätze mit Mänteln und Gepäck oder mit hochgelagerten Füßen den eindringenden »Revier-Konkurrenten« aus dem Zugsabteil zu vertreiben sucht.[33] So lässt sich zusammenfassend mit dem französischen Kulturtheoretiker Roland Barthes (1915–1980) sagen: »Im Zug habe ich Ideen: um mich herum ist ein Auf- und Abgehen, und die Körper, die vorbeigehen, handeln wie Wege-Ebnende.« Von diesem bedenkenswert anregenden Raum grenzt er beispielsweise das neuere wie schnellere Luftverkehrsmittel mit wenig Beinfreiheit bewusst ab: »Im Flugzeug ist das Gegenteil der Fall: ich bin unbeweglich, in mich zusammengesunken, blind; mein Körper und mit ihm mein Intellekt sind abgestorben: mir steht nur das Vorbeigehen des gelackten, abwesenden Körpers der Stewardess zur Verfügung, die wie eine gleichgültige Mutter zwischen den Wiegen einer Kindertagesstätte auf- und abgeht.«[34]

Diese Unbeweglichkeit gilt auch für das Auto, nicht so sehr wegen beschränkter Raumverhältnisse, sondern weil hier der Autor gar noch der Fahrer ist. Er kann also im besten Fall visuelle und akustische Außeneindrücke aufnehmen, aber das gleichzeitige Lesen und Schreiben entfällt in noch weitaus größerem Maße als bei den vormals bedächtigen Kutschenfahrten und Pferderitten. Der fahrende Schriftsteller wird am Recherche-Ort irgendwo korrekt parken müssen, um dann wie Vladimir Nabokov (1899–1977) in den USA 1954 auf dem Rücksitz seines vielgeliebten Buick am »Lolita«-Roman zu arbeiten, so wie der amerikanische Schriftsteller John Steinbeck (1902–1968) im eigenen Campingwagen namens »Rosinante« in Fahrpausen schreibt, seinen Pudel Charley zu Füßen. Der steinreiche französische Schriftsteller Raymond Roussel (1877–1933) lässt sich 1925, wohl von Jules Vernes Technikutopien inspiriert, für seine Reise von Paris nach Rom eigens sogar einen riesigen Postbusartigen Reisewagen mit Schlaf-, Bade- und Arbeitszimmer bauen. Doch dieser Prototyp von Schreibmobil hat sich bis heute ebenso wenig durchgesetzt, wie wohl auch der auf der Autobahn bei Oensingen im Schweizer Kanton Solothurn im April 2002 mit 140 Stundenkilometern vom Radar geblitzte und entsprechend verzeigte Autofahrer einmalig bleiben dürfte, der während des Rasens auf dem Steuerrad Akten studierte.

Aber vielleicht ist da im Geschwindigkeitsrausch auch längst alles mehr oder weniger durcheinandergeraten, Gefahr und Sicherheit, die ganze Hierarchie innerhalb der Parallelwelten – zuerst lesen oder fahren? – sowie ganz grundsätzlich das Draußen und Drinnen. Ist der Blick aus dem Autofenster nur mehr eine distanzierte Kamera-Einstellung in einem Roadmovie? Wohl eher ein Computer-Cockpit, in dem das Eintauchen in die beliebig belebten Fernseh- und Computerbildschirme im Grunde sowieso alles reale und künstliche Leben austauschbar macht. Im faszinierenden, interaktiven wie virtuellen Second Life wird am Ende sogar das richtige Leben vergessen.[35] Es ist beinahe so, als sähe man im Traum aus einem Raum durchs Fenster hinaus, um dabei gleich wieder in denselben Raum telegen hineinzuspähen.[36] Denn aus dem einstigen Werkzeug der tragbaren, aber laut hämmernden Schreibmaschine sind spätestens mit der Entwicklung neuer digitaler Schreibtafeln wie Laptop, Handy und iPad kleine flache Werkstätten entstanden, die gleichzeitig Lese- und Anschauungsstoff beinhalten: Produktionsmöglichkeiten mit Schrift, Bild, Ton, Graphik und Links, die einen Zugang zu geradezu unerschöpflichen Archiven, Bibliotheken sowie vom globalen Informationsaustausch bis zum leichtfertigsten Unterhaltungsspiel oder Chat mittels Internet-Diensten und E-Mail- oder SMS-Anbietern eröffnen. Damit trägt man ohne große Anstrengung sein Büro, »die ganze Studiermaschine«[37] samt telefonischer Erreichbarkeit und zerstreuender Hintergrundmusik hinaus in die Parkanlagen, Cafés oder Eisenbahnen.

Die Euphorie über dieses iBook, diesen neuen »digitalen Lebensabschnittspartner«,[38] wie ihn der deutsche Schriftsteller Matthias Politycki nennt, ist riesig, auch wenn man mit ihm bisweilen technisch und ohne Sicherheitskopie ärgerlich abstürzt. Eine kleine Zerstreutheit beim Speichern und schon verschwinden exklusive E-Mails für immer, wie die Schriftstellerin Katharina Hacker berichtet. Oder der Laptop wird wie etwa dem Autor Christian Kracht in Paraguay mitsamt allen literarischen Ideen-Notaten und dem spanischen Schriftsteller Juan Manuel de Prada in Madrid inklusive fertiges Romanmanuskript gestohlen. Letzteres bleibt allerdings bei aller Verzweiflung wohl infolge der digitalen Password-Sicherung weitaus weniger peinlich, als wenn man, wie etwa der englische Satiriker Jonathan Swift (1667–1745), sein analoges Tagebuch in einem Gasthaus liegenlässt. Dort fand es das Zimmermädchen und konnte es dem Konkurrenten Alexander Pope (1688–1744) problemlos zuspielen. Alles in allem geht so gesehen allmählich selbst der eitle Schriftsteller gerne das Risiko eines sonst heftig bemäkelten Stilfehlers ein, nämlich mit dem elektronisch piepsenden wie klappernden Gerät in der Öffentlichkeit »wie einer dieser Versicherungstortengrafiker auszusehen«.[39] Denn mit den vernetzten Computern sind auch interessante mobile Schreiborte im Internet entstanden. Das sind quasi imaginäre Schreibflächen irgendwo im Datenraum eines Providers, wo sich von überall aus leicht und schnell literarischer Trash generieren lässt, »Abfall für alle«, wie der gleichnamige Internet-Roman von Rainald Goetz aus dem Jahr 1998 eindrücklich vorführt. Wer sich auf dieses unmittelbare, geradezu naiv kunstlose »Loslabern« so gut wie Goetz in seinem Blog-Roman »Klage« (2007/8) versteht, wird mit täglich notierten Fragmenten durchaus abwechslungs- wie temporeich »eine ganze Weltchronik erstellen«.[40] Gleichzeitig eröffnen sich damit ebenfalls neue Möglichkeiten der Verbreitung von Literatur. Mit interaktiven Hyperfictions auf dem Netz können Lesende selber spielerisch den nicht linearen Text für sich neu strukturieren.[41] Und auf Twitter und Facebook verfasste Kurzgeschichten, bisweilen zu ganzen Romanen vereint, lassen sich ebenso schnell in Fan-Communities verbreiten wie die in Japan so beliebten SMS-Romane, deren tägliche Fortsetzung auf dem Mobiltelefon abonniert werden kann. Bemängelt wird bei der Computerarbeit allenfalls, dass man über all den offerierten Ablenkungen das Schreiben selber vertrödelt, sowie der unerklärliche Hang, damit in aller Öffentlichkeit eine unabdingbare geschäftliche Arbeit immer wieder nur vortäuschen zu wollen. Ob tatsächlich noch kulturpessimistisch der Untergang der Sprache oder der Tod des Autors im demokratischen Feld der Bloggenden ansteht, bleibe vorerst dahingestellt.

Auf jeden Fall sind die optimistischen Erwartungen aller nur erdenklichen Vorteile der Mobilität davon unberührt. Doch bei aller Reiseerleichterung, ein Moment von temporärer Immobilität verschwindet nie ganz: Wer den Laptop auf den Knien hält, kann nicht einfach auf und davon gehen, nur weil er den Blick aus dem angeklickten Bildschirm-Fenster auftauchen lässt und nun mehr als nur in den ihn umgebenden riesigen Realraum[42] hineinkieken möchte. Man müsste die ganze technische Apparatur eben im Kopf haben, wo man ja seit je schon die geistige Kabinettsarbeit zu tätigen hatte. Der Dichter Christian Morgenstern (1871–1914) beschreibt 1893 Letztere denn als Nachtgedanken im Bett folgendermaßen: »Mein Kopf kam mir wie eine große, stumme Werkstatt vor, in der unzählige Gesellen lautlos geschäftig arbeiteten. Ich hatte jeden Gesellen fest im Auge, und wenn ich einen loben oder tadeln wollte, so sprang auf meinen stummen Augenwink ein Obergeselle hervor und tat nach meinem Willen. Das waren die reflektierenden Gedanken. Ich kam mir vor wie ein Kaiser, der seine Truppe vorbeidefilieren läßt. Die Schwadronen stoben vorüber und jeder einzelne sah mich an und grüßte mit dem Säbel. Und eilende Ordonnanzen flogen auf meinen Wink und sprachen die Kritik aus, die sie mir von den Augen abgelesen hatten. Und sie sagten: ›Der Feldherr ist unzufrieden‹ oder ›Seht, wie heiter er blickt‹ ... Mein Kopf erschien mir ein Kaleidoskop. Und ich sah hinein, wie ein Kind in sein Spielzeug, und schüttelte es, daß die bunten Glassplitter sich zu tausenderlei merkwürdigen Kombinationen zusammenfügten. Und endlich war es mir so: Ich dünkte mich der unendliche Weltgeist und mein Körper, der unter mir lag, spiegelte sich in mir. Er erschien mir wie ein Stück Natur, und ich faßte ihn auf. An sich schien er mir nichts; durch mich nur, in Beziehung auf mich. Ich war die geistige Luft, in der die Gedanken, die er gebar, schwingen und Ton werden konnten. Ich war aber auch zugleich das Ohr, das sie vernahm und der Mund, der sie zurückgab. Ist der Mensch ein Zwiegespräch zwischen dem Weltgeist und der Materie?«[43]

Das bleibt ein poetischer Blick eines Schlaflosen in den eigenen »Studienkopf«, in die eigene geistige Werkstatt. Mag die heutige Neurologie interessanterweise auch vom Gehirn als »Arbeitsraum«[44] sprechen, so bleibt doch unklar, wie diese seit langem von Autoren erträumte »Maschine« wirklich herzustellen sei, die mit dem jungen Nietzsche von 1862 zu sprechen, »unsre Gedanken auf irgend einem Stoffe, unausgesprochen, ungeschrieben, abzuprägen« vermag.[45] Ob mit Cyberspace-Helm, Mikrochip-Implantaten oder anderweitigen neurotechnologischen Ein- und Zugriffsmöglichkeiten auf das menschliche Gehirn, bei all diesen Versuchen, den Kopf und das Büro in einem zu verschmelzen, bleibt die Hemmschwelle ungemindert, man könnte dabei möglicherweise mit dem virtuellen Fenster den Ausblick in die Realwelt allzu sehr vermauern. Dann wäre die Wahlmöglichkeit endgültig verbaut, ob drinnen oder draußen zu arbeiten sei. Und wie viele Schreibende, darunter große Reisende und Menschenbeobachter wie Mark Twain (1835–1910), haben nicht trotz all ihrer vielfältigen Recherchen den Schreibort letztlich dennoch allein im Wohnraum fixiert. Die kanadische Gegenwartsautorin Alice Munro rückte den Schreibtisch sogar aus Konzentrationsgründen vom Fenster weg an die Wand.[46] Und mögen die eigenen Realräume um einen unabwendbar gezogen sein, so lässt es sich gerade dadurch nur noch besser von drinnen nach draußen grübeln, durch den Weltinnenraum der Imagination und Phantasie hindurch. Literatur bedient sich entsprechend für ihre Stoffe nicht ungern an all diesen endlosen, wabenartig aneinandergereihten, ungeheuer verlockenden Wunschräumen. Text und Schreibort werden so mitunter eins. Das Nachdraußenblicken beim konzentrierten Arbeiten geht darüber geradezu vergessen. »Ein Gentleman«, sagte schon Oscar Wilde, »schaut niemals aus dem Fenster.«[47]

Wieder im irdenen Pisspott

Vielleicht muss man sie doch noch einmal kurz vorweg erzählen, diese plattdeutsche Wunschgeschichte in der berühmten Märchenlese der Brüder Grimm. Da war einmal die sagenhafte Rede »Von dem Fischer un syner Fru«.[1] Er zog einen großen Butt an Land, warf ihn aber auf sein Bitten hin mitleidig wieder ins Meer. Allein des Fischers ehrgeizige Ehehälfte namens Ilsebill wollte mehr vom dankbaren Wunderfisch: wenigstens allerhand neue Machtpositionen wünschen. Und allsobald saß man schon in den dazugehörigen Räumen: zuerst in einer kleinen bescheidenen Hütte, dann in einem stattlichen Gehöft und schließlich sogar in Palästen, die sich mit denen von Königen, Kaisern und Päpsten durchaus vergleichen lassen konnten. Als aber das Wünschen immer unersättlicher geworden sei, ja, sogar die gierige Lust nach einem wahrhaft göttlichen, absoluten Raum aufgekommen, da sei es dem Fisch zu bunt geworden und er habe ihre ganze bisherige Pracht allwieder rückverwandelt in den eklig stinkenden Pisspott, worin sie ursprünglich gewohnt hatten. Und da sitzen sie noch, die beiden, bis auf den heutigen Tag.

Eine äußerst wechselvolle Geschichte, die selbst etwas von all den märchenhaft anmutenden Entwicklungen des literarischen Arbeitsortes aufscheinen lässt. Es gehen da so allerhand Autoren ihren Weg von der Studenten- und Lehrlingsbude unterm Dach, über die dank stetiger Einnahmen zahlbare Mietwohnung bis hin zum eigenen Haus des Erfolgsgekrönten oder eben auch zur Kellerhöhle eines tragisch Gescheiterten. Und vielleicht gibt es bei all dem just noch eine anekdotenreiche Portion Ilsebilliges, wenn allzu Ehrgeizige ihren schreibenden Ehepartner im Arbeitszimmer zwecks Produktionssteigerung sogar einsperren: Während die französische Autorin Sidonie-Gabrielle Colette (1873–1954) zu Hause ihre erfolgreichen »Claudine«-Romane für ihren Ehemann Henry Gauthier-Villars verfassen muss, amüsiert sich dieser als Salonlöwe in Gesellschaft, und die Femme fatale Alma Mahler wird den unsteten Prager Dichter Franz Werfel (1890–1945) mit derart konsequentem Anhalten zur regelmäßigen Arbeit überhaupt erst zum erfolgreichen Autor machen. Wie auch immer, solche biographischen Wegstationen, dieses Auf und Ab der Wohn- und Arbeitsumstände von professionell Schreibenden interessieren und faszinieren noch heutzutage. Jedenfalls kommt keines der unzähligen literarischen Werkstattinterviews an der Frage vorbei: »Was brauchen Sie zum Schreiben?« Eine Frage, die noch in aller Öffentlichkeit zu stellen vor 1900 als überaus taktlos gegolten hätte. Aber mit der aufgekommenen Verehrung von Schriftstellern und ihren Arbeitsstätten geht die Vorstellung einher, man sollte sich all die mehr oder weniger famosen Schreibumstände nicht allein nur durch stille Anschauung oder die Lektüre von Memoiren und Biographien zu erschließen wissen. Die berühmteren Dichter und Denkerinnen sollten doch ihr Geheimnis um die Produktionsörtlichkeit wenigstens für die zeitgenössische Allgemeinheit der Illustrierten- und Zeitungsleser lüften. Das sind Verständnishilfen, die weit über literaturwissenschaftliches Interesse hinausgehen. Vielleicht können solch informative Geheimrezepte ja noch die in jedem Lesenden schlummernde, unentdeckte Literatur hochwertig zutage fördern. Doch zunächst weckt eine solch banale Umfrage der feuilletonistischen Berichterstattung nur mehr eine ganz eigene Kultur, nämlich die der bescheidenen Antworten. Es braucht letztlich so wenig zum Schreiben: ein Zimmer, ein Tisch, ein Stuhl und Schreibzeug.

Ja, möglicherweise ist das gar noch viel zu viel. Eine individuell angepasste Grundatmosphäre im einfachsten Raum im Sinne einer isolierenden »Klosterzelle«[2] genügt doch, um schreiben zu können. »Ich kann fast überall schreiben«, sagt der deutsche Schriftsteller Ingo Schulze beispielhaft. »Am besten ist, wenn ich lange an einem Ort sein kann und in Ruhe gelassen werde. Das kann von mir aus in irgendeinem Wald sein oder auch in New York, es kann in Altenburg sein oder hier in Berlin. Wichtig ist, dass man sozusagen heimkommt.«[3] Das Zu-sich-selber-Kommen als Urzelle allen Denkens und Schreibens. Und so spricht denn auch der Dresdener Lyriker Durs Grünbein davon, dass im intensiven, alles absorbierenden Schreiben, sich »Raum und Zeit« sowieso stets verflüchtigen würden.[4] Das klingt nach wunschlosem Literatenglück im Zeitalter globalisierter, übers Internet vernetzter Arbeitszimmerwelten. Aber zunächst berichten nach dem Zweiten Weltkrieg mehr oder weniger boulevardeske Homestorys ebenso wie die edel bebilderten Reportagen und Fotobände[5] mit Prominenten des Literaturbetriebs noch gerne exklusiv und fotogen aus unzähligen solcher literarischen Wohn- und Arbeitsstätten. Doch ob aus Kostengründen in Altbauten gewählte Einzimmerwohnungen, die letztlich zur klassischen Dachkammer tendieren, oder ob großzügige Hausbauten zeitgenössischer Architektur, was immer man da vom Arbeitszimmer vorgeführt bekommt, es wirkt in der vorgefundenen wie arrangierten Mischung aus Lebens- und Arbeitszeichen selten sehr aufschlussreich. Ein Tisch, ein Schreibgerät, wenig Zubehör, ein Stuhl, eine Liege und viel Papier.

Statt stiller, abgeschiedener und weiter Zimmer, in denen sich der exquisite »Triumph der Möbelpoesie«[6] vergangener Jahrhunderte noch zur Geltung bringen konnte, hat man jetzt in den eng umgrenzenden Wänden endgültig »die Vorhänge heruntergerissen und die Plüschmöbel zum Fenster hinausgeworfen, den Trödel aus den Warenhäusern und die ›Gipsbüste der Pallas‹«.[7] Athene, als gewappnetes Ebenbild ihres Vaters Zeus, als göttliche Beraterin und weise Kulturvermittlerin braucht die Schriftstellerstätte von nun an nicht mehr geistig zu beschützen. Die »mythische Kraft«[8] des Arbeitszimmers will sich ganz von selber erweisen, indem dieses ohne viel Brimborium seine ästhetisch repräsentative Wirkung, seine Eleganz allein vom dort Arbeitenden und seiner Anschauungswelt beziehen möchte.[9] Das karg möblierte Appartement von »Monsieur Teste« (1926), dieser intellektuell genau die Welt beobachtenden, gänzlich auf sich selbst gestellten Hauptfigur im gleichnamigen Prosazyklus des französischen Schriftstellers Paul Valéry (1871–1945) ist dabei ganz unbewusst die Stilvorgabe. Und so gesehen ist das Zimmer ja immer gerade so groß, wie sich sein darin Schreibender gedanklich fühlt. Es dient vornehmlich als diskreter Rückzugsort für ein alles dominierendes Werk.[10] In ruhiger Abgeschlossenheit wie größtmöglicher Arbeitsfreiheit kultiviert sich dann der blindwütige Schreibfuror genauso wie auch die alles wieder unterbrechende und reflektierende Distanznahme zur eigenen Arbeit.[11] Bei aller konzentrierten Enge am Schreibtisch, es braucht doch auch stets »eine Wohnfläche, die erlaubt, beim Nachdenken auf und ab zu gehen«[12] oder die Bodenfläche mit Arbeitsmaterial zu belegen.

Die allgemeine Wohn-Normierung von der armseligen Substandardwohnung ohne Bad – Zimmer, Kuchl, Kabinett heißt das bekanntlich im Wienerischen – bis zum Reihenhäuschen und die »in industrieller Herstellung massenweise gestanzten Wohngeräte aus Stahl und Furnierholz«[13] ordnen sich all den Schreibarbeiten unter und geben am liebsten nur die Strukturen der nüchternen Arbeitsräumlichkeit preis. So entsteht der Eindruck eines abgesonderten, vielleicht nur zusätzlich gemieteten Arbeitszimmers als einer Werkstatt, eines »Büros«, in dem viele ihre tägliche Schreibarbeit »wie ein Beamter«[14] hinter sich bringen. Das ließ sich allerdings schon im 19. Jahrhundert beobachten, diese Gemeinsamkeiten von außerhäuslichem Geschäftskontor und dem vom familiären Haushalt separierten,[15] literarischen Arbeitszimmer. Beide Tätigkeiten fesselten offensichtlich gleichermaßen ans Pult und benötigten Sekretäre und Sekretärinnen zum ausführlichen Diktat. Und so wirkt denn eben auch alles Inventar in seiner platten Nüchternheit wie im modernen Büro, in dessen Räumen aus Glas und Stahl es schwerfällt »eine Spur zu hinterlassen«,[16] weder besonders anziehend, noch sehr beeindruckend. »Die billige Würde« der Grundausstattung lässt sich allein unter dem Gesichtspunkt der erleichterten Reinigung, der Wohlfeilheit und Effizienz, was Handlichkeit sowie Bequemlichkeit betrifft, richtig ermessen. Und je nachdem wie kahl die Wände oder der Schreibtisch damit bleiben, es wird einzig und allein die vorhandene Büchermenge von einem dekorativen Luxus in der zeitgenössischen Schreibstube reden. Aber selbst diese müssen nicht mehr sakrosankt in Griffnähe vom Pult aus vorhanden sein.[17] Stattdessen halten seit 1900 vermehrt elektrisches Licht und voluminösere Schreibmechanik als neuste Technik Einzug in die gelehrten Arbeitsstuben und beginnen diese auch noch in ihrer wünschenswerten Ausgestaltung gewichtig zu beeinflussen. Wenn der französische Kulturtheoretiker Roland Barthes 1973 den Arbeitsraum in »eine gewisse Anzahl von funktionalen Mikro-Orten aufgeteilt« sieht,[18] so denkt er zunächst an verschiedene Tische für das Ausbreiten der unterschiedlichsten Arbeitsmaterialien, wovon einer speziell für die Schreibmaschine gedacht ist.

»Hurrah!«, wird der Philosoph Friedrich Nietzsche (1844–1900) seiner Schwester Elisabeth 1882 aus Genua schreiben. »Die Maschine ist eben in meine Wohnung eingezogen […].«[19] Es ist in dem Fall eine leichte, bereits nach dem Transport einmal reparierte Schreibkugel, die der dänische Pastor Rasmus Malling-Hansen 1867 entwickelt hat. Doch nur allzu bald wird sie dem in Großbuchstaben und gebundener Rede[20] herumtippenden

Experimentator Nietzsche wieder kaputtgehen. »Das verfluchte Schreiben! Aber die Schreibmaschine ist seit meiner letzten Karte unbrauchbar; das Wetter ist nämlich trüb und wolkig, also feucht: da ist jedesmal der Farbenstreifen auch feucht und klebrig, so daß jeder Buchstabe hängen bleibt, und die Schrift gar nicht zu sehn ist. Überhaupt!! – – –«[21] Es war offensichtlich noch verfrüht, sich auf eine neue Buchstaben-Klaviatur mit allen zehn Philosophen-Fingern oder wenigstens mit zwei wirklich zufriedenstellend einlassen zu können. Wer sich dann aber der ausgereifteren Schreibmaschine verschrieb, um wie »ein Esel in einer Tretmühle« zu schreiben,[22] den überwältigten bald einmal ihre Vorteile. Der Schriftsteller Henry James (1843–1916) wird selbst noch auf dem Sterbebett nach seiner Remington-Schreibmaschine verlangen. Denn dieses »kooperative Ding«[23] ermöglicht sensationell Neues in der eigenen Literaturwerkstätte: ein an die Typographie des Gedruckten erinnerndes, leicht lesbares Manuskript-Schriftbild, mehrere identische Durchschläge, leichtere Korrektur als bei sonst schwer entzifferbaren Handschriften und nicht zuletzt noch ein erhöhtes Schreibtempo – auf 110 Wörter pro Minute wird es etwa der amerikanische »On the Road«-Autor der Beat-Generation Jack Kerouac bringen. Zudem lässt sich mit ihr leicht von Tisch zu Tisch ziehen, eine Reparatur ist mechanisch einfach zu bewerkstelligen und zu all dem verschafft sie eine eigentümliche Armkondition. Was Hermann Hesse (1877–1962) etwa in einem Basler Dachzimmer und im Tessiner Dorf Montagnola allmählich als »Steppenwolf«-Roman »nur für Verrückte«[24] konzipiert und ausarbeitet, wird er anschließend 1927 in seiner Zürcher Zweizimmermansarde am Schanzengraben 31 in wenigen Wochen auf der »Lokomotive« genannten Schreibmaschine heruntertippen. »Tag für Tag, mit schmerzenden Augen und mit schmerzenden Gicht-Händen« entsteht das Typoskript eines Werks, das ihm »schon jetzt zum Kotzen entleidet« ist und dennoch seinen Weltruf begründen wird.[25]

Klar, machte diese Lokomotive ohne Dampf und Ruß allerhand klappernden und klingelnden Lärm. Sie gab damit dem Schreiben einen eigenen Rhythmus vor, was im Übrigen auch bei den in den 1960er Jahren nachfolgenden, laut summenden und vibrierenden elektrischen Varianten nicht wesentlich zu beheben war. Aber all das störte offensichtlich die Benutzer je länger, je weniger, so wie der Blickfang einer Schreibmaschine von nun an auf den Schreibtischen kaum mehr wegzudenken war. Technische Wunschwelten zeichneten sich immer konkreter am Horizont ab. Der Schriftsteller Alfred Polgar orakelt etwa: »Der Tag, an dem es gelungen sein wird, den Schriftsteller ganz auszuschalten und die Schreibmaschine unmittelbar in Tätigkeit zu setzen, wird das große Zeitalter neuer Dichtkunst einleiten.«[26] Bei solchen Wunschvorstellungen hielten denn gleichzeitig Errungenschaften der Geschäfts- und Amtsstuben weit über Papierschere, Klebstoff, Büroklammern, Karteikarten, Ablagen, Aktenordner, Korrekturflüssigkeiten, Haftnotiz-Zettel und Leuchtstifte geräuschvoll wie unaufhaltsam Einzug in die gelehrten und dichterischen Arbeitskammern. Wenn der führende Architekt der Moderne, der Schweizer Le Corbusier (1887–1965), von einem Wohnhaus 1921 als »Wohnmaschine« spricht,[27] so ließe sich von nun an auch der Arbeitsraum als »Maschinenraum« beschreiben. Denn der »Fernhörer« wird sich mit einem Mal auf dem Schreibtisch statt wie ursprünglich im Gang an der Wand wiederfinden, »daß wir der Kunde aus aller Welt lauschen können«[28] und damit zugleich sein Klingelzeichen zutiefst ersehnen oder schlichtweg ignorieren. Denn das Telefon auf dem Schreibtisch ist umstritten: »Ich fühlte mich«, schreibt Virginia Woolf 1929, »als wäre das Telephon an meinem Arm festgeschnürt & jeder, der wollte, könnte an mir zerren.«[29] Hinzu gesellen sich Plattenspieler, Radio, Tonband oder Fernseher, wie er bereits um 1900 als »Bildtelefon« utopisch ins Arbeitszimmer hineinprojiziert wurde.[30] Ob noch Telefax, Fotokopierer, Videorekorder oder Scanner, ob Diktiergerät, Hi-Fi-Turm, Walkman oder CD-

Spieler dazukommen, all diese Geräte bereiten im literarischen »Einmannbetrieb«[31] eigentlich nur den Einzug eines neuen, alle Textarbeiten, Sozialkontakte und Unterhaltung vernetzenden Hauptgerätes vor: der Computer.

»Meine Lebensmaschine« nennt sie der Schriftsteller Ingo Schulze, wenn er über seine damit herunter »ratternde« Schreibarbeit[32] schwärmt, die infolge leichter Lösch- und Kopiervorgänge[33] unbefangener und keineswegs nur streng linear einen Text entstehen lässt. Darüber hinaus ist am Bildschirm anschließend auch leichter zu korrigieren und nach eigenen Vorstellungen visuell zu gestalten oder gar mit sogenannten Links ein Hypertext hergestellt. Aber mag sich das literarische »Labor«[34] mit noch so viel Elektrotechnik gefüllt haben, trotz allmählicher Miniaturisierung der Geräte wird die gedämpfte elektronische Geräuschkulisse immer noch beklagt, wie zugleich auch der stetig anwachsende Auswurf an Texten sowie die zunehmend komplizierter werdende Situation für eine nachhaltige digitale Speicherung über längere Zeiträume. Und obwohl die Visualisierungen auf den Bildschirmen und Displays eine ganz neue Ästhetik erschaffen haben, bleibt die funktionale äußere Geräteform nach wie vor vom Benutzer unbeeinflussbar und entsprechend in ihrer Raum beanspruchenden ästhetischen Qualität auch umstritten. Ja, die Maschinen, um es mit dem angloamerikanischen Lyriker Wystan Hugh Auden (1907–1973) zu sagen, bereiten den Poeten eben ganz eigene »Sorgen«.[35] Virginia Woolf wird 1929 über ihren Ölherd, der »warme Mahlzeiten zu jeder Tageszeit möglich« macht aufatmen, wie viele bürgerliche Autoren um 1800 sich über die vereinfachte Vorratswirtschaft und die von der Hausfrau oder Haushälterin besorgten vier täglichen Mahlzeiten freuen. »Und so sehe ich mich freier, unabhängiger […] in der Lage, mit einem Kotelett im Beutel herzukommen & allein zu leben.« Doch was Woolf in ihrem Refugium in Rodmell von den Störungen durch ein aufwendig kochendes und servierendes Dienstpersonal befreit, wird sie wiederum viel Schreibzeit für den Abwasch, Putzen und Einkauf kosten.[36] Aber auch Zentralheizung, Luftbefeuchter und Klimaanlage werden es schwer haben, alle Temperaturwünsche richtig zu erfüllen: Während die deutsche Autorin Brigitte Kronauer etwa bei geöffnetem Fenster im Arbeitszimmer »lieber ein bisschen friert«, braucht Gabriel García Márquez überall »die gleichbleibenden 30 Grad Celsius Mittelamerikas« zum Schreiben.[37] Wie sehr technische Geräte vom Thermoskrug und Tauchsieder bis zur Kaffeemaschine im Einzelfall auch für eine angenehme und erleichternde Arbeitsatmosphäre sorgen, in Material, Design oder Wirkungsweise können sie sich dennoch als zunehmend unerfreuliche Störfaktoren im Studienraum erweisen. Aber wer hat und vermag schon all diese technischen Errungenschaften? Wem soll das denn nur alles nützen, der ganze Elektrokabelsalat mit den »stumpfsinnigsten Computerproblemen«?[38] Und schon haben wir ihn, den Streit um die Vorherrschaft der traditionellen oder neuen Schreibmedien. Soll man Poesie und Prosa mit Füllfederhalter, Hermes-Baby-Schreibmaschine oder Computer schreiben? Eine neue Art der Querele von Alten und Modernen, wie sie die Aufklärer im 18. Jahrhundert nicht schöner hätten erfinden können.

Solche Streitlust ist nicht nur ein Resultat von gewachsener Sensibilität oder neurotischer Wahrnehmung. Es mag auch damit zu tun haben, dass über allzu viel komplexer Technik das aktiv »gestaltende« Wohnen zunehmend eingeengt wird und einem passiven »Gastdasein« im Raum gewichen ist.[39] Und mit wie wenig typisiert sich eigentlich ein literarisches Werk und sein Urheber: Hemingway hängt sich einen Antilopenkopf, Brecht Marx- und Engels-Fotos oder Heidegger eine Schwarzwaldlandschaft an die Wand. Denn ob aufgeräumt oder gepflegtes Durcheinander, ob Ficus oder Katze, ob Lieblingshintergrundmusik oder auflockerndes künstlerisches, häufig ironisierendes Dekor, im Grunde genommen vermögen eigentlich nur noch zwei angestammte Möbelstücke die Büro-Aura wirklich zu durchbrechen: Schreibtisch und Sofa. Und bei beiden zeigt sich denn auch eine bezeichnende Nostalgie nach einer Art Herzstück im Mobiliar, das vielfach als Antiquität[40] aus zweiter Hand oder Spezialanfertigung mit Aura gedacht wird. Vom wertvollen oder großen Schreibtisch aus lassen sich alte überkommene Schreib- und Denkhaltungen leichter imitieren oder gar die entsprechende individuell gestaltete Auslage darauf stilvoll kopieren. Er ist als »ein Bollwerk gegen das Leben«,[41] egal ob die aufgeräumte oder chaotische »Struktur«[42] des Schreibens dabei aufscheint, ein alle Zeit vergessen lassendes Arbeitsinstrument von »fast mystischer Qualität«.[43] Und zugleich wird das Am-Pult-Sitzen zur Möglichkeit distanzierter literarischer Selbstbeobachtung. Der deutsche Schriftsteller Rainald Goetz erzählt in seinem Roman »Dekonspirations«: »Martin hat zu Katharina gesagt: er muss das Gefühl haben, wenn er am Schreibtisch sitzt, das würde sexy ausschauen. ›Wie?, sexy?‹, hatte sie gefragt. ›Ja, sexy‹, ob sie das nicht kennt? Nee, auf die Idee war sie noch nie gekommen. Er: er muss sich lässig angezogen fühlen, das Zimmer muss aufgeräumt sein, der Schreibtisch, der Computer, die Bücher um ihn rum, der Kaffee, den er trinkt. Er würde sich selber immer in einer Filmszene sehen, beim Arbeiten. Katharina kam das komisch vor.«[44] Mag das Sich-Inszenieren am Schreibtisch auch noch so komisch wirken, »das Dasein des Schriftstellers ist wirklich vom Schreibtisch abhängig«, wie Franz Kafka 1922 an Max Brod schreibt, »er darf sich eigentlich, wenn er dem Irrsinn entgehen will, niemals vom Schreibtisch entfernen, mit den Zähnen muß er sich festhalten«.[45]

Ähnlich lässt sich dann wohl auch auf dem Sofa oder Bett beharren, wenn beides bloß »eine Ableitung des Schreibtischs« sein soll.[46] Ein horizontaler Rückzugsort, eine Art »Treibhaus«,[47] um Energie zu tanken nach erschöpfender Schreib- und Denkarbeit oder gar nach übermäßigem Alkoholgenuss wie beim amerikanischen Schriftsteller William Faulkner. Es mag ein horizontales Denken und Schreiben geben, wie es bei Bettlägerigen unabdingbar ist. Aber bei komplexen Arbeitsprozessen wirkt es in seiner Unbequemlichkeit geradezu absurd. Roland Barthes schreibt über Marcel Prousts entsprechend anstrengende Arbeitsweise in seinem tagelang ungemachten Bett, das sich heute im Pariser Musée Carnavalet befindet: »Draußen leiden die Leute unter der Hitze, doch er schreibt unter sieben Wolldecken, einem Pelz, mit drei Wärmflaschen und Feuer, ganz abgesehen von mehreren Schichten Rasurel-Wäsche und Pyrenäenschafwolle auf dem Leib – Schreibt also im Liegen, mit einem schlechten Schulfüllfederhalter, das Tintenfass fast immer leer (und, wie schon gesagt, das Augenlicht lässt nach). Schreibt Seite um Seite in unbequemer und angespannter Haltung: einzelne, auf dem Bett wie Riesenkonfetti verstreute Blätter; hat Schwierigkeiten, zu der geschriebenen Seite zurückzukehren, um sie noch einmal zu lesen oder zu korrigieren (man hat gesagt: daher die Kompliziertheit der Sätze, aber das glaube ich nicht).«[48]

Nun, Schreibbrett und neuerdings auch Laptop erlauben allerdings liegende, bequeme Schreibpositionen, in denen sich wesentlich leichter durchaus vernünftige wie lesenwerte Schreibresultate erzielen lassen. Und sei es auch nur halb liegend auf dem Sofa, mit den Füßen auf dem Kaffeetischchen vor einem, um auf den angewinkelten Beinen schreiben zu können. All diese unkonventionellen Arbeitshaltungen, die so gar nicht dem üblichen Bürobetrieb entsprechen, und das flexible Wandern mit dem digitalen Arbeitsplatz in der Wohnung oder im Freien verbergen kaum eine bewusst provokativ gemeinte Schreibpose gegen alles Überkommene und Angelernte im Arbeitszimmer. So geraten auch die gewichtigen bürgerlichen Schreibmöbel in die Kritik und werden wie etwa schon beim Dichter Charles Baudelaire im 19. Jahrhundert gleichsam als Symbol des wohlgeordnet Verstaubten gänzlich aus der eigenen Schreibstube verbannt. Wenigstens zeigt ihn 1848 das von Gustave Courbet (1819–1877) gemalte Porträt in einem einfachen, geradezu rustikalen Interieur lesend an einem ganz gewöhnlichen Tisch.

Damit sind ziemlich alle bisherigen Vorstellungen eines richtigen, kultivierten Schreibzimmers in Frage gestellt und derart bleibt der Bezug von schönem und hässlichem, von gemütlichem und praktischem Schreibort zur Qualität des hervorgebrachten Textes in einem merkwürdig ungeklärten Zusammenhang. Oder wird gar radikal die kleine isolierende wie nüchterne Arbeitszelle als denkerische Black Box angestrebt? Vielleicht im Sinne der legendären Wohn-Tonne des griechischen Querdenkers Diogenes von Sinope (4. Jh. v. Chr.) oder eines Orgon-Akkulmulators, wie der österreichische Psychoanalytiker Wilhelm Reich (1897–1957) seinen Faradayschen Energietank-Käfig nannte, oder gar als bewohnbarer Studio-Schrank des russischen Künstlers Ilya Kabakov? Allerdings erweisen sich die in allzu großer künstlicher Isolation erzielten Ergebnisse in den sogenannten »Creative Industries« unserer Wirtschaft für unterteilende Denkzellen in den Großraumbüros als qualitativ offensichtlich wenig überzeugend. Es braucht wohl eher einen nachhaltigeren radikalen neuen Raumwechsel, den Wunsch, ein neues Schriftstellerreich irgendwo ganz anders zu errichten. Walter Benjamin empfiehlt es Schriftstellern nur schon als Schreibtechnik: »Den Abschluß des Werkes schreibe nicht im gewohnten Arbeitsraume nieder. Du würdest den Mut dazu in ihm nicht finden.«[49] Und dieser mutige Schriftstellerwunsch will keineswegs noch mehr und bessere Bürotechnik, keine noch so angepriesene 3D-Virtualität mit all ihren erdachten automatischen Spracherkennungs- und Textgenerierungsprogrammen oder alles Mögliche an Schriften scannenden Computermäusen.[50]

Eigenartigerweise erfüllt sich dieser Wunsch allein über einen ganz simplen Ortswechsel. Und das weniger in Form von mobilen Reisemöglichkeiten, sondern vor allem mit neuer unbekannter Raumatmosphäre wie sie Arbeits- und Ferienhäuschen versprechen oder Stipendiaten-Ateliers und Stadtschreiber- oder Verlagswohnungen offerieren. So atmet denn auch der Schweizer Schriftsteller Max Frisch (1911–1991) im Sommer 1949 höchst erleichtert auf, als ihm sein Verleger Peter Suhrkamp sein Ferienhaus in Kampen auf Sylt zum Arbeiten überlässt: »Endlich ein Arbeitszimmer, wie man es sich wünscht: groß und licht, bequem auf eine nüchterne Art, zwei Fenster hinaus auf das Wattenmeer, viel Platz zum Gehen, Tische, wo man Papiere ausbreiten kann, Entwürfe, alte und neue, Briefe, Bücher, Muscheln und Seesterne, Ketten von trockenem Tang – ich bin schon die dritte Woche in diesem lieben Haus – und draußen flötet der Wind, Regen prasselt gegen die Scheiben, die vom Anfall des Windes zittern, Wolken jagen über das Uferlose. Man sitzt und schaut, ganz sich selber ausgesetzt. Hin und wieder kippe ich einen Steinhäger oder zwei; man braucht das bei so viel leerem Himmel. Oder ich greife zum Feldstecher, der auf dem Sims liegt, schaue, ob jemand über die Heide stapft, ein Briefträger, ein Mensch. Das rötliche Gras, büschelweise im Winde wogend, hat das Fliehend-Bleibende von Flammen; anzusehen, als brenne der ganze Hang. Hin und wieder ein britischer Düsenjäger, der über die Insel jault. Viel Raum. Man spürt den Raum, auch wenn man nicht hinausschaut; wenn ich lese oder an der Schreibmaschine sitze oder an dem Pültchen stehe, wie eben in diesem Augenblick, es hört ja nicht auf, das Flöten des Windes, es bleibt das Gefühl, man befinde sich am Rande der Welt. Ein förderliches Gefühl; vieles macht es leichter. Noch habe ich mich keine Minute gelangweilt.«

Zu diesen ungewohnt abwechslungsreichen Beobachtungen und Gefühlen angesichts einer neuen Umgebung kommt noch der befreiende Akt, in der Fremde nicht mit allem »heimatlich«[51] zwanghaft übereinstimmen zu müssen. Es gesellt sich zum radikalen Tapetenwechsel auch eine Loslösung von allen bisher einschränkenden privaten wie gesellschaftlichen Rahmenbedingungen. Das Arbeitshäuschen muss nicht nach den üblichen Touristensehnsüchten ausgesucht und gemütlich eingerichtet werden, sondern offeriert einem stattdessen mit einer räumlichen Minimalvariante – beim Schweizer Schriftsteller Christoph Geiser »eine Novopanplatte über zwei Pflöcken mitten im leeren Raum, den nackten Fenstern gegenüber«[52] – ein unbeschwertes Eintauchen in die einen umgebenden neuen Sprach- und Kulturräume in ungewohnter Anonymität. Das hat in der kleinen Schweiz zu Beginn der 1970er Jahre zu diesem berühmt-berüchtigten »Diskurs der Enge« geführt, wie es der Autor Paul Nizon mit einer essayistischen Streitschrift benannt hat. In ihm wird noch heute gerne jeder noch so temporäre Wechsel ins Ausland – egal aus welchen persönlichen Beweggründen – auf seine implizite gesellschaftspolitische Kritik am herrschenden System untersucht. Wer die Landesgrenzen überschreitet, befreit sich im selbstgewählten Exil immer von ebenso beengenden Bergwelten wie von allzu prägenden bürgerlichen, demokratischen wie privaten Zwängen. Aber letztlich steckt nicht mehr oder weniger als bei andern Nationen hinter diesem Auszug in die Fremde, als einzig und allein »ehrlich sein: einsam sein«, wie sich der noch literarisch kaum arrivierte Max Frisch in seinem Tagebuch 1949 auf Sylt notiert. »Was wir erleben können: Erwartung oder Erinnerung. Ihr Schnittpunkt, die Gegenwart, ist als solche kaum erlebbar: weswegen es selten gelingt, eine Landschaft zu beschreiben, solange man sie vor Augen hat. Zwar versuche ich es jedesmal wieder; das Ergebnis ist stets das gleiche: Krampf. Es steht auch gar kein echtes Bedürfnis dahinter. Solange ich alldies vor Augen habe, wozu soll ich es beschreiben? Jetzt ist Sehenszeit.«[53]

Das Sehen erst wieder einmal zu aktivieren und zu kultivieren, dafür lässt sich jede neue, teure wie preiswerte Arbeitsumgebung gebrauchen, egal ob lärmige Metropole oder einsamer Meeresstrand. Der Blick wird geweitet für neue Denkstoffe und Darstellungen. Für Frisch wird es etwa die Genese des Romans »Stiller« sein, der ihm dann auch 1954 zum literarischen Durchbruch verhilft. Das wäre eigentlich das allerseits ersehnte, erfolgreiche Happy End. Aber die Wünsche der Autoren wie der Literatur-Promotoren treiben dabei nur allzu oft aneinander vorbei ins Unermessliche. »Da kommen die herzensguten Leute von [der Schweizer Kulturstiftung] Pro Helvetia immer wieder auf die Idee, Autoren nach New York, Paris oder Kalkutta zu schicken«, schreibt 2007 der in Berlin wohnhafte Schweizer Schriftsteller Matthias Zschokke, »und hoffen, dort würden die angeregt zu neuen Jahrhundertwerken. Ich meine aber, dass wir alle längst viel zu angeregt sind. Ich muss nur immer ausmisten und versuche dauernd, endlich mal wieder zur Ruhe zu kommen, um einen vernünftigen Gedanken aufzuschreiben.«[54] Wer ist nur schuld an all diesen Enttäuschungen? »Also zuerst das Atelier«, stöhnt 1972 der Lyriker Rolf Dieter Brinkmann (1940–1975) in Rom. »Fleckig, groß und leer, nichts für mich zum Arbeiten, Namensschmiereien an der Eingangstür, ich denke, ich habe das schäbigste hier bekommen, verwohnt, grauer verblaßter Anstrich. [...] Was mir am nächsten Tag auffiel, war die aufdringliche dienernde Freundlichkeit der hier Anwesenden Künstler [...] und es stört mich schrecklich, wenn ich sie reden höre, wie klein ihre Einsicht ist in das, was so läuft und die Welt, die Menschen verpestet. – Sie unterscheiden sich überhaupt nicht von jenen Leuten, die am Sonntag achtlos auf die Bürgersteige mit ihren Stinkwagen parken und grob die Wagentür öffnen, ohne zu sehen, ob nicht gerade jemand dort geht. [...] Abends war dann gegen 9 Uhr eine Besprechung im Haupthaus [...] nach einiger Zeit wurde ich wild, als ich die vielen kleinen Nörgeleien hörte, da ging es um Kaffee-Maschinen, die nicht daseien, als hätten sie vorher immer diese Kaffee-Maschine benutzt, da ging es um einen Stuhl, der nicht zum Arbeitstisch passen würde, als hätten sie vorher nur auf besten Stühlen gesessen, da trat einer auf und zog Vergleiche mit einer Stipendiums-Villa in Florenz, wo der geschickte Hund bereits 1 Jahr gewesen war – da tauchten Namen von Professoren auf, da ging es um Besuche – da wollte jemand einen bekannten Fernsehjournalisten hier wohnen haben, damit er ihm beim Arbeiten über die Schulter schauen könne und einen TV-Film drehen, da ging es um den

Besuch eines fetten deutschen Bundestagsabgeordneten Carlo Schmid, der plötzlich hierher möchte, und sich pensioniert hatte, und der auch mal'n Buch hatte übersetzt – ich wurde immer schärfer und fuchtiger und schließlich ging jedes in einem furiosen Tonfall unter – Ende des Abends – [...] Abends kochte ich mir 1 Liter Knorr-Suppe Minestra Arlecchino und aß 3 Scheiben Weißbrot dazu und zeichnete weiter an dem Plan. Ging nochmals kurz weg und kaufte den ›Spiegel‹, und da merkte ich doch auch, in welcher langweiligen Gegend dieses Stück hier liegt.«[55] Doch nur ein Pisspott am Ende?

Die Realität der offerierten Stipendiatenorte bricht ja über die künstlerisch Wunschträumenden wie eine böse Springflut nur allzu früh und oft herein. Wer an ein genaues, distanziertes Beobachten gewöhnt ist, wird aber auch unerbittlich all die Schwächen und Nachteile seines Arbeitszimmers schon zu Hause bemerken müssen. In Franz Kafkas kleines ungeheiztes Arbeitszimmer im Prager Mietshaus an der Niklasstraße 36 dringt nicht nur ungemindert aller Lärm aus den beiden Nachbarräumen, dem elterlichen Schlafzimmer und der Wohnstube, sondern auch noch jedes angemachte Licht auf dem Flur fällt durch die matt ornamentierten Glasscheiben seiner Zimmertür. Schließlich gibt ihm selbst das Inventar darin im Tagebuch Ende 1910 zu denken: »Jetzt habe ich meinen Schreibtisch genauer angeschaut und eingesehn, daß auf ihm nichts Gutes gemacht werden kann.«

Das klingt erstaunlich für einen promovierten, erfolgversprechenden Versicherungsfachmann, der bereits erste literarische Veröffentlichungen aufzuweisen hat. Etwas Paradoxes bahnt sich an. »Es liegt hier so vieles herum und bildet eine Unordnung ohne Gleichmäßigkeit und ohne jede Verträglichkeit der ungeordneten Dinge, die sonst jede Unordnung erträglich macht. Sei auf dem grünen Tuch eine Unordnung, wie sie will, das durfte auch im Parterre der alten Theater sein. Daß aber aus den Stehplätzen, aus dem offenen Fach unter dem Tischaufsatz hervor Broschüren, alte Zeitungen, Kataloge, Ansichtskarten, Briefe, alle zum Teil zerrissen, zum Teil geöffnet in Form einer Freitreppe hervorkommen, dieser unwürdige Zustand verdirbt alles. Einzelne verhältnismäßig riesige Dinge des Parterres treten in möglichster Aktivität auf, als wäre es im T[h]eater erlaubt, daß im Zuschauerraum der Kaufmann seine Geschäftsbücher ordnet, der Zimmermann hämmert, der Officier den Säbel schwenkt, der Geistliche dem Herzen zuredet, der Gelehrte dem Verstand, der Politiker dem Bürgersinn, daß die Liebenden sich nicht zurückhalten u.s.w. Nur auf meinem Schreibtisch steht der Rasierspiegel aufrecht, wie man ihn zum Rasieren braucht, die Kleiderbürste liegt mit ihrer Borstenfläche auf dem Tuch, das Portemonnaie liegt offen für den Fall, daß ich zahlen will, aus dem Schlüsselbund ragt ein Schlüssel fertig zur Arbeit vor und die Kravatte schlingt sich noch teilweise um den ausgezogenen Kragen. Das nächst höhere, durch die kleinen geschlossenen Seitenschubladen schon eingeengte, offene Fach des Aufsatzes ist nichts als eine Rumpelkammer, im Grunde die sichtbarste Stelle des T[h]eaters, für die gemeinsten Leute reserviert[,] für alte Lebemänner, bei denen der Schmutz allmählich von innen nach außen kommt, rohe Kerle, welche die Füße über das Balkongeländer hinunterhängen lassen, Familien mit soviel Kindern, daß man nur kurz hinschaut, ohne sie zählen zu können[,] richten hier den Schmutz armer Kinderstuben ein (es rinnt ja schon im Parterre), im dunklen Hintergrund sitzen unheilbare Kranke, man sieht sie glücklicherweise nur[,] wenn man hineinleuchtet u.s.w. In diesem Fach liegen alte Papiere[,] die ich längst weggeworfen hätte[,] wenn ich einen Papierkorb hätte, Bleistifte mit abgebrochenen Spitzen, eine leere Zündholzschachtel, ein Briefbeschwerer aus Karlsbad, ein Lineal mit einer Kante, deren Holprigkeit für eine Landstraße zu arg wäre, viele Kragenknöpfe, stumpfe Rasiermessereinlagen (für die ist kein Platz auf der Welt), Krawattenzwicker und noch ein schwerer eiserner Briefbeschwerer. In dem Fach darüber – Elend, elend und doch gut gemeint. Es ist ja Mitternacht, aber das ist, da ich sehr gut ausgeschlafen bin, nur insoferne Entschuldigung, als ich bei Tag überhaupt nichts geschrieben hätte. Die angezündete Glühlampe, die stille Wohnung, das Dunkel draußen, die letzten Augenblicke des Wachseins[,] sie geben mir das Recht zu schreiben und sei es auch das Elendste. Und dieses Recht benütze ich eilig. Das bin ich also.«[56]

Ja, mehr ist es nicht, dieses auf der Schreibtisch-Bühne täglich changierende Schriftsteller-Ich. Kaum vermag die Ironie über das verzweifelte Ausbleiben lange ersehnter Literatur zu vertrösten. Vom liebenswürdig belehrenden »Schreibetisch« einer Sophie von La Roche ist da keine Spur mehr zu finden. Aber wäre denn statt allem nutzlosen Krimskrams »ein altes Schreibpult« überhaupt noch denkbar, wo einem in nostalgischer Ruhe eine wunderschöne Handschrift gelingen könnte »auf ein altes, dauerhaftes Pergament, wie es keines mehr gibt, mit einer echten Feder, wie es keine mehr gibt, mit einer Tinte, wie man sie nicht mehr findet«.[57]

Und ist einmal ein solches »Neandertalmöbel« aufgetrieben, etwa der Schreibtisch aus der väterlichen Schneiderwerkstatt in Henry Millers Bekenntnisbuch »Wendekreis des Krebses« (1939), so gehen daran noch lange nicht alle »Henry-Miller-Träume« vom immer perfekter den Zeitgeist treffenden neuen Schreiben in Erfüllung. »Als ich an meinem Schreibtisch saß, über dem ich ein Schild aufgehängt hatte: ›Lasst, die ihr eintretet, nicht alle Hoffnung fahren!‹ – als ich dort saß und Ja, Nein, Ja, Nein sagte, wurde mir mit einer Verzweiflung, die zur schäumenden Wut wurde, bewusst, dass ich nur eine Marionette war, in deren Hände die Gesellschaft eine Maschinenpistole gelegt hatte. Ob ich eine gute oder schlechte Tat beging, kam letzten Endes aufs Gleiche hinaus. Ich war wie ein Gleichheitszeichen, durch das der algebraische Menschheitsschwarm hindurchging. Ein ziemlich wichtiges, aktives Gleichheitszeichen, wie ein General in Kriegszeiten, aber wie maßgebend ich auch werden mochte, ich würde mich doch nie in ein Plus- oder Minuszeichen verwandeln. So wenig wie ein anderer das vermochte, soweit ich das feststellen konnte. [...] Aber kann man denn überhaupt nichts tun? Kann man einfach aufhören, daran zu denken, dass man nichts tun will?«[58]

Ja, was wäre dann überhaupt noch zu unterlassen? Das Pult steht doch ganz für sich und sein Eigenleben. »Und wenn ein Schreibtisch einen Schreibtisch fickt«, dichtet der ostdeutsche Dramatiker Heiner Müller (1929–1995) in einem sächsischen Gräuelmärchen 1988 in Anspielung auf Kafkas »Verwandlung«. »Was kommt heraus [/] Ein Schreibtisch und ein Schreibtisch / Ein Schreibtisch und ein Schreibtisch und ein Schreibtisch.«[59] Und so gehen eben auch alle erträumten Wege vom idealen Schreibort ihrem ernüchternden Ende entgegen. Die kanadische Schriftstellerin Alice Munro lässt in ihrer Erzählung »Das Büro« selbst noch Virginia Woolfs wunderbaren Gedanken vom »A room of one's own« scheitern, indem dort einer Schriftstellerin nicht einmal mehr das Anmieten eines eigenen Schreibraumes außerhalb ihres Familienhauses gelingt. »Sie ist das Haus; eine Trennung ist nicht möglich«, bleibt dabei die ernüchternde Wahrheit.[60]

Wem sich derart alles ins Leere, Sinnlose oder Wirre zu verdrehen droht, der kann wirklich nur noch vom Schreibtisch aufstehen, ihn für immer verlassen, um sich aus der nötigen Distanz über das »rachsüchtige Ungetüm« als »trojanisches Pferd« in seiner Arbeitsumgebung gänzlich klarzuwerden.[61] Interessanterweise toleriert der Schreibtisch »den platonischen Coitus« vor der Schreibmaschine,[62] nicht aber das erotische »Privatvergnügen« im gleichen Raum,[63] er wird dann richtig »eifersüchtig«.[64] Der Autor Bernward Vesper (1938–1971) fragt sich denn in seinem unvollendeten Fragment »Die Reise« wie auf einem seiner vielen Drogentrips: »Sollte man nicht den Schreibtisch auf den Nordpol stellen, wo die Sonne herum läuft, immer herum? Und mein Schatten fällt auf das Eis, das nicht mehr wegschmilzt, sondern immer höher und höher wächst und mir eines Tages die Aussicht versperrt.«[65] So endet jede Schreibtischutopie im Sarkasmus. Und der Gedanke vom hehren Arbeitszimmer selber schmilzt genauso dahin. Wenigstens die Literatur sucht in ihren Texten solche neuen Schreiborte in aller Absonderlichkeit erzählerisch plausibel zu entwickeln, wie etwa der Schweizer Schriftsteller Hans Boesch (1926–2003) romanhaft im »Kiosk« (1978). Weggesperrt in diesen engen Verschlag, diese Kiosk-Koje, eingenebelt von Druckerschwärze, eingepackt in den schweren Gerüchen von Süßigkeiten und Tabak füllt der körperbehinderte Verkäufer Boos Seite für Seite seiner Hefte mit Notizen. Bis er schließlich im von faschistoiden Jugendlichen angezündeten Kiosk den Tod findet. Das Abwegige ist auch das Gefährliche. Doch auch seine Freunde haben eigenartig groteske Schreibstätten, die weit über bisheriges Schreiben in Wasch- und andern Küchen hinausgehen. Sie schreiben in der Dunkelkammer oder im Korridor zwischen Liftschächten und Pissoirs.

Und gerade hier setzt denn auch die Suche des in Paris lebenden Walliser Schriftstellers Jean-Luc Benoziglio in seinem Roman »Porträt-Sitzung« (1980) beherzt und voll sprachlicher Kapriolen an, um eine neue Örtlichkeit fürs Studieren zu finden. »Eben, beim Pinkeln, ist mir ein Gedanke gekommen. Jawohl: beim Pinkeln! Warum sollte man beim Pinkeln nicht denken? Warum soll man denn nur am Schreibtisch, mit aufgestützten Ellenbogen, Pfeife im Mund, Brille über die Stirn geschoben und eine Masse gelehrter Bücher um sich herum, das Recht haben zu denken? Hm? Hm? Ich verfüge nicht über die neuesten Statistiken, aber ich bin sicher, dass ein Haufen brillanter Ideen Leuten eingefallen ist, die genau so dastanden, die rechte Hand zwischen den Beinen, während sie sich mit der linken durch die wirre Mähne fuhren? Der Gedanke zum Beispiel, dass es doch eher widerlich und alles andere als hygienisch sei, in den Fluren von Versailles einfach so in die Runde zu pissen, dass davon die Spiegel im Saal anliefen und dass ein spezieller Ort dafür keine schlechte Idee wäre. Zwei Jahrhunderte später war es getan. Das Ärgerliche war nur, dass jetzt in Versailles kein Schwanz mehr da war. Außer Touristen, die das nicht widerlich finden. Und unfähigen Archäologen, die sich den Kopf zerbrechen, wo zum Teufel diese Arschlöcher mit ihren gepuderten Perücken ihre Scheißhäuser versteckt haben mochten? Ich mache mich also mit den Örtlichkeiten vertraut, im engeren wie im weiteren Sinne. Und komme zu dem Schluss, dass es machbar wäre.«[66] Ein Studierzimmer mit enzyklopädischer Bibliothek auf dem Etagenklo – schöne Aussichten, und man landet wieder im schrecklichsten Pisspott …

»Sie erinnern sich an das alte Märchen-Thema«, sagt die für ihre Kurzgeschichten mehrfach preisgekrönte New Yorker Autorin Cynthia Ozick. »Wünsche nicht etwas Bestimmtes, sonst bekommst du es noch. Und was dann? Jugend ist dafür da, sich in der großen weiten Welt umzusehen, nicht, um in der leeren Zelle zu sitzen und sich in ein unnatürliches Schreib-Tier zu verwandeln. Da sitzt man also lesend und schreibend, Monat für Monat, Jahr für Jahr, und beneidet junge Schriftsteller, die ein Körnchen mehr als man selber erworben haben. Ohne das Gehetze, Gewimmel und Gedränge der Welt wird man ausgehöhlt. Die innere Höhle füllt sich mit Neid. Eine sinnlose Krankheit, die Jahre und Jahre braucht, bis man sich von ihr überhaupt erholt.«[67]

Verlorene Schreiborte

»Ich mache die Türe auf, um zu gehen«, schreibt der Schriftsteller Rainald Goetz in seinem Internet-Tagebuch 1998, »und denke im selben Moment: ich will wieder heim. So ungroß ist die Lust, die Wohnung zu verlassen.« Das Arbeitszimmer in all seinen Ausformungen und Entwicklungen, seinen Stärken und Schwächen, mit »dem ganzen Wahnsinn der Papiere, Bücher, Bilder« oder manchmal ganz »leer und frisch gebügelt«, ist bis heute für Schreibende und Lesende jeweils mit einer schwer beschreibbaren »Vorstellung von Glück« verbunden. Vom »Magischen der Hardware«, vom Schreibtisch, lässt sich selbst noch im Traum glückverheißend phantasieren.[1] Das literarische Arbeitszimmer stellt die Schwelle zwischen Leben und Schreiben dar. »Im Grunde hielt ihn ja an diesem Tisch nichts zurück. Er hätte aufstehen und hinausgehen können. Ein schöner Tag«, heißt es von einem schreibgehemmten Schriftsteller in der Erzählung »Entstehung einer Tagebuchnotiz« des Schweizer Autors Klaus Merz. »Er zögerte, hörte auf zu tippen, stand aber nicht auf, ging nicht hinaus, blieb an seinem Tisch sitzen, die Hände flach auf die schwarze, kühle Gummimatte gelegt, so dass sich diese eine Weile lang um die Fingerkuppen und um die Handballen herum beschlug. Er schaute aus dem Fenster, inventierte die Landschaft:

Laublose Obstbäume, eine Leiter, die in den Himmel ragt. Eine graue Futtersilowand, die zur Hälfte einen Wohnturm im Hintergrund verdeckt.«[2] Nun setzt die Gedankenarbeit ein, das Erzählen nimmt doch noch mit Skizzen und Geschichten seinen Anfang in der geschützten Schreibstube. Das ist und bleibt einer dieser unzähligen inspirierenden, beglückenden Momente der Literatur. Aber vielleicht sollte man zum Abschluss auch vom tragisch missglückten, vom alptraumhaften Unort des Schreibens etwas erzählen.

»Beginn. Kerkerzelle«, lautet eine der »Gedanken«-Notizen des Philosophen Blaise Pascal. Dabei treibt ihn die Frage um, wie denn von allem Anfang an wahrhaftig gelebt werden könnte in dieser abgründigen Welt. »Wenn es sicher ist, dass man nicht lange in ihr sein wird, und ungewiss, ob man noch eine Stunde in ihr sein wird. Diese letzte Voraussetzung ist die unsrige.« Und es lässt sich mit gutem Grund annehmen, dass er selber angesichts solch rasanter Vergänglichkeit nicht gewillt war, sein Leben sorglos wie töricht materialistisch in gottlos »prunkvollen Häusern« verlebt zu sehen. Liegt die ideale »Heimstatt« also in der kleinen Kerkerzelle?[3]

Wer allerdings dort von Anfang an, und zwar moralisch wie religiös richtig erzogen werden soll, blickt auch nicht gerade auf mehr als »eine unglückliche Reihe von Jahren« zurück. Wenigstens geht es dem Helden des gleichnamigen »Florentin«-Romans von Dorothea Schlegel so, wenn er sich an seine Zeit als Jugendlicher im schaudererregenden Studierkerker zurückerinnert: »Das Zimmer war groß und hoch, gotisch gewölbt, die Fenster ganz oben, und zum Überfluß noch vergittert, die nackten grauen Wände nur von finstern Heiligenbildern verziert. Am einen Ende bedeckte ein großes Kruzifix einen Teil der Wand; drunter ein Tisch, worauf eine Decke und zwei große Kerzen sich befanden; gegenüber unsre Betten, zwei Tische mit Schreibezubehör, ein Repositorium [= Schrank] mit Büchern und einige Stühle: das war alles, was diese Gruft enthielt, in der ich vier lange, bange Jahre mit meinem gespensterhaften Aufseher, unter unaufhörlichem Zwang verleben mußte.«[4] Kalt und abstoßend, wie es eben in einem unterhaltsamen Roman um 1800 mit zeittypischer Schauerlichkeit herzugehen pflegt. Doch es ist darüber hinaus auch der bildhafte Ausdruck für den Überdruss über den Arbeitsplatz, der bis heute unter Schreibenden als »Denk-«, »Arbeits-« oder »Selbstgesprächskerker« verpönt ist.[5] Der Stubengelehrte bewohnt da zuweilen doch ein sehr unangenehm muffiges wie verstaubtes Zimmer, das selbst der teuflische Mephistopheles im ersten Teil von Goethes »Faust« nur noch mit »Marterort« zu umschreiben vermag. So lamentiert denn der im hochgewölbten, engen gotischen Zimmer voller Anmaßung studierende und experimentierende Faust gleich auch noch selber:

»Weh! Steck' ich in dem Kerker noch?
Verfluchtes dumpfes Mauerloch!
Wo selbst das liebe Himmelslicht
Trüb' durch gemalte Scheiben bricht!
Beschränkt von diesem Bücherhauf,
Den Würme nagen, Staub bedeckt,
Den, bis an's hohe Gewölb' hinauf,
Ein angeraucht Papier umsteckt;
Mit Gläsern, Büchsen rings umstellt,
Mit Instrumenten vollgepfropft,
Urväter Hausrat drein gestopft –
Das ist deine Welt! das heißt eine Welt!

Und fragst du noch, warum dein Herz
Sich bang' in deinem Busen klemmt?
Warum ein unerklärter Schmerz
Dir alle Lebensregung hemmt?
Statt der lebendigen Natur,
Da Gott die Menschen schuf hinein,
Umgibt in Rauch und Moder nur

Dich Tiergeripp' und Totenbein.
Flieh! Auf! Hinaus in's weite Land!«

Eine Flucht, die sich zwar aus dem Leiden, Scheitern und Überdruss des Geistesarbeiters durchaus erklären lässt, aber doch nicht ganz so dramatisch gemeint ist, wie sie auf der Bühne deklamiert wirkt. Denn Faust wird noch eine ganze Weile seine »enge Zelle«[6] für beschwörende Experimente mit Geisterwesen nicht verlassen. Und dann auch nur, um auf einen kurzen Spaziergang mit seinem Schüler vors Stadttor zu ziehen. Was einem trotz aller Gewöhnung derart verhasst ist, wird dennoch nicht so ohne weiteres aufgegeben. Was sie beherbergen an Archiven, Bibliotheken, Arbeitsmaterialien und -strukturen und Erinnerungen gibt niemand gerne freiwillig und vor allem unwiederbringlich auf. Derart wird das eigene Arbeitszimmer vielfach angesichts sich verschärfender Armut, Repression, Deportation oder Kriegsgefahr bis zum Äußersten behauptet. Quasi bis »Bett[,] Stuhl und Tisch« wie von selber »auf Zehenspitzen aus dem Zimmer« schleichen, wie es in einem Gedicht der deutschen Lyrikerin und Nobelpreisträgerin Nelly Sachs (1891–1970) heißt, der selber als Jüdin die Flucht aus dem Dritten Reich 1940 nur ganz knapp gelang.[7] Denn was zurückgelassen werden muss, verfällt bekanntlich auf allerlei Weisen, wird verdrängt und bleibt vergessen. Aber selbst wenn rechtzeitig in gänzlich neue und improvisierte Arbeitsstätten geflüchtet oder emigriert werden kann, es ziehen die eigenen Räumlichkeiten wenigstens vor dem geistigen Auge mit um.

Der nach Rouen geflüchtete Schriftsteller Gustave Flaubert wird mehrere Monate mit größter Sorge verfolgen, wie im Dezember 1870 die siegreichen Preußen während des deutsch-französischen Kriegs sein »armes Logis« in Croisset requirieren und sich an seinen Büchern aus dem Arbeitszimmer uneingeschränkt und besorgniserregend bedienen. Im April 1871 ist der Spuk für Flaubert dann zum Glück vorbei, und er kehrt wieder zurück: »Entgegen meiner Erwartung fühle ich mich sehr wohl in Croisset. Und ich denke ebenso wenig an die Preußen, als wenn sie nicht hierhergekommen wären! Es war mir sehr angenehm, mich mitten in meinem alten Kabinett wiederzufinden und all die kleinen Dinge wiederzusehen! Meine Matratzen wurden ausgeklopft und ich schlafe wie ein Siebenschläfer. [...] Was für eine Ruhe! Ich werde davon ganz leichtsinnig.«[8]

Im angestammten Arbeitszimmer erträgt sich eben auch äußeres Ungemach erstaunlich viel besser. Was da vor der geschlossenen Tür hörbar geschieht, lässt sich durchaus mit Fassung ertragen. Der russische Philosoph Nikolai Berdjajew (1874–1948) wird etwa in Moskau noch in aller Seelenruhe arbeiten, während 1917 bereits rundherum die Russische Revolution tobt: »In den Oktobertagen befand sich unser Haus, bei der Belagerung von Moskau durch die Bolschewiki, in der Beschusslinie«, schreibt seine Schwägerin und Nachlassverwalterin Eugenie Rapp, »Die Geschosse explodierten unter unseren Fenstern. N[ikolai] A[lexandrowitsch Berdjajew] saß ruhig in seinem Arbeitszimmer und schrieb an einem Artikel. Bei jeder Explosion schrie das Dienstmädchen (damals war es noch nicht verboten, Hauspersonal zu haben) wild auf und erfüllte das ganze Haus mit fürchterlichem Geheul. N. A. trat aus seinem Arbeitszimmer und fragte obenhin: ›Was ist denn los? – Das ist doch nichts Besonderes ...‹«[9] Das klingt zwar geradezu legendär, aber möglicherweise steckt hinter dieser gelassenen Haltung letztlich die Furcht vor einer definitiven Aufgabe des Arbeitszimmers, wie es ihm auch tatsächlich nach der bolschewistischen Machtergreifung in Form einer Ausweisung aus Russland im Jahr 1922 widerfahren sollte. Bereits zuvor hatte Berdjajew als revolutionärer Student die Erfahrung eines unfreiwilligen Ortswechsels machen müssen, indem die zaristische Justiz ihn 1898 aus politischen Gründen für mehrere Jahre verbannte. Berdjajew spricht selber von »einer Leerlaufperiode« in den drei Jahren im rund 500 Kilometer nordöstlich von Moskau gelegenen Wologda. Obwohl die Protektion seiner adligen Verwandtschaft ihm vieles am neuen Aufenthaltsort erleichterte, er sich sogar »freier«, das heißt unbespitzelter als vorher fühlte, so beklagt er doch im Nachhinein das »durchschnittliche Kulturniveau« unter den Verbannten. Das habe ihm einen »interessanten Verkehr für sein Innenleben« verunmöglicht. Aber auch großartige »denkerische Betätigung« im Gasthof Zum goldenen Anker sei ihm schwergefallen.[10] Eine Schreibexistenz in den zugewiesenen Orten, und sei es auch nur in den freiwillig gewählten Hotels und Pensionen, verlangt eine spezielle Anpassungsfähigkeit. Allein wer in anonymen Räumen, an fremdem Mobiliar ohne eigene Spuren und mit ganz neuen Ablenkungen und Störungen nicht schreiben kann, wird wohl nie darin sein wahres literarisches »Nest«[11] neu zu beziehen vermögen. Ganz ähnlich erging es auch Berdjajew, woran im Übrigen weder ausgiebige Radtouren durch die monotone Landschaft noch häufige Besuche oder der Hang zur »Poesie des Lebens und der Schönheit« etwas wesentlich zu ändern vermochten. »In jener Zeit habe ich sehr wenig geschrieben, obwohl ich im Allgemeinen leicht schreibe und zu den produktiven Autoren gehöre.«[12]

Das sind Schreibhemmungen, wie sie bereits etliche Autoren der Antike im unfreiwilligen Exil gemacht hatten. Etwa der Dichter Ovid, der wegen einer undurchsichtigen Affäre im Umfeld des römischen Kaisers Augustus um das Jahr 8 von Rom nach Tomis, dem heutigen rumänischen Constanza, ans raue Schwarze Meer verbannt worden war. Für seine dort entstehende Dichtung und ihre Qualität bittet er seine römischen Leser Folgendes zu bedenken:

»Hier ist kein Vorrat lockender oder mich
nährender Bücher:
statt der Bücher erklingt Schwirren von Bogen und Pfeil.
Keiner ist hier in dem Land, der, wenn ich Gedichte
ihm spräche,

mir mit empfänglichem Ohr liehe als Kenner Gehör;
nirgend ein Ort, mich zurückzuziehn […]«

Und so folgt ein Klagegesang nach dem andern, so trist wie formvollendet, aus den frostigen und fremden Gefilden am Ende der Welt. Ein Exil, das wie ein unheilvoller Blitz über ihn kam, ihn aus seinem Werk riss und nun mit Isolation, sprachlicher und kultureller Entfremdung, armseliger Lebensführung, Heimweh und schweren Träumen plagt. Er fühlt sich nicht nur an diesem unvollkommenen Ort »am Gemüt erkranken«, sondern überträgt sogar psychosomatisch »das Weh auf den Körper«: bleich, abgemagert und von stechenden Schmerzen geplagt, beginnt der 50-Jährige rapide zu altern. Allein die treue Muse vermag noch Trost zu spenden, indem sie ihn wie einen Narren mit beredter Dichtung gegen die nur träge vorwärtsschreitende Zeit anschreiben lässt:

»Ich habe den Kummer verscheucht und die Zeit
vertrieben.
Hat mir doch diesen Gewinn jetzt diese Stunde gebracht:
während ich solches schrieb, war ich frei vom
beständigen Schmerze,
und ich vergaß das Gefühl, unter [dem Reitervolk der]
Geten zu sein.«[13]

Ovids Gedichte sind angefüllt mit Anspielungen auf beispielhafte, mythologische Exilanten-Erzählungen von Medea bis Odysseus, die er da wie Briefe an die abwesende Gattin und seine Freunde in Rom schickt. Damit demonstriert er selbstsicher in der literarischen Pose des Leidenden, wenn auch ohne den Alltag seines Dichter-Exils näher zu schildern, dass sich sein dichterischer Geist nicht einfach aus der vielgeliebten Hauptstadt verbannen lässt. Seine Imagination kann vielmehr noch jede Örtlichkeit dort geradezu plastisch heraufbeschwören.[14] Und was da nun aus Barbarien ins herrliche Roma gelangt und in Buchform letztlich der Nachwelt hinterlassen wird, spricht nicht nur von höchster lyrischer Qualität, sondern in seiner ungeheuren Produktivität auch von einem speziellen Schreibvergnügen in der Fremde. Schließlich war sein rund neun Jahre dauerndes Exil ohne Rückkehr vor dem Tod zumindest insofern gemildert, dass er sein Vermögen sowie das römische Bürgerrecht behalten konnte. Beides war überaus entscheidend, denn sonst drohte bei fehlenden Einnahmen und Zuwendungen die allmähliche Verarmung, eine häufige Erfahrung im Exil. Somit besaß Ovid im hauptsächlich von Griechen bewohnten Tomis ein eigenes Haus und steuerfreien Besitz. Entgegen seiner ethnographischen Schilderung der ihn bedrohenden rohen Jägervölker konnte er damit ebenso auf eine städtische Vorlese-Kultur zurückgreifen wie auf Schreibutensilien, Bücher und Diktat aufnehmende Schreibhilfen. Mit seiner Dichtung dokumentierte er somit eine Lebenshaltung, wie sie dem römischen Reich mit seiner regen Kolonistentätigkeit und seiner imperialen Eroberungspolitik schon immer nachgesagt wurde: »Wo immer ein Römer siegte, ist er daheim!« Und der zeitweilig aus politischen Gründen im Jahr 41 nach Korsika verbannte stoische Moralist und spätere Kaiser-Nero-Erzieher Seneca (ca. 1–65) findet dafür noch die geistreiche Formel: »Jeglicher Ort ist für den Weisen Heimatland.« Mit solchen Überlegungen tröstete er sich selber während acht Jahren auf dem »wasserlosen, dornenreichen Felsblock« im Mittelmeer. Im Zeitalter der Völkerwanderungen, befand er, würden sowieso die meisten Menschen an gänzlich neue Orte verschlagen, was eine politische Exilsituation kaum mehr als außergewöhnlich erscheinen lasse. Damit lerne man sich auch wie von selber überall an der Natur und der eigenen Anpassungsfähigkeit und Seelenstärke zu erfreuen. Statt langen Säulengängen und luxuriös möblierten Räumen brauche es eigentlich nur mehr eine Hütte mit kleinem Garten. Seneca schickt kein Lamento nach Hause, wie etwa noch 58 v. Chr. der exilierte Cicero aus dem griechischen Tessaloniki, sondern allein Zuversichtliches vom neuen Arbeitsort: »Es steht ja auch zum Besten, denn mein Geist hat, frei von jeder Verpflichtung, endlich Zeit für seine eigentlichen Aufgaben und erheitert sich bald bei leichterer Lektüre, bald schwingt er sich auf, um über sein eigenes Wesen und das der Welt, voll Verlangen nach Wahrheit, nachzudenken. Mit dem festen Land und seiner Beschaffenheit befasst er sich zuerst, darauf mit der Aufgabe des Meers, das es umschließt, und seinen wechselnden Gezeiten. Dann untersucht er alles, was zwischen Himmel und Erde, an Schrecken reich, sich findet, und diesen durch Donnerschläge, Blitze, Sturmgebraus und Regengüsse, Schneefall, Hagelschlag unruhevollen Raum. Hat er darauf die niedrigeren Bereiche durcheilt, dringt er zum Höchsten vor und freut sich an der wunderbaren Betrachtung des Überirdischen. Im Bewusstsein seiner Unsterblichkeit wendet er sich allem zu, was war und sein wird in aller Ewigkeit.«[15]

Mit solchen immensen Herausforderungen des Geistes in einer völlig neuen Umgebung lässt sich der Verlust des bisherigen Arbeitsortes wohl besser bewältigen, zumal, wenn keinerlei Aussichten auf eine Rückkehr bestehen. Möglicherweise wird derart sogar eine Verschärfung der Exilsituation verkraftet, wie das Beispiel des römischen Verwaltungsbeamten Anicius Manlius Severinus Boethius (ca. 476–524) zeigt. Wegen einer vermeintlichen Konspiration wurde er vom ostgotischen König Theoderich nicht nur ins Exil geschickt, sondern bei Pavia festgesetzt und später hingerichtet. Auch er nutzt die Muße während der Haft im Gefängnisturm – den Tod dabei wohl stets vor Augen – zum vertiefenden wissenschaftlichen Studium. Selbst sein Gefängnis ließ noch großzügig Schreib- und Diktiermöglichkeiten zu. Das Ergebnis war denn ein entsprechend umfangreiches Werk, der »Trost der Philosophie«. Und im Gegensatz zum Dichter Ovid in Tomis wird ihm jetzt die Frau »Philosophie« statt der Musen beistehen. Letztere vertreibt sie gleich als Erstes, obwohl diese ihm bereits eine Klageweise für den Anfang des Buches vorgeschrieben hatten, es seien nur allzu verderbliche »Huren vom Theater«. Stattdessen wird die Philosophie ganz exklusiv im didaktischen Dialog den Autor Stufe für Stufe zur Freiheit des Geistes führen bis hin zum erkennenden Einblick in die göttliche Weltweisheit. Boethius wird allerdings noch darauf hinweisen, dass ein Kerker eigentlich kein wahrer Aufenthaltsort für Weise sei: »Warum das also ins Gegenteil verkehrt wird, warum Strafe für Freveltaten die Guten trifft und die Bösen sich des Lohnes für die Tugenden bemächtigen – das befremdet mich aufs äußerste, und ich möchte von dir wissen, was als Grund eines so ungerechten Durcheinanders zu gelten habe. Ich würde mich allerdings weniger wundern, wenn ich dächte, dass alles durch sinnlosen Zufall verwirrt werde. Nun vergrößert es meine Bestürzung, dass Gott der Lenker ist.« Die Philosophie gibt ihm bloß eine vielsagende Antwort, die den Autor allerdings für das nachfolgende Mittelalter als Inbegriff eines Trostspenders von christlicher Frömmigkeit werden lässt. »Es ist durchaus nicht verwunderlich, sagte sie, wenn man aus Unkenntnis der vernunftgemäßen Ordnung etwas für planlos und wirr ansieht. Aber wenn du auch von dem Grund einer so bedeutenden Ordnung nichts weißt, so darfst du dennoch, da ja ein guter Lenker die Welt in Ordnung hält, nicht daran zweifeln, dass alles in rechter Weise geschehe.«[16]

Mag sich das Mittelalter auch an dieser stärkenden Sinngebung eines gefangenen Märtyrer-Philosophen noch so festigen wollen, es wird selber in seinen Kerkern derartig freie philosophische Arbeiten nicht mehr zulassen. Sein umerziehendes Strafsystem – ganz abgesehen von Folter und Todesstrafe – kennt allein die alles brechende, »harte Haft« ohne Schreibmöglichkeit. Der straffällige Pariser Kleriker und Bettelpoet François Villon (1431 – ca. 1463) berichtet im Nachhinein Erschreckendes vom Gefängnis, wo er »fast [s]ein Leben ließ«.[17] In solch einem dunklen »Loch« konnte man eigentlich nur noch die eigene Grabinschrift an die Wände kritzeln, wenn überhaupt Kohle oder ein ritzender Gegenstand aufzutreiben war. Wer wie Villon 1463 vom Tode begnadigt freigelassen wurde, dessen »Zunge aber weiß nur schwach zu lallen«, was dankbar er überleben durfte.[18] Später dichtet er formvollendet im Argot, dem Slang der Unterprivilegierten, sein Testament, um in herausfordernder Pose närrisch wie melancholisch statt seiner Erlebnisse den verbliebenen oder fingierten kümmerlichen Besitz zu verschreiben. Ob Strohbündelchen, Eierschale oder Liedchen, darunter will sich kein eigentliches Schreibwerkzeug mehr finden. Und mit der anschließenden Verbannung aus Paris verliert sich dann – aus was für Gründen auch immer – jede Spur vom großen überlebenden Gefängnispoeten Villon.

Richtiges Schreibzeug oder Sekretäre fürs Diktat standen nur Adligen oder Geistlichen bei leichten Haftumständen zur Verfügung. Interniert in Burgen, Schlössern oder Klöstern war wohl eher der vorherrschende Gruppendruck der Umgebung schreibhemmend, so wie noch heute das Schreiben unter den Augen der andern in Internaten, Großraumbüros, Heimen und Lagern oder Kasernen seine Tücken hat.[19] Allerdings gibt es nach wie vor erstaunliche Ausnahmen, wie etwa den englischen Franziskanermönch Roger Bacon (1214 – ca. 1294). Wie dem Zauberer im Tieckschen »Blaubart«-Märchen, wurde ihm die Erfindung eines ketzerisch sprechenden Kopfes nachgesagt, worauf er von seinem Orden mit Hausarrest in einem Pariser Kloster und mit Schreibverbot belegt wurde. Dennoch gelang es ihm, ganz heimlich und innerhalb kürzester Zeit ein mehrbändiges Überblickswerk über alle Wissenschaften zu verfassen, das er auch noch unbemerkt nach Rom zum daran interessierten Papst Clemens IV. gelangen lassen konnte. Es bleibt ein Rätsel, wie er nur seine in Oxford gewonnenen Erkenntnisse und Erfindungen ohne Aufzeichnungen oder entsprechendes naturwissenschaftliches Labor derart präsent beim Schreiben in seiner Zelle haben konnte. Die Ordensoberen sollten aber auf lange Sicht dennoch die Oberhand gewinnen, indem sie ihn 1278 noch einmal in einem Kloster im italienischen Ancona einkerkern. Es wurde die letzte lange Inhaftierung bis zu seinem Tod, während der er, von keinem Papst oder hohen Geistlichen mehr protegiert, auch endgültig verstummte. Eine verschärfte Haft verhinderte jegliche weitere Schreibmöglichkeit. Bisweilen genügte schon ein Kirchenbann, um ketzerische Publizisten, wie etwa 1487 den Humanisten Giovanni Pico della Mirandola, zum Verstummen zu bringen.

Dennoch wächst seit dem 16. Jahrhundert die Zahl literarischer Zeugnisse, die unmittelbar im Gefängnis entstanden sind. Allein im religiös und politisch erschütterten England finden sich davon derart viele, dass man beinahe wortwörtlich glauben könnte, »Gefangensein bedeutet, zu einem Stück Papier werden«.[20] Da dichtet etwa William Alabaster (1567–1640), wegen katholischen Glaubens inhaftiert, seine »Göttlichen Sonette«, verfasst der Verschwörer Sir William D'Avenant (1606–1668) sein Ritterepos »Gondibert«, redigiert der Anhänger der Königskrone Richard Lovelace (1618 – ca. 1656) seine »Lucasta«-Gedichte oder schreibt der nonkonformistische Puritaner John Bunyan (1628–1688) seine religiösen Werke. Aber auch im Universitätskarzer gelingt Literatur, wie etwa dem ewigen Studenten Christian Reuter (1655 – ca. 1712) in Leipzig mit seinem »Schlampampe«-Libretto, worin er mit seiner Gastwirtin und Gläubigerin satirisch wie drollig abrechnet. Und wie viele berühmte Literaten haben nicht noch im Schuldengefängnis geschrieben, wie etwa Miguel de Cervantes Saavedra (ca. 1547–1616) große Teile seines berühmten »Don Quijote«-Romans, der »Robinson Crusoe«-Verfasser Daniel Defoe (ca. 1660–1731) oder der ständig verschuldete Oliver Goldsmith, dessen dort entstandener Roman »Landprediger von Wakefield« bereits erwähnt wurde. Offensichtlich war es Privilegierten, sofern sie die nötigen Mittel dazu hatten, durchaus möglich, eine Schreibstätte unter den Umständen eines momentanen Freiheitsentzugs zu betreiben.

Gefangenschaft konnte aber auch erst zur schreibenden Tätigkeit anregen, wie etwa den Humanisten Leonardo Bruni (ca. 1369–1444). Als Jugendlicher zusammen mit seinem Vater von französischen Hilfstruppen in Arezzo gefangen gehalten, betrachtete er Tag für Tag und äußerst ausgiebig an seinem Haftort eine Kopie der berühmten, in Padua gemalten Darstellung des Dichters Petrarca in seinem Studiolo. Das beflügelte Bruni von da an zu einem unglaublichen Studieneifer, der ihn erst eigentlich zum hochgebildeten Gelehrten werden ließ.[21] Wer arretiert ist, wird sich eben auch vieles tagträumend für die Zukunft ausmalen. Wie auch Sokrates im Gefängnis von einem Traum zu berichten weiß, in dem er eindringlich gemahnt worden sei: »Sokrates, betreibe und übe die Musenkunst!« Und so habe er als sonst eingefleischter prosaischer Philosoph erstmals in seinem Leben nun einen lyrischen Hymnus auf Apollo verfasst und äsopische Fabeln in Verse gebracht, die sich allerdings bezeichnenderweise nicht erhalten haben.[22] Sokrates kann das alles ausführlich dartun, weil seine Schüler ihn nicht nur im Gefängnis besuchen, sondern zumeist noch den ganzen Tag bei ihm bleiben können. Schließlich geht es darum, »letzte Worte« ihres unschuldig zum Tode verurteilten Lehrmeisters zu vernehmen und für die Nachwelt zu überliefern.

Dieser Gefangenenbesuch, der sich zunächst in der Geschichte des Gefängnisses in der Spätantike wieder verliert, um dann im 17. Jahrhundert wieder zugelassen zu werden, ist für das Schreiben fern aller Öffentlichkeit ebenso entscheidend wie die Möglichkeit vieler Adliger im aufgeklärten 18. Jahrhundert, ihre Zelle bei erleichterter Haft nicht nur selber zu möblieren, sondern auch jederzeit über Kerzen, Schreibzeug oder sogar Schreibhilfen fürs Diktat verfügen zu können. Dabei ergibt sich bisweilen die eigenartige Situation, dass in der Haft eine Literatur unter ungestörten Schreibumständen entsteht, die außerhalb der Gefängnismauern sogleich wieder Probleme mit der Zensur bekommt. Der wegen seines skandalösen Lebenswandels immer wieder inhaftierte Marquis de Sade (1740–1814) wird mit einer geradezu unglaublichen Schreibwut 16 Bände während seiner Gefangenschaft schreiben. Der Politiker Marquis de Mirabeau (1749–1791) verfasst hier seine anonym erscheinende Erotika und François Marie Arouet wird sich sogar seinen Schriftstellernamen Voltaire erst im Pariser Staatsgefängnis, der Bastille, zulegen. Obwohl viele Häftlingserinnerungen gerade von diesem berüchtigten Ort und seinen dunklen Verliesen wenig Gutes zu berichten wissen, wird dennoch aufgrund der darin publizistisch tätigen Häftlinge der Eindruck entstehen, oppositionelle Philosophen und Schriftsteller ließen es sich dort auf königliche Kosten gutgehen. In der Hinsicht verkennt der neidische Blick auf Gefangenenprivilegien, wie vieles sich davon geschickt den eigenen »Waffen« verdankt: »Schweigen, Verbannung und List.«[23] Und gleichzeitig geht dabei vergessen, wie willkürlich die Haft als Besserungsanstalt die Isolierung und das Schreibverbot politischer Opponenten einsetzen konnte. Was dann trotzdem im Gefängnis an Literatur entstand, wurde meist willkürlich konfisziert und vernichtet. Die erste Umschau in der eigenen Zelle gilt deshalb meist nicht dem möglichen Standort für einen Schreibtisch, sondern dem listigen Gedanken, wie sich heimlich überhaupt darin schreiben lasse und mit welchem Schreibzeug. Der preußische Haudegen Friedrich v. Trenck (1726–1794) findet dort einen Nagel, um seine lyrischen Gedanken auf einen Zinnbecher zu gravieren und der Württembergische Staatsrechtler Johann Jakob Moser (1701–1785) verfasst mit der Spitze seiner Dochtschere zahlreiche Aufsätze und Kirchenlieder in der Zelle. Nur wenn die isolierende Überwachung unerbittlich war, wie etwa im Fall des von 1777 bis 1787 in der Festung Hohenasperg bei Ludwigsburg eingekerkerten Journalisten Christian Friedrich Daniel Schubart (1739–1791), so musste jeglicher noch so originelle Versuch, heimlich zu schreiben, misslingen: »Ich machte Anfangs Entwürfe zu Romanen, Gedichten, und andern Büchern, und versuchte es zuweilen, ob ich nicht, wie

Moser, mit der Lichtpuze schreiben könnte. Es gelang mir, und ich verfertigte auf diese Art manches geistliche Lied, auch andre Gedichte, wovon einige wohl verdient hätten, gedrukt zu werden. Aber man merkte es bald, und feilte die Spize an der Lichtscheere ab, wodurch ich auf einmal um meinen süßen Zeitvertreib kam. Die verfertigten Gedichte wurden mir abgenommen, und sind hernach verloren gegangen. Ich bedaure darunter: ›Die Freiheit‹; ein ›Gedicht an Klopstok‹; eins an ›Miller‹; und einen Entwurf: ›der verlohrne Sohn‹. Ich versucht' es aber mit dem Dorn meiner Knieschnalle, und machte wieder verschiedenes. Aber diese wurde mir entwendet. Endlich behielt ich eine Gabel: aber man entdekte auch dieß und drohte mir mit der Kette. – Und nun ließ ich alles fahren, und warf mich ganz in geistliche Uebungen hinein.«[24] Das heißt, von nun an musste er sich wohl oder übel in die religiösen Umerziehungspläne seines launischen Gefängnisvorstehers fügen, der damit den aufmüpfigen Gefangenen lammfromm für seinen Landesherrn, den Herzog Karl Eugen von Württemberg (1728–1793), machen wollte. Sonst wäre Schubart allein die eigene Gedächtniskultur gegen alle Langeweile einer kargen Einzelzelle geblieben, wie er sie bereits von mehreren Aufenthalten in Karzern und Schuldgefängnissen her kannte. Das vor der Haft Gelesene und Geschriebene versuchte man dann im Kopf mühsam zu rekonstruieren und auswendig zu deklamieren, um derart quasi eine mündliche Bibliothek in sich aufzubauen. Genauso mussten die neu in der Zelle entstandenen literarischen Produkte gespeichert werden. Schubarts Eingehen auf das Angebot einer einseitigen, tolerierten Lektüre und die entsprechenden Gespräche mit Geistlichen verbesserten allmählich auch seine isolierenden, monotonen Haftbedingungen. Bald verlegt man ihn in eine höher gelegene Zelle mit Fenster, von der aus er sogar seinem Zellennachbarn durch eine Maueröffnung beim Ofenrohr die eigenen Memoiren diktieren kann. Einem Essensbringer wird er darüber hinaus noch seine berühmte poetische Adelsschelte

»Die Fürstengruft« mitteilen. Indem zugleich die Überwachung weniger rigide ist, bleiben mehr Möglichkeiten für das unbemerkte Verstecken von Manuskripten in der Zelle oder für deren Hinausschmuggeln.

Mit diesem heimlichen Schreiben aber lassen sich nicht nur die Unannehmlichkeiten des Gefängnisalltags besser kompensieren, sondern zusammen mit der Möglichkeit der Lektüre die eigene Gesundheit wie bisherige Autorenidentität einfacher bewahren. »Mir scheint, nie hätte ich so viele Gedanken gehabt«, schreibt 1851 der russische Anarchist Michail Bakunin (1814–1876) in einem heimlich aus der Peter-Paul-Festung hinausgeschmuggelten Brief an seine Freunde. »Nie einen so flammenden Drang nach Bewegung und Tätigkeit verspürt. [...] Ihr werdet nie verstehen, was es heißt, sich lebendig begraben zu fühlen, sich Tag und Nacht in jeder Minute zu sagen: ich bin ein Sklave, ich bin vernichtet, ich bin bei lebendigem Leibe hilflos geworden. In seiner Zelle den Widerhall jenes großen Kampfes zu hören, in dem die größten Weltfragen entschieden werden – und dabei festgeschmiedet, zum Schweigen verurteilt sein! Reich an Gedanken, von denen wenigstens ein Teil nützlich sein könnte, und außerstande, auch nur einen einzigen zu verwirklichen! Liebe im Herzen zu spüren, ja Liebe, trotz der Mauern ringsum, und nicht imstande sein, sie für irgend etwas und für irgend jemanden zu verschwenden. Und schließlich sich voll Selbstverleugnung, ja Heroismus zu fühlen, um einer tausendfach heiligen Idee zu dienen – und zu sehen, wie all das Streben an den vier nackten Mauern, meinen einzigen Zeugen, meinen einzigen Vertrauten, zerbricht. Das ist mein Leben! Und das alles ist noch nichts im Vergleich mit einem anderen, noch schrecklicheren Gedanken. Das ist die Verblödung, die die unausbleibliche Folge eines derartigen Daseins bildet. Sperrt das größte Genie allein in einen solchen Kerker, wie man mich eingesperrt hat, und binnen wenigen Jahren würdet Ihr sehen, wie selbst Napoleon stumpfsinnig und Jesus Christus schlecht würde.«[25]

Was hier der Berufsrevolutionär aus seiner Petersburger Einzelzelle heraus berichtet, mag auch die Kehrseite des neuen »Zeitalters der Strafnüchternheit«[26] im 19. Jahrhundert beleuchten. Während die alles überwachende Isolierung der Häftlinge perfektioniert wird, gerät das Schreiben in der Zelle zunehmend mehr in Abhängigkeit von den Gefängnisinstanzen. Dabei werden je nach Verhalten und Zuverlässigkeit des Häftlings Privilegien in Bezug auf Lektüre und Schreibmaterial bis hin zur ruhigen und »bequemeren« Zelle mit genügend Licht und Bewegungsfläche gewährt oder als Strafe entzogen; also ein neues Klassensystem innerhalb der Gefangenen gefördert. Die politischen Gefangenen kommen zu Privilegien des Lesens und Schreibens und werden damit zugleich von ihren kriminellen Mithäftlingen entfremdet.[27] Derart werden auch die alten, ausgefeilten Kommunikationsmöglichkeiten zwischen den einzelnen Zellen behindert, sei es das gegenseitige Zurufen oder die Alphabet-Systeme der Klopf-Telegraphie, wenn sie nicht mit baulichen Maßnahmen ganz unterbunden werden.

Gleichzeitig misst man der tolerierten Gefängnisliteratur ein ganz neues wissenschaftliches Interesse bei. So veranlasst der dafür wegweisende italienische Psychiater und Kriminologe Cesare Lombroso (1835–1909) Gefangene nicht nur zum biographischen Schreiben, sondern sammelt alle nur erdenklichen schriftlichen Zeugnisse bis hin zum Graffiti aus den Zellen, um damit einen Katalog von Psychopathologien der Verbrecherwelt zu erstellen und zugleich noch die Effizienz der Besserungsanstalten exakter überprüfen zu können. Der Einzelhäftling wird damit weit übers Guckloch hinaus bis in sein Seelenleben hinein beobachtet. Auch in der internierenden Psychiatrie lässt sich dieses Interesse an literarischen Zeugnissen ihrer Patienten vermehrt bemerken. Geisteskranke wie etwa der seit 1806 in Tübingen internierte Friedrich Hölderlin oder der seit 1841 im Irrenhaus lebende englische Naturdichter John Clare (1793–1864) lenken den wissenschaftlichen Blick auf die Bedeutung des

Schreibens als Einblick in die Innenwelten von Patienten. Und letztlich wird das in Krankenakten und Journalen rund um die Uhr schriftlich festgehaltene Beobachten der Patienten für diese selber wiederum zum angeregten Schreibzwang im monotonen Alltag der Heilanstalten. Eine Art »Ecriture brute«, also einer Literatur jenseits bisher gewohnter Schreibstile, die weit über die Psychiatrie hinaus auf die literarische Avantgarde wirken wird, seien es etwa Dadaisten oder Surrealisten. Dennoch wird noch mehr als ein Jahrhundert verstreichen, bis der österreichische Psychiater Leo Navratil (1921–2006) im Jahr 1981 eigens ein »Haus der Künstler« in Maria Gugging beim niederösterreichischen Klosterneuburg einrichtet, um das Schreiben in der Psychiatrie explizit als literarisches weit über literaturtherapeutische Aspekte hinaus zu fördern. Denn bei aller Toleranz, das Schreiben inmitten der Gemeinschaftssäle voll unruhiger, ablenkender Mitpatienten und überwachendem Personal fällt mehr als schwer. Die österreichische Schriftstellerin Christine Lavant (1915–1973), die sich für kurze Zeit 1935 in die »Landes-Irrenanstalt« in Klagenfurt begab, schreibt im Nachhinein in ihren »Aufzeichnungen aus einem Irrenhaus« (1946): »Morgen bin ich vielleicht schon auf Abteilung ›Drei‹ und in der Zwangsjacke, wo man höchstens mit den Zehen schreiben kann, und deshalb schreibe ich es heute noch einmal […]«[28] Angesichts solch therapeutischer Bedrohungen, von der Gummizelle über Bad- und Insulinkuren bis zur Lobotomie, mögen viele ein allzu auffälliges Schreiben aufgegeben haben, so wie etwa der in Herisau internierte Dichter Robert Walser. Allerdings wird er noch kurz vor seinem Tod 1956 dem treuen Mitwanderer Carl Seelig versichern, dass er die »Aufzeichnungen aus einem Totenhause« (1860/62) des russischen Schriftstellers Fjodor Dostojewskij (1821–1881) nach wie vor zu seinen »Favoriten« zähle.[29] Immerhin noch ein subversiver Lektüre-Akt in der großen Zeit des Kalten Krieges, in dem die psychiatrische Klinik mit der Katorga, dem russischen Zwangsarbeitslager, in Verbindung aufscheint.[30]

Was Dostojewskij da einem gewissen Alexander Petrowitsch an Aufzeichnungen aus dem Zwangsarbeitslager fiktiv unterschiebt, erzählt in aller ausführlichen Genauigkeit letztlich von den eigenen Erfahrungen als verschickter Verschwörer in den Jahren 1850 bis 1854 im sibirischen Omsk. Je nach Umständen wird der Ort des täglichen Überlebenskampfes einmal als »Höhle« und einmal als »Herberge« beschrieben, und bringt auch das spezielle Elend der dort arbeitenden Intellektuellen zur Sprache, die jahrelang kein einziges Buch zu lesen wagen, um nicht von den Bewachern unnötig schikaniert zu werden. »Wer es nicht selbst an sich erfahren hat, kann über manche Dinge nicht urteilen. Ich will hier nur eines sagen: dass geistige Entbehrungen schwerer zu ertragen sind als alle körperlichen Qualen. Der Mann aus dem Volke, der ins Gefängnis kommt, gelangt damit in eine Gesellschaft, die von derselben Art wie seine bisherige, vielleicht sogar noch etwas intelligenter ist. Gewiss, er hat vieles verloren: seine Heimat, seine Familie, alles; aber ihrer Art nach bleibt seine Umgebung die gleiche. Der gebildete Mensch dagegen, der nach dem Gesetz die gleiche Strafe erleidet wie der Mann aus dem Volke, verliert oft unvergleichlich viel mehr als dieser. Er muss all seine geistigen Bedürfnisse und Gewohnheiten unterdrücken, in eine ihm nicht genügende Umgebung übergehen, muss eine andere Art Luft atmen lernen. Er ist ein Fisch, der aus dem Wasser gezogen und auf den Sand geworfen ist. Und oft verwandelt sich die Strafe, die nach dem Gesetze für alle die gleiche ist, für ihn in eine zehnmal so qualvolle. Das ist eine Tatsache ... sogar wenn nur materielle Gewohnheiten in Betracht kämen, die er aufgeben muss.«[31]

Was sich im zaristischen Arbeitslager immerhin noch in Heften ausführlich aufzeichnen lässt, wird im Gulag des 20. Jahrhunderts als schriftliche Quelle beinahe undenkbar. Das stalinistische Strafsystem zielt eben ganz systematisch auf die Vernichtung internierter Intellektueller. Schon im Untersuchungsgefängnis kann kaum an eine ruhige Lektüre gedacht werden, angesichts der Verhöre, der Massenbelegung von Zellen und des rationierten Lichts. Ja selbst für die amtlichen Eingaben steht nur wenig Papier und überaus schlechtes Schreibzeug zur Verfügung. Das wird sich vom Gefangenentransport bis zum Arbeitslager in Sibirien noch weiter verschlechtern. Nicht einmal ein knapper Brief an die Angehörigen zu Hause wird ohne weiteres mehr möglich sein. Der russische Autor, Lagerüberlebende und Nobelpreisträger Alexander Solschenizyn (1918–2008) schreibt in seinem Bericht »Archipel Gulag« (1973): »Die Phantasie der Schriftsteller versagt aufs jämmerlichste vor dem Alltag der Eingeborenen des Archipels. [...] Unsere russischen Federn berichten in großen Zügen, wir haben ein gerüttelt Maß erlebt und fast nichts davon ist beschrieben und benannt, aber ob es für die westlichen Autoren, die da gewohnt sind, die winzigsten Zellen de[s] Seins unter die Lupe zu halten, die gewonnene Apothekerdosis der Mixtur im Strahlenbündel des Projektors zu schütteln – ob es für sie nicht eine Epopöe [= Heldengedicht] darstellte und weitere zehn Bände der ›Suche nach der verlorenen Zeit‹ [von Marcel Proust] hergäbe: über die Kümmernisse der menschlichen Seele zu erzählen, wenn die Zelle zwanzigfach überfüllt ist und der Pisskübel fehlt und sie einen zum Austreten nur einmal am Tag holen, rund um die Uhr! [...] Welch eine Fülle von psychologischen Windungen könnten die westlichen Autoren zwecks Bereicherung ihrer Literatur daraus gewinnen, ganz ohne Gefahr zu laufen, ins banale Kopieren der berühmten Meister zu verfallen! [...] nur die Ärzte werden uns sagen, wie einige Monate in solch einem Gefängnis einen Menschen lebenslang zum Krüppel machen, und sei er gar unter [Nikolai Iwanowitsch] Jeschow [Leiter des Staatssicherheitsdienstes NKWD, 1936–1938] nicht erschossen und unter [Nikita Sergejewitsch] Chruschtschow [zu Beginn der 1960er Jahre] rehabilitiert worden.«[32]

Hier wird selbst das Rezitieren von Gedichten allmählich vor Kälte, Hunger und Erschöpfung verstummen. Die »Künstler der Schaufel«, werden nur noch ganz selten über sehr merkwürdige Dinge gerührt. Dinge, die noch ganz entfernt an geistige Arbeitsorte zu erinnern vermögen. Wenn der Zwangsarbeiter Krist, einer neuen Goldbergwerksbrigade zugewiesen, etwa kurz vor dem Einschlafen beobachtet: »Der Brigadier saß am Tisch in der Ecke, dicht bei der Lampe und las ein Buch. Und obwohl der Brigadier, als Herr über Leben und Tod seiner Arbeiter, zu seiner Bequemlichkeit die einzige Lampe zu sich auf den Tisch hätte stellen und allen anderen Barackenbewohnern das Licht nehmen können – sie kommen nicht zum Lesen oder Sprechen ... Sprechen können sie auch im Dunklen, außerdem haben sie nichts zu besprechen und keine Zeit. Aber der Brigadier Kostotschkin richtete sich selbst bei der Lampe für alle ein und las und las, spitzte manchmal, lächelnd, seine vollen kindlichen Lippen zum Kirschmund und kniff die schönen großen grauen Augen zu. Krist gefiel das so lange nicht gesehene friedliche Bild des Brigadiers und der Brigade so, dass er bei sich beschloss, unbedingt in dieser Brigade zu bleiben, all seine Kräfte für seinen neuen Brigadier einzusetzen.«[33] Was der Schriftsteller Warlam Schalamow (1907–1982) in seiner Erzählung beobachtet, redet eindrücklich von selbsterlebten Entbehrungen. Der Autor, der aus Wologda stammt, diesem ehemaligen Verbannungsort von Berdjajew im Jahr 1898, hatte selber von 1937 bis 1956 seine Gefangenschaft in der Kolyma-Region im Nordosten Sibiriens verbracht. Im Nachhinein wird er in den 1960er Jahren den dortigen zermürbenden Alltag in unzähligen Erzählungen festhalten und mit schonungslosem Blick vom allmählichen Zerstören jeglicher Grundvoraussetzungen für das Schreiben überhaupt berichten. Denn es fehlt dort nicht nur an allem Schreibzeug – selbst die Lagerverwaltung wird aus Mangel an Papier immer wieder beschreibbare Sperrholzbretter benutzen[34] –, sondern auch an genügend ruhigen, unbeobachteten Momenten, in denen sich trotz Erschöpfung schreiben ließe. Wer vorher schriftstellerisch tätig war, wird es im Übrigen wegen der

Schikanen von Mithäftlingen und Vorgesetzten peinlichst verschweigen. Wenn draußen die Kälte jedes Denken hemmt, so können auch drinnen am Ofen die an die Hacke und Schaufelstiel gewöhnten Finger aufgrund mangelnder Praxis keine Feder mehr richtig halten. Es bleibt höchstens für einige noch die Karriere als Gefängnis-»Romanist« übrig, um mündlich für eine Brotrinde oder ein kleines Süppchen allzu triviale Krimistoffe als abendliche Unterhaltung den meist kriminellen Häftlingen in der Schlafbaracke zum Besten zu geben. Insofern zählt hier nur noch der Zufall, die winzigen Momente, in denen etwa doch noch etwas wie ein Gedanke an ein Gedicht von früher aufzublitzen vermag. Aber ein wirklich geeigneter Ort dafür ist für immer verschwunden.

Das 20. Jahrhundert generiert letztlich eine Vernichtungsmaschinerie, vor deren Hintergrund jede bisherige Schreibgrundlage, jede Schreibörtlichkeit als ein das Selbst bedrohender Anachronismus erscheint. Der Wiener Psychiater Viktor E. Frankl (1905–1997) schildert seine Ankunft in Auschwitz im Oktober 1944 in all seiner damaligen Naivität: »Nun warten wir in einer Baracke, die den Vorraum zur ›Desinfektion‹ bildet. SS erscheint mit Decken, in die alle Konserven, alle Uhren und aller Schmuck hineingeworfen werden muss. [...] Noch kann niemand recht daran glauben, dass einem wirklich buchstäblich alles weggenommen wird. Da versuche ich, einen der alten Häftlinge ins Vertrauen zu ziehen. Ich pirsche mich an ihn heran, weise auf meine Papierrolle in der Brusttasche meines Mantels und sage: ›Du, pass auf! Hier habe ich ein wissenschaftliches Buchmanuskript bei mir – ich weiß, was du sagen wirst – ich weiß: mit dem Leben davonkommen, das nackte Leben hinwegretten, ist alles, ist schon das Äußerste, was man vom Schicksal erbitten darf. Aber ich kann mir nicht helfen, ich bin eben so größenwahnsinnig und will mehr. Ich will dieses Manuskript behalten, irgendwie erhalten – es enthält mein Lebenswerk; verstehst du mich?‹ Da beginnt er zu verstehen, jawohl: zu grinsen beginnt er übers ganze Gesicht, erst mehr mitleidig, dann mehr belustigt, spöttisch, höhnisch, bis er mit einer Grimasse mich anbrüllt und meine Frage mit einem einzigen Wort, das er herausbrüllt, quittiert, mit jenem Wort, das als das Wort im Sprachschatz des Lagerhäftlings seither immer wieder zu hören war. Er brüllt: ›Scheiße!!‹ Da weiß ich, wie die Dinge stehen. Ich mache das, was den Höhepunkt dieser ganzen ersten Phase psychologischer Reaktionen darstellt: ich mache einen Strich unter mein ganzes bisheriges Leben.« Frankl wird sich in »diese Unsentimentalität des langjährigen Lagerhäftlings« hineinschicken, in der aber auch alles eine Entwertung erfährt, was nicht unmittelbar den primitivsten Interessen der Lebenserhaltung nützt. So wird er erst viel später in einer Fleckfieber-Baracke 1945 sich gegen Fieberdelirien damit wach halten, auf winzige Zettel stenographische Stichworte hinzukritzeln, zur »Rekonstruktion jenes Manuskripts, das ich in der Auschwitzer Desinfektionsbaracke hinwerfen musste«.[35]

Andere werden im heimlichen Verfassen von Gedichten oder Tagebüchern sich eine ähnliche geistige wie selbstvergewissernde Stütze gegen alles unsägliche Elend zum besseren Überleben suchen.[36] Meist wird es nur im Gedächtnis für eine spätere Ausarbeitung gespeichert, ohne dass feststehen würde, wann mit einer Entlassung überhaupt je zu rechnen wäre. Das mag vielleicht für Momente auch die Utopie eines alten, gewohnten Schreibortes allein für sich heraufbeschwören, an dem sich die alles bezeugende wie überlebende Chronistenpflicht letztlich besser erfüllen ließe. Was hier unter Lebensgefahr im Versteckten meist nachts entsteht,[37] mühselig verborgen werden muss oder je nachdem hinausgeschmuggelt wird, spricht längst nur noch von einem Schreiben auf Leben und Tod im vollkommen unmenschlichen Unort. Der italienische Schriftsteller Primo Levi (1919–1987) erinnert sich im Nachhinein an eine für ihn entscheidende Prüfung in Auschwitz, um als Facharbeiter in ein Chemie-Kommando mit mehr Überlebensaussichten zu kommen. »[Ingenieur] Pannwitz ist hochgewachsen, mager und blond; er hat Augen, Haare und Nase, wie alle Deutschen sie haben müssen, und er thront fürchterlich hinter einem wuchtigen Schreibtisch. Ich, Häftling 174517, stehe in seinem Arbeitszimmer, einem richtigen Arbeitszimmer, klar, sauber und ordentlich, und mir ist, als müsste ich überall, wo ich hinkomme, Schmutzflecken hinterlassen.« In diesem Arbeitszimmer, inmitten des größten Terrors eines Vernichtungslagers, verhört in unglaublicher Emotionslosigkeit der Deutsche in gesicherter Existenz den vollkommen erschöpften Zwangsarbeiter Levi, der sich nur schwer noch an seine weit zurückliegende Turiner Chemie-Dissertation zu erinnern vermag. Und als käme es allein darauf an, aus dem Opfer, diesem erklärten »Nicht-mehr-Menschen«, noch einen irgendwie verwertbaren Faktor vor der endgültigen Ausrottung herauszupressen, nimmt die ungeheuerliche Prüfung ihren Verlauf. Der Schreibtisch markiert die letzte tödliche Selektion, zwischen dem daransitzenden Täter und dem davorstehenden Häftling. »Arbeitszimmer. Ende«, ließe sich da eigentlich nur noch festhalten.

»Heute«, schreibt der Auschwitz-Überlebende Levi nach seiner Befreiung und nach dem Ende des Zweiten Weltkriegs wieder zurück in Turin, »an diesem wirklichen Heute, da ich an einem Tisch sitze und schreibe, bin ich mir selbst nicht sicher, ob das alles tatsächlich stattgefunden hat.«[38]

Anhang

Anmerkungen

Einleitung

1 Pico della Mirandola, G., Über die Würde des Menschen, S. 8 u. S. 13; zu den wolkigen Vorhängen vgl. J. Ruskin, Of cloud beauty, S. 105
2 Vgl. den frz. Philosophen Gaston Bachelard (1884–1962): »[...] man ›schreibt ein Zimmer‹, man ›liest ein Zimmer‹, man ›liest ein Haus‹. [...] denn Zimmer und Haus sind Diagramme der Psychologie, welche die Schriftsteller und Dichter in der Analyse der Innerlichkeit leiten.« [Poetik des Raumes, S. 40 u. S. 60]
3 Der österr. Bestsellerautor Johannes Mario Simmel (1924–2009) über sein Arbeitszimmer: »Es ist sowohl der Himmel als auch die Hölle.« [zit. in: Koelbl, H., Im Schreiben zu Haus, S. 220]
4 Cowley, M. (Hg.), wie sie schreiben, S. 28; vgl. den Kölner Sonderling Hermann v. Weinsberg (1518–1597), zit. in: Ariès, P. / Duby, G. (Hg.), Gesch. des privaten Lebens, Bd. 2, S. 455
5 Christa Wolf, zit. in: Koelbl, H., Im Schreiben zu Haus, S. 239
6 Mallarmé, S., Igitur, S. 195
7 Isherwood, C., Leb wohl, S. 6
8 Vgl. Hohl, L., Die Notizen, S. 462, Nr. 170
9 Zit. in: Koelbl, H., Im Schreiben zu Haus, S. 140; vgl. auch den chaotisch planvollen Arbeitszimmer-Fundus der österr. Schriftstellerin Elfriede Gerstl (1932–2009) oder die Manuskript-, Zeitungs- und Büchertürme des deutschen Romanciers Wolfgang Koeppen (1906–1996)
10 Vgl. Mallarmé, S., Correspondance, Bd. 1, S. 233 [an François Coppée 5. 12. 1866]
11 Vgl. Johann Gottfried Herder: »Ich wäre nicht ein Tintenfaß von gelehrter Schriftstellerei, nicht ein Wörterbuch von Künsten und Wißenschaften geworden, die ich nicht gesehen habe und nicht verstehe: ich wäre nicht ein Repositorium voll Papiere und Bücher geworden, das nur in die Studierstube gehört.« [Journal meiner Reise im Jahr 1769, S. 9f.]
12 Vgl. Piatti, B., Die Geographie der Literatur, S. 358
13 Matt, P. v., Robert Walsers Zorn, S. 191
14 E. Mörike an seine Schwester Luise ca. 23. 12. 1824 [Werke u. Briefe, Bd. 10, S. 69f., Nr. 46]
15 Baudelaire, C., Les Fleurs du Mal, S. 169 [Pariser Bilder, Nr. 86, Landschaft]

Dichter am Berg

1 Bibel, Exodus 31, 18; vgl. Deuteronomium 4, 13
2 Hamann, J. G., Aesthetica in Nuce,

in: ders., Sokratische Denkwürdigkeiten, S. 75–147, hier S. 113
3 Bibel, Ex. 34, 4
4 Hamann, J. G., Kleeblatt Hellenistischer Briefe, S. 171
5 Hesiod, Theogonie, Verse 1 ff.
6 Ders., Werke und Tage, V. 639
7 Ders., Theogonie, V. 26 ff.
8 Homer, Ilias, VI, V. 168 ff.
9 Anonym, Vita Homeri, übersetzt aus: M. R. Lefkowitz, The lives of the Greek poets, S. 144 f.
10 Xenophon, Erinnerungen an Sokrates, IV, 2, 8
11 Plinius d. J., Sämtl. Briefe, III, Nr. 5, S. 111; vgl. Perrig, S., Stimmen, Slams und Schachtel-Bücher, S. 55 f.
12 Xenophon, Erinnerungen an Sokrates, I, 1, 10
13 Platon, Theaitetos, in: ders., Phaidros. Theaitetos, S. 151–367, hier S. 159 [143a]
14 Hamann, J. G., Sokratische Denkwürdigkeiten, S. 65
15 Quintilianus, M. F., Institutionis oratoriae, X, 3, 22–30
16 Vgl. Horaz, Sämtl. Ged., Epoden 2, V. 1
17 Sueton, Cäsarenleben, S. 136 [Augustus, 78]
18 Plinius d. J., Sämtl. Briefe, II, Nr. 17, 91–96
19 Cicero, M. T., An seine Freunde, VII, 23, 2; vgl. ders., Brutus, VI, 24, bzw. Plinius d. Ä., Naturalis Historiae, XXXV, 2, 9 ff.
20 Horaz, Sämtl. Ged., Carmina II, 18, V. 1; ebd., Satiren II, 6, V. 4
21 Juvenal, Satiren III, V. 204 ff. bzw. VII, V. 27 ff.
22 Horaz, Sämtl. Ged., Sat. II, 6, V. 1
23 Ebd., Carm. II, 13
24 Ebd., Sat. II, 3, V. 6 ff.
25 Tibull, Gedichte, I, 1, V. 45 ff.
26 Übers. aus: Ovid, Briefe aus der Verbannung, S. 126 [Tristia, III, 4, V. 25]
27 Cicero, M. T., Über die Ziele des menschlichen Handelns, V, 1 ff.
28 Aelianus, C., Bunte Geschichten, VIII, 11
29 Bruno, G., Von den heroischen Leidenschaften, 1. Dialog, S. 29 f.
30 In: Maché, U. / Meid, V., Ged. d. Barock, S. 302
31 Jean Paul, Die Unsichtbare Loge, S. 6 u. S. 206
32 Lukrez, De rerum natura, VI, V. 786 f.
33 Burton, R., Anatomie der Melancholie, S. 257
34 Hebbel, F., Moderne Lyrik, S. 678
35 Goll, I., Die Chapliniade, S. 233
36 Nänny, J. K., Das Roman-Land, S. 209
37 Jean Paul, Vorschule der Ästhetik, S. 401
38 Tieck, L., Die verkehrte Welt, 2. Akt, S. 35
39 Keller, G., Gesammelte Briefe, Bd. 2, Nr. 269, S. 390 [an Maria Melos 31. 1. 1878]
40 Lichtenberg, G. C., Schriften u. Briefe, Bd. 1, S. 927 [L 549]
41 Hölderlin, F., Hyperion, S. 7
42 Jean Paul, Flegeljahre, S. 98
43 Andersen, H. C., Das Märchen meines Lebens, S. 241 f.
44 Heidegger, M., Aufenthalte, S. 244
45 Rushdie, S., Die Satanischen Verse, S. 118

Gelehrte im Gehäuse

1 Nossack, H. E., Der Untergang, S. 61 f.
2 Bergengruen, W., Schreibtischerinnerungen, S. 234 u. S. 20 f.
3 Bergengruen, W., Dichtergehäuse, S. 195
4 Schnurre, W., Schreibtisch unter freiem Himmel, S. 264, S. 228, S. 89, S. 228 u. S. 7
5 Bibel, Matthäus 6, 6; vgl. Isaias 26, 20 bzw. 4 Könige 4, 33
6 Übers. aus: Monumenta Germaniae Historica, Legum Tomus 3, S. 589; vgl. Sonderegger, S., Althochdt. Sprache, S. 156
7 Übers. aus: Parkes, M. B., Scribes, Sripts and Readers, S. 110
8 Übers. aus: Guigo II., Liber de quadripertito exercitio cellae, S. 810 [Kap. 5], bzw. Guigo I., Consuetudines Carthusienses, S. 693 f. [Kap. 28]
9 So etwa Jan van Ruusbroec, 1293–1381 (Rouse, R. H. / M. A., Wax tablets, S. 180)
10 Walther v. d. Vogelweide: »Ich saz ûf eime steine / und dahte bein mit beine« [Ged., S. 158]
11 Petrarca, F., Die Besteigung des Mont Ventoux, S. 29
12 Übers. aus: Christine de Pizan, Le livre des fais et bonnes meurs du sage roy Charles V, Bd. 2, S. 42
13 Der Jurist Lapo Mazzei an seinen Freund Francesco Datini 1391 bzw. 1395, übers. aus: Thornton, D., The scholar in his study, S. 11
14 Machiavelli, N., Clizia, S. 79 [II, 4]
15 Dante, Das neue Leben, S. 7 f. u. S. 27

16 Petrarca, F., Über das Leben in Abgeschiedenheit, S. 80 u. S. 103
17 Perrig, A., Lucas Cranach, S. 52
18 Mörike, E., Werke u. Briefe, Bd. 19. I, S. 267 [an Wilhelm Hartlaub, 29. 5. 1874]
19 Panofsky, E., Das Leben und die Kunst Albrecht Dürers, S. 206
20 Übers. aus: Corrozet, G., Le Blason de l'Estude (1539), in: Thornton, D., The scholar in his study, S. 179
21 Montaigne, M. de, Essais, S. 412 [III, 3]
22 Zit in: Liebenwein, W., Studiolo, S. 91; vgl. ders., zit. in: Thornton, D., The scholar in his study, S. 9
23 Übers. aus: Machiavelli, N., Opere, S. 1111 [an Francesco Vettori am 10. 12. 1513]
24 Übers. aus: Leonardo da Vinci, The literary works, Bd. 1, S. 313 [II, Nr. 509]
25 Montaigne, M. de, Essais, S. 126 [I, 39]
26 Erasmus v. Rotterdam, Dialogus cui titulus Ciceronianus, S. 35 u. ders., Briefe, S. 458 [an Ludwig Ber, 30. 3. 1529]
27 Erasmus v. Rotterdam, Briefe, S. 23 [für Heinrich Northoff an seinen Bruder Christian, 8. 1497]; vgl. Liebenwein, W., Studiolo, S. 65
28 Erasmus v. Rotterdam, Briefe, S. 517 [an Johannes Hervagen, 9. 8. 1531]
29 Erasmus v. Rotterdam, Briefe, S. 315 [an Marcus Laurinus, 1. 2. 1523] u. S. 450 [an Anton Salamanca, 10. 3. 1529]

30 Vgl. Fischer, H. (Hg.), Schwankerzählungen, S. 275 [Der Stricker, Der nackte Bote, S. 274f.]
31 Piccolomini, E. S., Euryalus und Lucretia, S. 25
32 Montaigne, M. de, Essais, S. 413 [III, 3]
33 Erasmus v. Rotterdam, Briefe, S. 439 [an Hajo Caminga, 12. 11. 1528]
34 Lorris, G. de / Meun, J. de, Der Rosenroman, Bd. 3, V. 18207f.; vgl. Thornton, D., The scholar in his study, S. 168
35 Erasmus v. Rotterdam, Dialogus cui titulus Ciceronianus, S. 31; vgl. Lärm von Schnarchenden, Mäusen und Fliegen (ebd., S. 33)
36 Vgl. den seit dem 13. Jh. vielgelesenen Traktat »De disciplina scholarum« (Liebenwein, W., Studiolo, S. 134)
37 Erasmus v. Rotterdam, Briefe, S. 527 [an Jakob Sadolet, 22. 2. 1532]
38 Übers. aus: Thornton, D., The scholar in his study, S. 45
39 Übers. aus Ficino, M., Three Books on Life, S. 117 u. S. 133 [er bezieht sich dabei auch auf medizinische Schriften von Arnold v. Villanova bzw. Avicenna]
40 Montaigne, M. de, Essais, S. 412 [III, 3], bzw. Platter, F., Tagebuch, S. 173 [III, 46]
41 Der Jurist Hermann v. Weinsberg um 1550, zit. in: Ariès, P. / Duby, G. (Hg.), Gesch. des privaten Lebens, Bd. 2, S. 455
42 Der Dichter Torquato Tasso beschwert sich darüber (Thornton, D., The scholar in his study, S. 175)
43 Villon, F., Das Kleine und das Große Testament, S. 61 [Das Kleine Testament, Nr. 35, V. 276]
44 Montaigne, M. de, Essais, S. 409 [III, 3]
45 Vgl. Erasmus v. Rotterdam, Vertrauliche Gespräche, S. 140 [Nr. 10]
46 Montaigne, M. de, Essais, S. 413 [III, 3]
47 Perrig, S. / Mazenauer, B., Wie Dornröschen seine Unschuld gewann, S. 112–115
48 Boccaccio, G. di, Das Leben Dantes, S. 23
49 Erasmus v. Rotterdam, Dialogus cui titulus Ciceronianus, S. 35
50 Alberti, L. B., Über das Hauswesen, S. 283f.
51 Platter, F., Tagebuch, S. 158f. [III, 38]
52 Aurifaber, J., Tischreden, S. 553a [Kap. 66, Von Edelleuten]
53 Weber, M., Die protestantische Ethik und der »Geist« des Kapitalismus, S. 153f.
54 Kracauer, S., Von Caligari zu Hitler, S. 91 u. S. 66
55 In einer Umfrage der Zeitschrift »Uhu«, Nr. 5, Berlin 2. 1925, zit. in: Kienzle, R. (Hg.), Marbacher Magazin, Nr. 74, S. 23
56 Perrig, S., Hugo von Hofmannsthal und die 20er Jahre, S. 194
57 Schnurre, W., Schreibtisch unter freiem Himmel, S. 7

Herrenkabinett und Bürgerhäuschen

1 Viewegh, M., Erziehung von Mädchen in Böhmen, S. 164
2 Pascal, B., Gedanken über die Religion, S. 95 [Nr. 136/139]
3 Pascal, B., Pensées, S. 583 [Nr. 126]
4 Pascal, B., Pensées, S. 586 [Nr. 126]
5 Montaigne, M. de, Essais, S. 507 [III, 10; bzw. ders., Les Essais, S. 1052] u. S. 283 [II, 12]
6 Pascal, B., Gedanken über die Religion, S. 341 [Nr. 555/47]
7 Übers. aus: Furetière, A., Dictionnaire universel, Bd. 1, o. S. [Chambre]
8 Goethe, J.W., Einfache Nachahmung der Natur, S. 228
9 Leibniz, G.W., Neue Abhandlungen über den menschlichen Verstand, S. 126 [2. Buch, Kap. 12]
10 Jean Paul, Hesperus, S. 593 [8. Hundposttag]
11 Lichtenberg, G. C., Schriften und Briefe, Bd. 2, S. 193 [H 118]
12 Hanebutt-Benz, E.-M., Die Kunst des Lesens, S. 89–94
13 Goethe, J.W., Von Frankfurt nach Weimar, Bd. 28, S. 160 [an Friederike Oeser, 13. 2. 1769]
14 Lope de Vega, Arte nuevo de hazer comedias, S. 61 [V. 40ff.]
15 Voigt, J., Das Leben des Professor C.J. Kraus, S. 199
16 La Roche, S. v., Antworten auf Fragen nach meinem Zimmer, S. 236
17 Pufendorf, S., Die Verfassung des deutschen Reiches, S. 131 [Kap. 8, §6]
18 Schillers Werke, Nationalausgabe, Bd. 1, S. 159 [Bittschrift, S. 159f.]
19 Descartes, R., Discours de la Méthode, S. 26f. [2. Teil]
20 Tissot, S.A.D., Von der Gesundheit der Gelehrten, S. 221
21 Moritz, K.P., Reise eines Deutschen in England, S. 263 [5.6.1782]
22 Jean Paul, Die unsichtbare Loge, S. 374 [48. oder Mai-Sektor]
23 Schillers Werke, Nationalausgabe, Bd. 25, S. 254 [an C.G. Körner, 13. 5. 1789]
24 Übers. aus: Diderot, D./D'Alembert, J. L., Encyclopédie, Bd. 2, S. 1 [Ecritures, Planche II, Sur la position du corps]
25 La Roche, S. v., Mein Schreibetisch, Bd. 1, S. 9–12, S. 17 u. S. 167; Bd. 2, S. 113
26 Stiegler, B., Reisender Stillstand, S. 53
27 Maistre, X. de, Reise um mein Zimmer, S. 38f. [Kap. 34]
28 La Roche, S. v., Mein Schreibetisch, Bd. 1, S. 6
29 Jean Paul, Biographische Belustigungen, S. 277f. [1. biogr. Belustigung, 29. 4. 1795]
30 Beer, J., Der Simplicianische Welt-Kucker, S. 63
31 Herder, J. G., Journal meiner Reise im Jahr 1769, S. 135
32 Lenz, J.M.R., Der Neue Menoza, S. 72 [V, 3]
33 Perrig, S., »Froher Scherz«, S. 112f.
34 Kant, I., Gesammelte Schriften, S. 627f. [Nr. 1436]
35 Comenius, J.A., Orbis sensualium pictus, S. 200 [Kap. 98]
36 Féraud, J.-F., Dictionaire Critique, Bd. 1, S. 332 [Cabinet]

37 Thornton, D., The scholar in his study, S. 174
38 Übers. aus: Galilei, G., Considerazioni al Tasso, S. 96f.
39 Nicolai, F., Sebaldus Nothanker, S. 290 u. S. 292 [6. Buch, 1. Abschnitt]
40 Eckermann, J. P., Gespräche mit Goethe, S. 340f. u. S. 852 [23.3.1829], bzw. S. 504f. u. S. 871 [25.3.1831]
41 Lepenies, W., Ein Held unserer Zeit, S. 14f.
42 La Roche, S. v., Mein Schreibetisch, Bd. 2, S. 462
43 La Roche, S. v., Antworten auf Fragen nach meinem Zimmer, S. 231f.
44 Adams, G. / Büsch, J. G. / Lichtenberg, G. C., Über einige wichtige Pflichten gegen die Augen, S. 15–19
45 Goethe, J.W., Briefwechsel zwischen Schiller und Goethe, S. 116 [Schiller an Goethe, 16.10.1795]
46 Rousseau, J.-J., Emile, S. 825 [5. Buch]
47 Goethe, J.W., Dichtung und Wahrheit, S. 723 [Teil 4, 16. Buch]
48 Wielands Briefwechsel, Bd. 3, S. 545f. [an Friedrich Justus Riedel, 24.8.1768]
49 Übers. aus: Rousseau, J.-J., Correspondance complète, Bd. 10, S. 52 [an Chrélien-Guillaume de Lamoignon de Malherbes, 26.1.1762]
50 La Roche, S. v., Mein Schreibetisch, Bd. 1, S. 41–43
51 Schillers Werke, Nationalausgabe, Bd. 31, S. 16 [an Charlotte Schiller, 16.3.1801]
52 Rousseau, J.-J., Die Bekenntnisse, S. 420 [9. Buch]
53 Escher v. d. Linth, H. C., Der persönliche Lebensbericht, Bd. 2, S. 740 u. zit. in: Wydler, F. (Hg.), Leben und Briefwechsel von Albrecht Rengger, Bd. 1, S. 286 [Escher an Rengger, 14.1.1804]
54 Sterne, L., Das Leben und die Meinungen des Tristram Shandy, S. 341 [5. Buch, Kap. 1]
55 Goethe, J.W., Faust, Bd. 7.1, S. 269 [2. Akt, V. 6570ff.]

Allein oder zusammen?

1 Lee, H., Virginia Woolf, S. 733 u. S. 735
2 Woolf, V., Tagebücher 3, S. 293 [22.9.1928]; übers. aus: Woolf, V., The Letters, Bd. 3, S. 551 [an Victoria Sackville-West, 25.10.1928]; vgl. S. 516 [an Pernel Strachey, 8.1928] u. S. 543 [an Margaret Llewelyn Davies, 7.10.1928]
3 Woolf, V., Tagebücher 3, S. 296f. [27.10.1928], S. 323 [28.3.1929] u. S. 401 [14.12.1929]
4 Offensichtlich ein persönlicher Erfahrungswert, vgl. Lee, H., Virginia Woolf, S. 429
5 Woolf, V., Ein eigenes Zimmer, S. 39, S. 12, S. 95, S. 111–114 u. S. 23 [diese letzten Zusätze fehlen im Vorlesungsmanuskript: dies., Women & Fiction, S. 26f.]
6 Übers. aus: Woolf, V., The Letters, Bd. 5, S. 195 [an Ethel Smyth, 8.6.1933], bzw. Bd. 4, S. 107 [an Theodora Bosanquet, 7.11.1929]
7 Perrig, S. (Hg.), »Aus mütterlicher Wohlmeinung«, S. 161 [Kaiserin

Maria Theresia an Mercy-Argenteau, 24.5.1770]
8 Übers. aus: Poullain de La Barre, F., De l'égalité des deux sexes, S. 98 [Teil 2]
9 Woolf, V., Ein eigenes Zimmer, S. 70
10 Schwarz, G., Literarisches Leben, S. 50 u. S. 21
11 Wallenrodt, J. I. E., Das Leben, Bd. 2, S. 604
12 C. v. Stein an C. Schiller, 24.11.1798 [Urlichs, L. (Hg.), C. von Schiller, Bd. 2, S. 331]
13 Huber, T., Briefe, Bd. 4, S. 194 [an Christian Gottlob Heyne, ca. 23.8.1810]
14 Zit. in: Hahn, A., »Wie ein Mannskleid für den weiblichen Körper«, S. 115 [an Elise v. Löffelholz, 10.4.1822; vgl. die Ablehnung solcher öffentlichen Rechtfertigungen: Caroline Schlegel-Schelling an Meta Liebeskind, 3.1805, in: dies., Caroline, Bd. 2, S. 404f.]
15 Zit. in: Hahn, A., »Wie ein Mannskleid für den weiblichen Körper«, S. 111 [an Karl August Böttiger, 10.1.1816; vgl. J. G. Forster an C. G. Heyne, 9.3.1786, in: ders., Werke, Bd. 14, S. 444] u. S. 108 [an K. A. Böttiger, 10.1.1816]
16 Gottsched, L., »mit der Feder in der Hand«, S. 171 [an Dorothee v. Runckel, 31.3.1753]; die Rede ist denn auch »von meiner Galeerenarbeit« [an dies., 16.3.1754; S. 207]
17 Woolf, V., Ein eigenes Zimmer, S. 49
18 Montaigne, M. de, Essais, S. 413 [III, 3] u. S. 329 [II, 17; zur Authentizität vgl. Devincenzo, G., Marie de Gournay, S. 180–186]
19 Zit. frz. in: Devincenzo, G., Marie de Gournay, S. 135 [Lobeshymne von Dominique Baudius] u. S. 138
20 Tallemant des Réaux, G., Historiettes, Bd. 1, S. 379f.
21 Vgl. etwa ihre testamentarischen Verfügungen von 1644, zit. in: Devincenzo, G., Marie de Gournay, S. 274f.
22 Gournay, M. le Jars, Zur Gleichheit von Frauen und Männern, S. 37
23 Vgl. Stanhope, L. H., Memoirs, Bd. 1, S. 377ff.
24 Dem Erzbischof von Paris passierte 1698 mit einem Abbé und seinem Pamphlet ein solches Missgeschick: vgl. Saint-Simon, Die Memoiren, Bd. 1, S. 203f.
25 Perrig, S. / Mazenauer, B., Wie Dornröschen seine Unschuld gewann, S. 118
26 Zit. in: Thornton, D., The scholar in his study, S. 96f.
27 Semler, J. S., Lebensbeschreibung, Bd. 1, S. 283 [4. Abschnitt]
28 Rousseau, J.-J., Emile, S. 733 [5. Buch]
29 Schiller an Goethe 30.6.1797 [Goethe, J. W., Briefwechsel zwischen Schiller und Goethe, S. 367]
30 Campe, J. H., Väterlicher Rath für meine Tochter, S. 71f. [1. Teil, III.1B]
31 Zit. in: Starobinski, J., Montesquieu, S. 148
32 Recke, E. v. d., Tagebücher, S. 270 [8.9.1794]
33 B. Veit an R. Levin, 6.6.1793 [Wieneke, E. (Hg.), C. u. D. Schlegel in Briefen, S. 280]

34　Vgl. etwa die erotisch gedeuteten weiblichen Machtspiele bei Montaigne, Essays, S. 241 [II, 12] u. S. 512 [III, 10]
35　Wahl, S. H., Adolphine, S. 90
36　Rousseau, J.-J., Julie, S. 147 f. [1. Teil, 54. Brief]
37　Zur Frau, die einen Mann in ihrem Studienzimmer verbirgt, vgl. Arnim, A. v., Melück Maria Blainville, S. 163
38　Zu den künstlichen Plapperköpfen vgl. Perrig, S., »Nichts als Pappendeckel und Uhrfedern!«, S. 68 u. S. 72
39　Tieck, L., Die sieben Weiber des Blaubart, S. 55, S. 66 u. S. 80; vgl. Perrig, S. / Mazenauer, B., Wie Dornröschen seine Unschuld gewann, S. 129–133
40　Sophie Albrecht (1757–1840), An die Freiheit, in: Brinker-Gabler, G. (Hg.), Dt. Dichterinnen, S. 146 f., hier S. 147
41　Schlegel, F., Kritische Schriften und Fragmente, Bd. 2, S. 141 [Nr. 359]
42　Schlegel, F., Kritische Schriften und Fragmente, Bd. 2, S. 116 [Nr. 125]; vgl. ebd., S. 140 [Nr. 344]
43　D. Veit an Friedrich Schleiermacher, 11.10.1799 [Schlegel, D., Briefe, S. 12; vgl. dies. an Sophie Bernhardi, 7.10.1799, in: Wieneke, E. (Hg.), C. u. D. Schlegel in Briefen, S. 298 f.]; Caroline Schlegel an Novalis 4.2.1799: »Wir sind fleißig und sehr glücklich. Seit Anfang des Jahrs komme ich wenig von Wilhelms Zimmer. Ich übersetze das zweite Stück Shakespeare, Jamben, Prosa, mitunter Reime sogar.« [in: Wieneke, ebd., S. 131]
44　D. Veit an F. Schleiermacher, 9.6.1800 [Schlegel, D., Briefe, S. 72]; dies., Zueignung an den Herausgeber [des »Florentin«], in: Schlegel, D., Florentin, S. 193–196, hier S. 193; vgl. F. Schlegel: »[...] scheint die häufige Romanenautorschaft der Engländerinnen auf das Bedürfnis freierer Verhältnisse zu deuten.« [Kritische Schriften und Fragmente, Bd. 2, S. 120; Nr. 170]
45　Aus Dorothea's Tagebuch, Nr. 28 [Raich, J. M. (Hg.), D. v. Schlegel, S. 91]; vgl. Clemens Brentano an die Schriftstellerin Sophie Mereau, 4.9.1803: »Wenn Du mein Weib, mein Geselle, mein einziger Freund auf Erden sein wirst, dann gibt es keinen Schmerz mehr, als daß ich nicht wissen werde, wie Dir es sagen, daß ich unendlich glücklich bin, durch Dich.« [Brentano, C. / Mereau, S., Lebe der Liebe, S. 178 f.]
46　Schlegel, F., Kritische Schriften und Fragmente, Bd. 2, S. 130 [Nr. 264]
47　D. Veit an F. Schleiermacher, 4.1800 [Schlegel, D., Briefe, S. 60]
48　Bettina v. Arnim an Clemens Brentano [Brentano, C., Briefe, Bd. 2, S. 139]
49　Dorothea an Friedrich Schlegel, 30.9.1818 [Schlegel, F., Kritische Ausgabe, Bd. 29, S. 566]
50　Caroline Schlegel an Lotte Michaelis, 27.12.1787 [Schlegel, C., Caroline, Bd. 1, S. 168]
51　Arnim, B. v., Die Günderode, S. 247 f. [10.8.1805]

52 Lessing, G.E., Minna von Barnhelm, S. 50 [Paul Werner im 3. Aufzug, 6. Auftritt]; Arnim, B.v., Die Günderode, S. 83 [8.1803]
53 Grimm, J., Rede auf Wilhelm Grimm, S. 118f.
54 Woolf, V., Tagebücher 2, S. 330 [16.1.1923]
55 Woolf, V., Tagebücher 3, S. 278 [7.7.1928] u. S. 319 [4.1.1929]
56 Woolf, V., Ein eigenes Zimmer, S. 88

Romantische Höhlen

1 Grillparzer, F., Der arme Spielmann, S. 8, S. 56 u. S. 16f.
2 Vgl. Szerb, A., Die Pendragon-Legende, S. 18
3 Übers. aus: La Fontaine, J. de, Fables choisies, S. 326f. [VIII, 19]
4 Hoffmann, E.T.A., Des Vetters Eckfenster, S. 469
5 Raabe, W., Die Chronik der Sperlingsgasse, S. 17
6 Novalis, Werke, Bd. 2, S. 334 [Vorarbeiten zu verschiedenen Fragmentsammlungen 1798, Nr. 105]
7 Eichendorff, J.v., Aus dem Leben eines Taugenichts, S. 23 u. S. 25
8 Jean Paul, Die unsichtbare Loge, S. 225
9 Rabelais, F., Gargantua, S. 178; vgl. Perrig, S., Der Rosenkranz, S. 207
10 Eckermann, J.P., Gespräche mit Goethe, S. 666 [7.10.1827]; vgl. auch Ralph Waldo Emerson, der Birnen in seiner Schreibtisch-Schublade reifen ließ [McClatchy, J.D., Amerikanische Dichter und ihre Häuser, S. 67]

11 Baudelaire, C., Sämtliche Werke, Bd. 8, S. 127 [Das zweifache Zimmer, S. 127 / 129 / 131]
12 Thoreau, H.D.: »Ich hatte drei Tuffsteine auf dem Schreibtisch liegen; als ich aber mit Entsetzen feststellte, dass ich sie täglich abstauben musste, während mein geistiger Hausrat noch unabgestaubt war, schleuderte ich sie empört zum Fenster hinaus. Was soll ich mit einem möblierten Haus!« [Walden, S. 56]
13 Abgedruckt in: Wysling, H. (Hg.), Gottfried Keller, S. 220f.
14 Jean Paul, Flegeljahre, S. 110 [Nr. 15]
15 Katherine Mansfield an John Middleton Murry, 10.11.1919 [dies., Briefe, S. 183]
16 Walser, R., Dichter, in: ders., Träumen, S. 354–357, hier S. 355
17 Hamsun, K., Hunger, S. 121
18 E.T.A. Hoffmann: »Schon auf der Treppe, auf dem Flur, vernahm er ein wunderliches Getöse; es schien aus Spalanzani's Studierzimmer heraus zu schallen. – Ein Stampfen – ein Klirren – ein Stoßen – Schlagen gegen die Tür, dazwischen Flüche und Verwünschungen.« [Der Sandmann, S. 44]
19 Tieck, L., Des Lebens Überfluss, S. 249
20 Balzac, H. de, Der Talisman, S. 120
21 Raabe, W., Die Chronik der Sperlingsgasse, S. 18; vgl. Dostojewskij, F., Arme Leute, S. 3

22 Maistre, X. de, Nachtfahrt um mein Zimmer, S. 78
23 Dostojewskij, F., Arme Leute, S. 4
24 Zit. in: Cowley, M. (Hg.), wie sie schreiben, S. 95
25 Zit. in: Cowley, M. (Hg.), wie sie schreiben, S. 338
26 Heine, H., Sämtl. Gedichte, S. 676 [Nachwort zum Romanzero, S. 673–683 u. S. 1025f.]
27 Holz, A., Das Buch der Zeit, S. 92f. [Phantasus, S. 79–93]
28 Holz, A., Briefe, S. 151 [an Reinhard Piper, 23.3.1904]
29 Heine, H., Briefe aus Berlin, S. 671
30 Vgl. Borchert, W., Das Gesamtwerk, S. 285 [Der Schriftsteller]
31 Gotthelf, J., Der Knabe des Tell, S. 222
32 Fontane, T., Die gesellschaftliche Stellung der Schriftsteller, in: Ruprecht, E. / u. a., Jahrhundertwende, S. 1–4, hier, S. 3
33 Jean de Boschère 1931: »Er bestand übrigens darauf, dass nur ein enges Zimmer Arbeit oder die Degustation einer Mahlzeit zulasse.« [übers. aus: ders., Satan l'obscur, S. 180]
34 Heym, G., Dichtungen und Schriften, Bd. 2, S. 174 [Über Genie und Staat, S. 174–176]
35 Zit. in: Martini, F. (Hg.), Prosa des Expressionismus, S. 264
36 Schertenleib, H., Cowboysommer, S. 204
37 Bernhard, T., Korrektur, S. 201
38 Walser, R., Der Spaziergang, S. 87 [Koffermann und Zimmermann, S. 86f.]

39 Walser, R., Träumen, S. 244 [Rückblick, S. 244–247]
40 Walser, R., Geschichten, S. 11f. [Sechs kleine Geschichten, Nr. 5, S. 11f.]
41 Walser, R., Wenn Schwache sich für stark halten, S. 132 [Die Ruine, S. 126–142]
42 Vgl., Blum, I., Lisa Walser zwischen Fürsorge und Abwehr, S. 24
43 Rilke, R. M., Die Aufzeichnungen des Malte Laurids Brigge, S. 43
44 Vgl. Michael Krüger bzw. Katja Lange-Müller, zit. in: Koelbl, H., Im Schreiben zu Haus, S. 85 u. S. 60; das Aufräumen fällt einem je nachdem ja auch schwer, vgl. Bichsel, P., Heute kommt Johnson nicht, S. 95 [Beim Aufräumen zum neuen Jahr, S. 94–97], bzw. Genazino, W., Die Liebesblödigkeit, S. 46f.
45 Walser, R., Kleine Dichtungen, S. 128 [»Geschwister Tanner«, S. 127ff.]; vgl. Arno Schmidt über seinen Schreibtisch in der Dachstubenecke: »[…] die allerschönste Schreibfläche; ›Limba‹ = bezogen, ein Hölzernes Meer von 3 Quadratmetern!« [Der Platz, S. 28]
46 Kiš, D., Die Dachkammer, S. 18; vgl. A. Holz: »Auf wilder, meerverschlagner Planke, / ein Schiffer bin ich, der versinkt; / mein letzter Stern ist ein Gedanke, / der leuchtend mir vom Himmel blinkt.« (Phantasus) [Das Buch der Zeit, S. 91]
47 J. Verne, zit. in: Galdemar, Ange, Un après-midi chez M. Jules Verne, in: Dehs, V., J. Verne. S. 369–373, hier S. 371

48 Mayröcker, F., mein Herz mein Zimmer mein Name, S. 116; vgl. F. Dostojewskij: »[…] Zimmerchen; man wohnt darin zu zweit, auch zu dritt. Von Ordnung nicht die geringste Spur – Zustände wie auf der Arche Noah.« [Arme Leute, S. 6]
49 Draesner, U., F. Mayröcker, S. 159; Gomringer, N., M alleine, in: dies., Sag doch mal was zur Nacht, S. 17–20, hier S. 17f.
50 Nicolai, F., Das Leben und die Meinungen, S. 98 [2. Buch, 3. Abschnitt]; das Höhlen-Dasein widersprach letztlich auch den aufgeklärten Vorstellungen der Entwicklung des Menschen vom »ungeselligen Höhlenbewohner« zum »gebildeten Weltmann« [Schiller, F., Was heißt und zu welchem Ende studiert man Universalgeschichte? S. 284]
51 Dostojewskij, F., Aufzeichnungen aus dem Kellerloch, S. 41, S. 126, S. 143, S. 102, S. 145 [oder der von Dostojewskij vorgeschobene Autor verliert hier alle Lust am Weiteredieren] u. S. 13
52 Stifter, A., Turmalin, S. 126
53 »Du verreckst hier in diesem Loch und bist ganz einfach vor Einsamkeit durchgedreht!« [Schweikert, R., Christmas, S. 143]
54 Etwa die berühmten Diners (1900–1908) des Kunsthändlers, -kritikers und Verlegers Ambroise Vollard in einem Pariser Keller [Apollinaire, G., Le flâneur des deux rives, S. 47–50]
55 Übers. aus: Plimpton, G. (Hg.), Women Writers at Work, S. 54
56 Zafón, C. R., Der Schatten des Windes, S. 342; alle Romantik verflüchtigt sich allerdings dort wieder, wo »einem Höhlenmenschen« jeglicher Ausweg genommen wird: vgl. Kafka, F., Briefe, S. 27 [an Oskar Pollak, 27.1.1904], bzw. Die Verwandlung, in: ders., Sämtliche Erzählungen, S. 56–99, hier S. 80
57 Hohl, L., »Alles ist Werk«, S. 145–147f.; F. Dostojewskij: »[…] ebenso hat es der arme Mann nicht gern, wenn man in sein Hundeloch hineinsieht, um seine familiären Verhältnisse zu ergründen – so ist das.« [Arme Leute, S. 98]
58 Walser, R., Dichtergeschichte [1927/28], in: ders., Es war einmal, S. 366f., hier S. 366

Vorhang auf: Die Schreibbühne

1 Recke, E. v. der, Tagebücher, S. 164f. [22.10.1791]
2 Friedrich II. v. Preußen, Werke, Bd. 7, S. 235f. [Regierungsformen und Herrschaftspflichten (1777), S. 225–237]
3 Laforgue, J., Berlin, S. 29
4 Bonaventura, Nachtwachen, S. 6
5 Harry Graf Kessler über das von Auguste Rodin an Rilke überlassene Arbeitszimmer in Paris an der Rue de Varennes [Das Tagebuch, Bd. 4, S. 513; 16.11.1908]
6 Schon Ende des 19. Jahrhunderts galt ein Autorenfoto als Beginn einer neuen »Carriere« [Neue Revue 1894, zit. in: Lensing, L., Wie kommt das Autorenfoto in die Literatur-

geschichte? S. 66; vgl. Blum, I., Unter der Fotografie begraben, S. 62]
7 Ibsen, H., Gedichte, S. 128 [Ballonbrief an eine schwedische Dame, S. 118–133]
8 Seit dem 18. Jh. werden auch Kopiermaschinen erwähnt: vgl. Moritz, K. P., Reise eines Deutschen in Engl., S. 266
9 Bloch, E., Das Prinzip Hoffnung, Bd. 3, S. 1126 [V, 47]
10 Tschechowa, M., Mein Bruder Anton Tschechow, S. 133 f.; vgl. zum Raucherzimmer: Thornton, P., Innenarchitektur in drei Jahrhunderten, S. 218 u. S. 200
11 Der frz. Schriftsteller Robert de Montesquiou-Fezensac: »Eine Wohnung ist ein ›Geisteszustand‹.« [zit. in: Praz, M., Die Inneneinrichtung, S. 19]
12 Vgl. im Landsitz des frz. Psychoanalytikers Jacques Lacan (1901–1981) in Guitrancourt: »In seinem Studierzimmer, das mit kostbaren Kunstwerken geschmückt ist, hängt Gustave Courbets ›L'origine du monde‹, ein höchst naturalistischer Blick zwischen die gespreizten Schenkel einer nackten Frau, das meistens hinter einer hölzernen Schiebetüre verborgen war – aus Rücksicht auf die Gefühle der Putzfrau.« [Fischer, A. M., M. Heidegger, S. 627]
13 Keller, G., Briefe, Bd. 2, S. 190f. [an Adolf Exner, 31. 1. 1873]
14 Der Schriftsteller Guy de Maupassant erwähnt neben Bärenfell und ausgestopften Alligatoren noch den »Fuß einer Mumie, den ein einfältiger Diener wie einen Stiefel eingewichst hatte und der schwarz geblieben war.« [übers. aus: ders., Gustave Flaubert, S. 317]
15 Goncourt, E. de / Goncourt, J. de, Tagebücher, S. 269–272 [29. 10. – 1. 11. 1863]
16 Fontane, T., Effi Briest, S. 58f.
17 Proust, M., Auf der Suche nach der verlorenen Zeit 2, S. 121
18 Huysmans, J.-K., Gegen den Strich, S. 240
19 »Monsieur Pascal äußerte über jene Autoren, die sagen, wenn sie von ihren Werken sprechen: ›Mein Buch, mein Kommentar, meine Geschichte usw.‹, man merke ihnen an, dass sie Bürger seien, die ein eigenes Haus besitzen und stets ein ›bei mir daheim‹ im Munde führen. Sie täten besser daran, fügte dieser vortreffliche Mann hinzu, wenn sie sagten: ›Unser Buch, unser Kommentar, unsere Geschichte usw.‹, weil sich ja gewöhnlich darin mehr vom Gut anderer als von ihrem eigenen finde. (Überliefert von Vigneul-Marville.)« [Pascal, B., Gedanken über die Religion, S. 565]
20 Claudel, P., Die Igiturkatastrophe, S. 150
21 Eckermann, J. P., Gespräche mit Goethe, S. 220 [18. 1. 1827]
22 Schneider, G., Freundschaftsbriefe an einen Gefangenen, S. 89 [Fanny Lewald an Johann Jacoby, 30. 11. 1865]
23 Gérard de Nerval, Oeuvres complétes, Bd. 2, S. 1234 [La Presse.

Théâtre, 28.10.1850; S. 1231–1237 u. S. 1783f.]
24 Lenz, H., Der ausgestopfte Steppenwolf, S. 528
25 Vgl. Perrig, S., Stimmen, S. 76 u. S. 110, Anm. 19
26 Tschechow, A., Iwanow, S. 56; das Essen am Schreibtisch ist bis heute umstritten
27 Tschechowa, M., Mein Bruder Anton Tschechow, S. 140
28 Petersen, J., T. Fontane und Bernhard v. Lepel, Bd. 1, S. 156 [13.3.1849]
29 Gontscharow, I., Oblomow, S. 9f.
30 Moritz, K.P., Reisen eines Deutschen in Italien, S. 545 [10.4.1787], bzw. ders., Reisen eines Deutschen in England, S. 346 [30.6.1782]; vgl. auch den zunehmenden Reliquienkult mit Locken, Manuskripten, Schreibutensilien, Brillen, Möbel- und Kleidungsstücken oder Pfeifen und Tabaksdosen.
31 Gotthelf, J., Der Geltstag, S. 647
32 Hölderlin, F., Sämtliche Werke, Bd. 6, S. 39 [an die Mutter, 4.6.1788]
33 Recke, E.v. der, Tagebücher, S. 345 [14.7.1806] u. S. 347 [17.7.1806]
34 Schmidt, E.A., Sabinum, S. 32
35 Jean Paul, Hesperus, S. 719 [16. Hundposttag]
36 Neser, A.-M., Luthers Wohnhaus in Wittenberg, S. 74f.; allerdings können Autoren-Graffitis auch berühmt werden: wie Goethes »Wanderers Nachtlied« als Bleistift-Inschrift 1780 in der später abgebrannten Schutzhütte auf dem »Kickelhahn« im Thüringer Wald oder Arthur Schopenhauers Fensterscheiben-Einritzung im Gasthof »Zum Ritter« in Rudolstadt als Konzeptionsort von »Die Welt als Wille und Vorstellung« 1813 oder die 1843 mit Diamantring in die Fensterscheibe von »The Old Manse« in Concord / Mass. eingeritzten Liebesgedanken des Künstler-Ehepaars Hawthorne (vgl. weitere Beispiele in: Joost, U., Irgendwo, S. 38)
37 Der Volksglauben an die beim Tod stehenbleibende Uhr findet sich auch als lit. Motiv bei Mord [Ungar, H., Die Verstümmelten, S. 148] u. Selbstmord [Krauss, N., Das große Haus, S. 149]
38 Immermann, K., Fränkische Reise, S. 348–351
39 Assmann, A., Erinnerungsräume, S. 21
40 Goethe an Christian Gottlob Voigt, März 1817 [Goethes Briefwechsel mit C.G.Voigt, Bd. 4, S. 273, Nr. 305]
41 Das Freistellen von Räumen oder ganzen Häusern für museale Besuche ist als Immobilienpolitik bis heute nicht unbestritten: »Und der neue Besitzer des Hauses in Monte Sereno, in dem Steinbeck ›Die Früchte des Zorns‹ schrieb, zeigt sich wenig beeindruckt davon, dass dort vor ihm ein berühmter Schriftsteller gewohnt hat: ›Ich habe das Haus gekauft, weil es mir gefiel. Als man mir sagte, es habe John Steinbeck gehört, meinte ich: ›Na und?‹ Als ihm die Stadt

untersagte, das Haus umzubauen, ließ er sich in den Stadtrat wählen, um das Denkmalschutzgesetz zu ändern.« [McClatchy, J.D., Amerikanische Dichter und ihre Häuser, S. 8]

42 Später werden sie sogar kopiert werden: vgl. Kühn, D., Schillers Schreibtisch in Buchenwald, S. 25

43 Vgl. die minutiöse Beschreibung der Zerstörung von Goethes Geburtshaus in Frankfurt a.M.: Friedrich, J., Der Brand, S. 517f.

44 Kraus, K., In der Werkstatt, S. 49; vgl. den dt. Schriftsteller Sten Nadolny: »Wenn die Menschen in mein Zimmer schauen, auch wenn es nur fotografisch ist, kann ich nicht mehr darin arbeiten.« [zit. in: Koelbl, H., Im Schreiben zu Haus, S. 9]

45 Einmalig ist wohl die von Jorge Semprun (1923–2011) vom 23.4.1945 berichtete Episode, in welcher der alte Führer im Goethehaus wegen seiner Nazi-Erklärungen in einen Wandschrank gesperrt wird [Schreiben oder Leben, S. 128]

46 Kafka, F., Reise Weimar–Jungborn vom 28. Juni 1912 – 29. Juli, in: Brod, M./ ders., Eine Freundschaft, S. 238–266 u. S. 298–301, hier S. 240; Brod, M., Reise nach Weimar, in: ebd., S. 223–237 u. S. 295–297, hier S. 226–229

47 Benjamin, W., Gesammelte Schriften, Bd. IV.1 [Denkbilder, S. 305–438, hier S. 353–355, bzw. Einbahnstraße, S. 83–148, hier S. 87, »Speisesaal«]

48 Nin, A., Die Tagebücher, S. 293 [Frühling 1939] u. S. 298f. [9.1939]

49 Hofmannsthal, H.v., Der Tor und der Tod, S. 283

50 Schnitzler, A., Die letzten Masken, S. 16 [Journalist Karl Rademacher]

51 Bichsel, P., Cherubin Hammer, S. 24

52 Walter Kempowski, zit. in: Koelbl, H., Im Schreiben zu Haus, S. 161

53 E. Strittmatter, zit. in: Wisskirchen, H. (Hg.), Dichter und ihre Häuser, S. 51 [Besuch bei Brecht heute, in: Wochenpost, Nr. 15, Ost-Berlin 1957, S. 10f.]

54 François Rabelais (ca. 1494–1553) spricht schon vom »profond cabinet de noz cueurs« (La vie, S. 125), dem »tiefen Kabinett unserer Herzen« (Gargantua, S. 150) [I, 46]

55 Zimmermann, J.G., Über Friedrich den Großen, S. 276 (übers. aus Frz.) u. S. 42f.

56 Carlyle, T., Friedrich der Große, Bd. 6, S. 745 u. Bd. 4, S. 259

57 Übers. aus: Woolf, V., Haworth, S. 5

Arbeitszimmer ade

1 Schiller, F., Über das Erhabene, S. 832

2 Hoffmann, E.T.A., Des Vetters Eckfenster, S. 469, S. 471 u. S. 475; vgl. Goethes Leipziger Freund Ernst Wolfgang Behrisch (1738–1809), dessen »Lieblings-Zeitvertreib gewesen, im Fenster zu liegen, die Vorbeigehenden zu mustern und ihren Anzug in Gedanken so zu verändern, daß es höchst lächerlich gewesen sein würde, wenn die Leute

sich so gekleidet hätten.« [Eckermann, J. P., Gespräche mit Goethe, S. 400; 24.1.1830; vgl. Goethe, J.W., Dichtung und Wahrheit, S. 320 f.; 7. Buch]
3   Übers. aus: Maupassant, G. de, Gustave Flaubert, S. 317; der inspirierende Fensterausblick auf Flussschiffe, um dabei etwa fiktionale »Charaktere in die Existenz zu träumen«, wie es die New Yorker Schriftstellerin Joyce Carol Oates 1978 am Detroit River formuliert [übers. aus: Plimpton, G. (Hg.), Women Writers at Work, S. 364; vgl. den irischen Autor Frank O'Connor (1903–1966), zit. in: Cowley, M., wie sie schreiben, S. 189], geht wohl auf ein entsprechendes Bild des röm. Dichters Lukrez zurück [De rerum natura, S. 85; II, V. 1–4], über das sich allerdings Goethe im »Faust I« auch lustig macht [S. 30, V. 864–867]
4   Vgl. Stiegler, B., Reisender Stillstand, S. 65–78
5   Kafka 19.6.1916: »Alles vergessen. Fenster öffnen. Das Zimmer leeren. Der Wind durchbläst es. Man sieht nur die Leere, man sucht in allen Ecken und findet sich nicht.« [Tagebücher, Bd. 1, S. 788]
6   Eichendorff, J. v., Dichtungen, S. 157 [Der Freiwerber, V. 8] u. S. 332 [Frischauf! V. 11 ff.]
7   Vgl. Boswell, J., Tagebuch einer Reise nach den Hebriden, S. 730 [28.9.1773]
8   So verfasste Goethe seine Gedichte »An Schwager Kronos« 1774 [Gedichte 1756–1799, S. 291 ff.] in der Postkutsche und »Willkommen und Abschied« [ebd., S. 128] um 1771 zu Pferd; schon Petrarca hat Gedichte auf dem Pferd geschrieben [Stierle, K., F. Petrarca, S. 130]
9   Benjamin, W., Die Technik des Schriftstellers in dreizehn Thesen, Nr. 4 in: ders., Einbahnstraße, in: ders., Gesammelte Schriften, Bd. IV.1, S. 83–148, hier S. 106
10   Zit. in: Stierle, K., F. Petrarca, S. 130 [an Francesco Nelli]; vgl. noch den dt. Autor Rainald Goetz über seine nächtlichen Notizen: »Gekrakelt, kaum leserlich, ich kann mich an nichts erinnern, hat der Schlaf da hingeschrieben […]« [Abfall für alle, S. 646]
11   Wilhelm, W., Das Schriftwesen, S. 41
12   Zit. in: Ronell, A., Der Goethe-Effekt, S. 69
13   Wossidlo, R., Über die Technik des Sammelns, S. 9
14   So nutzt etwa der lit. Außenseiter und Kleinbauer Christian Wagner (1835–1918) aus Warmbronn auf dem Feld den Rücken seiner Frau als Schreibunterlage [Joost, U., Irgendwo, S. 36]
15   Moritz, K. P., Reisen eines Deutschen in England, S. 299, S. 298 u. S. 321
16   Strindberg, A., Das rote Zimmer, S. 98
17   Kesten, H., Dichter im Café, S. 7
18   Kraus, K., Demolirte Literatur, S. 5
19   Polgar, A., Theorie des »Café Central«, S. 255
20   Kesten, H., Dichter im Café, S. 379

21 Moritz, K. P., Anton Reiser, S. 331
22 Strindberg, A., Unter französischen Bauern, S. 102; vgl. den dt. Autor Rainald Goetz und seinen »Notierwahn« im Jahr 1998: »Die Notiererei nervt natürlich alle, auf die Dauer, klar. [...] Egal.« [Abfall für alle, S. 559, S. 642; vgl. S. 36]
23 Jules Verne baut sich sogar ein Schiff namens »Saint-Michel« als »schwimmendes Arbeitskabinett« [an den Vater Pierre Verne 8.1868, zit. in: Dumas, O., J. Verne, S. 445] und die lit. Femme fatale Anaïs Nin (1903–1977) wird eine Zeitlang im von Clochards behüteten Hausboot »La Belle Aurore« in den 1930er Jahren am Pariser Seine-Ufer leben.
24 Jean Paul, Die unsichtbare Loge, S. 23
25 Strindberg, A., Unter französischen Bauern, S. 97f.
26 Tschechow, A., Tagebücher, S. 42 [3.1891]; auch aus Langeweile u. Erschöpfung wird bisweilen nichts notiert [Twain, M., Die Arglosen im Ausland, S. 217, Kap. 24]
27 Strindberg, A., Unter französischen Bauern, S. 110
28 Dies obwohl schon 1833 der Marburger Nationalökonom und Historiker Michael Alexander Lips (1779–1838) den »Dampfwagen« wegen der ruhigen Fahrweise als zeitsparende Arbeitsmöglichkeit auf Reisen für Gelehrte, Beamte und Kaufleute empfahl. [Schivelbusch, W., Geschichte der Eisenbahnreise, S. 62f.]
29 Zit. in: Koelbl, H., Im Schreiben zu Haus, S. 40
30 Joseph Roth 1927 über Zola [ders., Emile Zola – Schriftsteller ohne Schreibtisch, in: ders., Werke, Bd. 2, S. 823ff., hier S. 824]
31 Virilio, P., Rasender Stillstand, S. 40f.
32 Adorno, T. W., Minima Moralia, S. 26
33 Lorenz, K., Das sogenannte Böse, S. 224
34 Barthes, R., Über mich selbst, S. 154
35 Vgl. E. M. Cioran: »Durch vieles Beobachten des Lebens vergessen wir es schließlich.« [Von Tränen und von Heiligen, S. 72]
36 Vgl. Benjamin, W., Denkbilder, in: ders., Gesammelte Schriften, Bd. IV.1, S. 305–437, hier S. 430 [Traum]; vgl. E. Bloch: »Nichts merkwürdiger als der Blick von außen ins eigene Zimmer: wie da alles hinter dem Glas verschönt ist, die Lampe leuchtet, der Sessel wohnt, Bücher glänzen.« [Gruß und Schein, in: ders., Spuren, S. 175–179, hier S. 175]
37 C. Brentano an S. Mereau 3.9.1803, in: ders., Lebe der Liebe, S. 172
38 Zit. in: Encke, J., Leben ist das Allerwichtigste, S. 16
39 Westphalen, J. v., Der Liebessalat, S. 24
40 Goetz, R., Klage, S. 176 u. S. 13
41 Vgl. www.cyberfiction.ch
42 Jean Paul: »[...] mein Schreibepult ist neun Millionen Quadratmeilen breit, nämlich die Erde – die Sonne ist meine Epiktets-Lampe, und statt der Handbibliothek rauschen die Blätter

des ganzen Naturbuchs vor mir ...«
[Die unsichtbare Loge, S. 400]
43 Morgenstern, C., In me ipsum,
in: ders., Werke, Bd. 5, S. 13–62
u. S. 487–510, hier S. 14f. [Nr. 7]
44 Dehaene, S., Lesen, S. 375f.
45 Nietzsche, F., Euphorion Cap. I.,
in: ders., Werke, 1. Abt., Bd. 2, S. 447;
vgl. Perrig, S., Stimmen, Slams und
Schachtel-Bücher, S. 132f., Anm. 8;
ders., Runzlige Musen, S. 22, bzw.
Anthropotechnik des 18. Jh. in: ders.
»Sie thut nichts als lesen«
46 A. Munro: »Bloß keine Fenster
für mich.« [übers. aus: Hancock, G.
(Hg.), Canadian writers at work,
S. 220]
47 Zit. in: Ellmann, R., Oscar Wilde,
S. 303

Wieder im irdenen Pisspott
1 Grimm, J. / Grimm, W., Kinder- u.
Hausmärchen, Bd. 1, S. 119–127 [Nr. 19]
2 Hans Henny Jahnn über seine
Schreibklause »Haus Granly« in:
Briefe I, S. 1374; die Schriftstellerin
Katherine Anne Porter (1890–1980):
»Wir führen ja wirklich meist ein
nahezu klösterliches Leben [...]«
[übers. aus: Plimpton, G., Women
Writers at Work, S. 56]; vgl. Martin
Heidegger, zit. in: Fischer, A. M.,
M. Heidegger, S. 113, bzw. Georges
Simenon, zit. in: Krumme, P. (Hg.),
Der (bisweilen) leere Stuhl, S. 96
3 Zit. in: Koelbl, H., Im Schreiben
zu Haus, S. 154
4 Zit. in: Koelbl, H., Im Schreiben
zu Haus, S. 213
5 Vgl. Fian, A. / Korab, N., Schreibtische österr. Autoren; Kienzle,
R. (Hg.), Marbacher Magazin IV;
Koelbl, H., Im Schreiben zu Haus;
Krumme, P. (Hg.), Der (bisweilen)
leere Stuhl; Meiss, S. v. / Guntli, R.,
Bücherwelten; Ohlbaum, I., Autoren;
dies., Bilder des lit. Lebens; Palm-Hoffmeister, C. (Hg.), Frauenzimmer
schreiben; Premoli-Droulers, F.,
Dichter u. ihre Häuser
6 Hofmannsthal, H. v., Gabriele
D'Annunzio, S. 183
7 Claudel, P., Die Igiturkatastrophe,
S. 153
8 Barthes, R., Die Vorbereitung
des Romans, S. 356
9 Franz Kafka: »Jeder Mensch trägt
ein Zimmer in sich.« [Nachgelassene
Schriften u. Fragmente I, S. 310;
Oktavheft B (1./2.1917), S. 304–334]
10 Vgl. Barthes, R., Die Vorbereitung des Romans, S. 355
11 Vgl. Certeau, M. de, Kunst des
Handelns, S. 246
12 Majakowski, W., Wie macht
man Verse? S. 45; vgl. Goetz, R., Jeff
Koons, S. 145
13 Lancaster, O., O du mein trautes
Heim, S. 70
14 Hans Henny Jahnn an Richard
Tüngel 22.2.1941, zit. in: Kienzle, R.
(Hg.), Marbacher Magazin IV, S. 62;
H. Hesse an Peter Weiss 11.1937:
»die Häufung von Briefen, Besuchen,
Gästen« kann allerdings auch ein
Studienzimmer »zu einem Bureau
versauen« [ders., »Verehrter großer
Zauberer«, S. 53]

15 Wenn das separierte Büro den Ehepartner nicht gerade »eifersüchtig« macht [Gotthelf, J., Der Geltstag, S. 646; vgl. Anne Sexton, zit. in: Plimpton, G. (Hg.), Women Writers at Work, S. 280f.], so wird der Zufluchtsort treulich vor störenden Interventionen beschützt und je nachdem auch Autoren wie Salomon Gessner (1730–1788) [Perrig, S., Froher Scherz, S. 106] oder Josef Haslinger [zit. in: Koelbl, H., Im Schreiben zu Haus, S. 124] explizit dorthin verwiesen
16 Benjamin, W., Denkbilder, in: ders., Gesammelte Schriften, Bd. IV.1, S. 305–438, hier S. 428
17 Die US-Schriftstellerin Elizabeth Hardwick: »Ich kann kaum noch in eine Buchhandlung gehen, weil ich anstatt zu kaufen, lieber rund 5000 meiner 7000 Bücher weggeben sollte, die mich belasten wie eine Plage, die einen ersticken lässt. [...] Ich kann die nicht finden, welche ich gerade will; tausende sind seit Jahren nicht mehr abgestaubt worden.« [übers. aus: Plimpton, G. (Hg.), Women Writers at Work, S. 220]
18 Barthes, R., Die Körnung der Stimme, S. 200 [Ein fast manisches Verhältnis zu Schreibwerkzeugen, S. 197–202]
19 Nietzsche, F., Briefwechsel, 3. Abt., Bd. 1, S. 170 [an Elisabeth Nietzsche 11.2.1882, Nr. 199]
20 Arno Schmidt: »Sehr wohl, Fränzel: Wer Dichtung will, muß auch die Schreibmaschine wollen.« [Zettels Traum, 1. Buch: Das Schauerfeld oder die Sprache von Tsalal, Zettel 16]
21 Nietzsche, F., Briefwechsel, 3. Abt., Bd. 1, S. 188 [an Elisabeth Nietzsche 27.3.1882, Nr. 218]; zu seinem Schreibmaschinen-Experiment: Windgätter, C., »Und dabei kann immer noch etwas verloren gehen!«, S. 50, Anm. 3
22 Woolf, V., Tagebücher 3, S. 270 [24.4.1928]
23 Henry Miller 1961, zit. in: Kersnowski, F. L. / Hughes, A. (Hg.), Conversations with H. Miller, S. 47 [The Art of Fiction, S. 44–65]
24 Hesse, H., Der Steppenwolf, S. 205
25 H. Hesse an Hugo Ball 2.1.1927 [ders., Briefwechsel, S. 438f., Nr. 213]
26 Polgar, A., Die Schreibmaschine, S. 248
27 Le Corbusier, Vers une architecture, S. IV u. S. 200
28 Maxim, H., Das 1000-jährige Reich der Maschinen, S. 15
29 Woolf, V., Tagebücher 3, S. 351; 5.8.1929
30 Burckhard, M., Das Theater in 100 Jahren, S. 219
31 William Faulkner, zit. in: Cowley, M. (Hg.), wie sie schreiben, S. 144
32 Zit. in: Koelbl, H., Im Schreiben zu Haus, S. 154
33 Obwohl im Vergleich zur Schreibmaschine tendenziell mit dem Computer sprachlich weniger Sätze reformuliert und Worte verändert werden [Viollet, C., Mechanisches Schreiben, S. 44, Anm. 82] besitzen nach einer Studie von Jane Dorner 1992 bereits rund 74% der

amerikanischen Autoren einen Computer und 11% denken über eine Anschaffung nach [zit. in: Sharples, M./Von der Geest, T. (Hg.), The New Writing Environment, S.V]
34 Butor, M., Le voyage de l'écriture, S. 10
35 Auden, W. H., The Word and the Machine, S. 426 [1954]
36 Woolf, V., Tagebücher 3, S. 381 [2.10.1929] bzw. ebd. S. 379 [25.9.1929]
37 Zit. in: Koelbl, H., Im Schreiben zu Haus, S. 170, bzw. zit. in: Kienzle, R. (Hg.), Marbacher Magazin IV, S. 8
38 Goetz, R., Abfall für alle, S. 565
39 Bertolt Brecht im Gespräch mit Walter Benjamin über eine »Typologie des Wohnens« 8.6.1931; Benjamin unterscheidet dagegen zwischen den Polen eingerichtetes, möbliertes Wohnen und zerstörendes »Hausen« [Benjamin, W., Gesammelte Schriften, Bd. 6, S. 435f.]
40 Vgl. B. Brecht an Peter Suhrkamp 8.3.1954 [Briefe 3, S. 232] bzw. die vielfach nostalgisch anmutende Akribie im Beschreiben historischer Arbeitszimmer in der historisierenden Literatur, wie etwa Thomas Manns Erzählung »Schwere Stunde«
41 Pessoa, F., Das Buch der Unruhe, S. 59
42 Barthes, R., Die Vorbereitung des Romans, S. 357
43 Krauss, N., Das große Haus, S. 27
44 Goetz, R., Dekonspiratione, S. 29
45 Briefe, S. 386 [5.7.1922]
46 Barthes, R., Die Vorbereitung des Romans, S. 358

47 Jean Paul, Hesperus, S. 913 [27. Hundposttag]
48 Barthes, R., Die Vorbereitung des Romans, S. 359
49 Benjamin, W., Die Technik des Schriftstellers in dreizehn Thesen, in: ders., GS, Bd. IV/1, S. 106f., hier S. 106
50 Norman, D.A., The Design of Future Things, S. 145 u. S. 174f.
51 Frisch, M., Tagebuch 1946–1949, S. 351–353
52 Geiser, C., »Freigehege« (1983), zit. in: Schläfli, M., »Der Text kommt aus der Dunkelheit!«, S. 302
53 Frisch, M., Tagebuch 1946–1949, S. 359 u. S. 368f.
54 Zschokke, M., Lieber Niels, S. 338 [4.1.2007]; vgl. ebd. S. 669 [7.12.2008]
55 Brinkmann, R. D., Rom, S. 16, S. 18, S. 22 u. S. 26; vgl. zum Stuhl-Problem: Zschokke, M., Lieber Niels, S. 23f. [3.2.2003 bzw. 5.2.2003]
56 Kafka, F., Tagebücher, S. 137–139 [24./25.12.1910]
57 Bachmann, I., »Todesarten«-Projekt, Bd. 3.1, S. 347
58 Miller, H., Wendekreis des Steinbocks, S. 267f. u. S. 303f.
59 Müller, H., WOLOKOLAMSKER CHAUSSEE IV, S. 235f.
60 Munro, A., Das Büro, S. 107
61 Krauss, N., Das große Haus, S. 114f.
62 Mayröcker, F., mein Herz, S. 76.; vgl. den Libertin Vicomte de Valmont im Briefroman »Gefährliche Liebschaften« (1782) von Choderlos de Laclos: »[…] selbst der Tisch, auf

dem ich Euch schreibe, zum ersten Mal diesem Gebrauch geweiht, wird für mich zum geweihten Altar der Liebe, wie schön wird er erst in meinen Augen, wenn ich auf ihm den Schwur niederschreibe, Euch [die Präsidentin de Tourvel] für immer zu lieben!« [S. 136; Nr. 48]
63 Woolf, V., Gesammelte Tagebücher 5, S. 34 [29. 2. 1936]
64 Krauss, N., Das große Haus, S. 112
65 Vesper, B., Die Reise, S. 160
66 Benoziglio, J.-L., Porträt-Sitzung, S. 130 f.
67 Übers. aus: Plimpton, G. (Hg.), Women Writers at Work, S. 315

Verlorene Schreiborte

1 Goetz, R., Abfall für alle, S. 749, S. 266, S. 529, S. 590, S. 845 u. S. 591
2 Merz, K., Entstehung einer Tagebuchnotiz, S. 169 f.
3 Pascal, B., Gedanken über die Religion, S. 120 [Nr. 164 / 218], S. 118 [Nr. 154 / 237], S. 117 [Nr. 152 / 211] u. S. 131 [Nr. 199 / 72]
4 Schlegel, D., Florentin, S. 54 f. [Kap. 7]
5 Bernhard, T., Auslöschung, S. 310; ders., Das Kalkwerk, S. 29; ders., Korrektur, S. 317; bei M. Frisch ist auch die Rede vom »Gefängnis nur in mir« [Stiller, S. 20] oder bei P. Weiss von den »Gefängnissen des Innern« [Die Verfolgung und Ermordung J. P. Marats, S. 245; Sade in 2. Akt, Szene 30]
6 Goethe, J. W., Faust, Bd. 1, S. 80 [V. 1835], S. 34 f. [V. 398–418] u. S. 60 [V. 1194]
7 Sachs, N., Gedichte 1951–1970, S. 126 [Der Umriss]
8 Übers. aus.: Flaubert, G., Correspondance, Bd. 4, S. 299 [an Prinzessin Mathilde 31. 3. 1871] u. S. 302 [an Caroline Commanville 5. 4. 1871]; vgl. W. H. Auden im Ged. »Da unten«: »Die Zimmer, in denen wir reden und werken, sehen immer gekränkt aus, / Wenn man Koffer packt; und wenn wir unangekündigt / Im Finsteren angefahren kommen, aufsperren und das Licht anknipsen, / Scheinen sie verstimmt.« [Anhalten alle Uhren, S. 105]; welch »Entsetzen« aber, wenn das eigene Arbeitszimmer bei der Rückkehr nicht mehr aufzufinden ist [Nossack, H. E., Der Untergang, S. 23]
9 Zit. in: Berdjajew, N., Selbsterkenntnis, S. 255, Anm. 1
10 Berdjajew, N., Selbsterkenntnis, S. 146, S. 143 u. S. 141
11 Altenberg, P., Zimmereinrichtung [Vita ipsa, S. 60 f.]; ebenso wie Altenberg führte der österr. Schriftsteller Joseph Roth (1894–1939) eine nomadische Hotel-Existenz: »Alles was ich besitze sind 3 Koffer. Und das erscheint mir gar nicht merkwürdig. Sondern merkwürdig und sogar ›romantisch‹ kommt mir ein Haus vor, mit Bildern und so weiter.« [Briefe, S. 45; an Stefan Zweig 27. 2. 1929]
12 Berdjajew, N., Selbsterkenntnis, S. 145
13 Ovid, Briefe aus der Verbannung, S. 171 [Tristia / Lieder der Trauer,

III, 14, V. 37ff.], S. 283 [ebd., V, 13, V. 3] u. S. 523 [Epistulae ex Ponto / Briefe vom Schwarzen Meer, IV, 10, V. 67ff.]
14 Vgl. den Piemonteser Schriftsteller Cesare Pavese (1908–1950) in seinem kleinen kalabresischen Verbannungsort Brancaleone als ital. Antifaschist unter Mussolini in den 1930er Jahren: »Sicher muss es auch für mich möglich sein, über einen Stoff zu dichten, der nicht das Piemont zum Hintergrunde hat. Es muss es sein; aber bisher ist es fast nie so gewesen.« [Das Handwerk des Lebens, S. 15]
15 Seneca, Trostschrift für Mutter Helvia, S. 343 [7], S. 347 [9], S. 344 [7] u. S. 365 [20]
16 Boethius, Trost der Philosophie, S. 13 [Buch 1] u. S. 239 / 241 [Buch 4]
17 Villon, F., Das große Testament, S. 213
18 Villon, F., Sämtliche Werke, S. 235 [Dank und Bittschrift an den Gerichtshof]
19 Allerdings sind auch hier hierarchische Unterschiede auszumachen, wenn man etwa an die seit dem 18. Jh. angewachsene Zahl von literarisch tätigen Berufsoffizieren denkt; im Übrigen kann schon das Schreiben in einer Arztpraxis unter den Augen der Patienten und des Hilfspersonals einschränkend sein, wie etwa beim deutschen Dichter Gottfried Benn (1886–1956) oder dem amerikanischen Lyriker William Carlos Williams (1883–1963)
20 Pavese, C., Die Verbannung, S. 114
21 Liebenwein, W., Studiolo, S. 50
22 Platon, Phaidon, S. 15f. [60d–61c]
23 Joyce, J., Ein Porträt des Künstlers als junger Mann, S. 659
24 Schubart, C. F. D., Leben und Gesinnungen, S. 191–193
25 Zit. in: Weigel, S., »Und selbst im Kerker frei«, S. 165; übrigens wird die Briefform häufig auch gewählt, wie etwa bei Oscar Wilde im Fall von »De profundis« (1897), um das Gefängnisverbot der Manuskript-Herstellung zu umgehen
26 Foucault, M., Überwachen und Strafen, S. 23
27 Nur so lassen sich auch die »Loblieder« Intellektueller auf ihre Gefängnisaufenthalte verstehen, wie etwa beim Urdu-Dichter Faiz Ahmed Faiz (1911–1984): »Gefangenschaft öffnet die Fenster deines Geistes.« [übers. aus: Kohli, D. (Hg.), Indian Writers at Work, S. 29]; allerdings bieten bisweilen sogar unzensurierte Gefängnisbibliotheken oder Vorträge von Mitgefangenen ganz neue Bildungsmöglichkeiten; die daraus entstehende »Gefängnisliteratur« lässt sich aber als »Delinquentenliteratur« und »Literatur gefangener Intellektueller« unterscheiden [Weigel, S., »Und selbst im Kerker frei«, S. 17]
28 Lavant, C., Aufzeichnungen aus einem Irrenhaus, S. 120f.
29 Seelig, C., Wanderungen mit R. Walser, S. 164 [Karfreitag 1955]
30 Vgl. Perrig, S., Gestürm und Gelächel, S. 53
31 Dostojewskij, F., Aufzeichnungen aus einem Totenhause, S. 115, S. 411 u. S. 111f.

32 Solschenizyn, A., Der Archipel Gulag, S. 508 f.; vgl. J. Sempruns »Die große Reise«, wo statt Marcel Proustschem Madeleine-Gebäck mit Lindenblütentee pures Schwarzbrot die Recherche nach den im KZ Buchenwald »verlorenen Jahren« auslöst [S. 150]
33 Schalamow, W., Künstler der Schaufel, S. 70 [gleichnamige Erzählung von 1964, S. 65–81]
34 Solschenizyn, A., Ein Tag im Leben des Iwan Denissowitsch, S. 122
35 Frankl, V. E., »Trotzdem Ja zum Leben sagen«, S. 31 f. u. S. 60 f.
36 Vgl. Klüger, R., weiter leben, S. 122
37 Vgl. Laqueur, R., Schreiben im KZ; auch das Schreiben untergetauchter Verfolgter im Versteck gestaltet sich überaus schwierig (vgl. Frank, A., Das Tagebuch, S. 154 [13. 2. 1944] u. S. 176 [12. 3. 1944])
38 Levi, P., Ist das ein Mensch, S. 112 u. S. 110; zu Pannwitz verlieren sich die Spuren: vgl. Deichmann, U., Flüchten, S. 492 ff.

Bibliographie

GA Gesamtausgabe
GS Gesammelte Schriften
SW Sämtliche Werke

Adams, G./Büsch, J.G./Lichtenberg, G.C., »Über einige wichtige Pflichten gegen die Augen«, Frankfurt a.M. 1794
Aelianus, C., »Bunte Geschichten«, Leipzig 1990
Adorno, T.W., »Minima Moralia. Reflexionen aus dem beschädigten Leben« (GS, Bd. 4), Frankfurt a.M. 1980
Alabaster, W., »The Sonnets«, London 1959
Alberti, L.B., »Über das Hauswesen. Della Famiglia«, Zürich/Stuttgart 1962
Altenberg, P., »Vita ipsa«, Berlin 1918
Andersen, H.C., »Das Märchen meines Lebens. Briefe. Tagebücher«, München 1961
[Anonym,] »Vita Homeri. The Life of Homer«, in: M.R. Lefkowitz, The lives of the Greek poets, London 1981, S. 139–155
Apollinaire, G., »Le flâneur des deux rives«, in: ders., Oeuvres en prose complètes, Bd. 3, Paris 1993, S. 1–50 u. S. 1137–1160
Ariès, P./Duby, G. (Hg.), »Geschichte des privaten Lebens«, Bd. 2, Frankfurt a.M. 1990
Arnim, A.v., »Melück Maria Blainville, die Hausprophetin aus Arabien. Eine Anekdote«, in: ders., Erzählungen, Stuttgart 2000, S. 155–186
Arnim, B.v., »Die Günderode«, Frankfurt a.M. 1983
Assmann, A., »Erinnerungsräume. Formen und Wandlungen des kulturellen Gedächtnisses«, München ⁴2009
Auden, W.H., »Anhalten alle Uhren«, Zürich/München 2002
Ders., »The Word and the Machine«, in: ders., Prose, Bd. 3, London 2008, S. 425–427
Aurifaber, J., »Tischreden oder Colloquia Doct. Mart. Luthers«, Eisleben 1566 (reprint = Leipzig 1981)
Bachelard, G., »Poetik des Raumes«, Frankfurt a.M. 1997
Bachmann, I., »›Todesarten‹-Projekt«, Bd. 3.1, München/Zürich 1995
Balzac, H. de, »Der Talisman oder Das Chagrin-Leder«, Zürich 2009
Barthes, R., »Die Körnung der Stimme. Interviews 1962–1980«, Frankfurt a.M. 2002

Ders., »Über mich selbst«, München 1978
Ders., »Die Vorbereitung des Romans. Vorlesung am Collège de France
  1978–1979 und 1979–1980«, Frankfurt a.M. 2008
Baudelaire, C., »Les Fleurs du Mal. Die Blumen des Bösen«, Stuttgart 1988
Ders., »Sämtliche Werke / Briefe«, Bd. 8, München / Wien 1985
Beer, J., »Der Simplicianische Welt-Kucker«, Bern / Frankfurt a.M. /
  Las Vegas 1981
Benjamin, W., »GS«, Bd. IV/1 u. IV/2, Frankfurt a.M. 1972; Bd. 6,
  Frankfurt a.M. 1991
Berdiajew, N., »Selbsterkenntnis. Versuch einer philosophischen Autobiographie«, Darmstadt / Genf 1953
Bergengruen, W., »Dichtergehäuse. Aus den autobiographischen Aufzeichnungen«, Zürich 1966
Ders., »Schreibtischerinnerungen«, Zürich 1961
Bernhard, T., »Auslöschung. Ein Zerfall«, Frankfurt a.M. 1988
Ders., »Das Kalkwerk«, Frankfurt a.M. 2004
Ders., »Korrektur«, Frankfurt a.M. 2005
»Bibel, Neue Jerusalemer«, Freiburg / Basel / Wien 1985
Bichsel, P., »Cherubin Hammer und Cherubin Hammer«, Frankfurt a.M. 1999
Ders., »Heute kommt Johnson nicht. Kolumnen 2005–2008«,
  Frankfurt a.M. 2008
Bloch, E., »Das Prinzip Hoffnung«, 3 Bde., Frankfurt a.M. 1985
Ders., »Spuren«, Frankfurt a.M. 1979
Blum, I., »Lisa Walser zwischen Fürsorge und Abwehr«, in: P. Witschi (Hg.),
  Robert Walser, Herisau 2001, S. 21–30
Dies., »Unter der Fotografie begraben. Eine Spurensuche zu den späten
  fotografischen Aufnahmen von Robert Walser«, in: Appenzellische Jb.,
  H. 133, Herisau 2006, S. 56–67
Boccaccio, G. di, »Das Leben Dantes«, Frankfurt a.M. ^{5}1987
Boesch, H., »Der Kiosk«, Zürich 2007
Boethius, »Trost der Philosophie«, Frankfurt a.M. / Leipzig 1997
Bonaventura [= E. A. F. Klingemann], »Nachtwachen. Im Anhang: Des Teufels
  Taschenbuch«, Stuttgart 1990
Borchert, W., »Das Gesamtwerk«, Zürich 1973
Boschère, J. de, »Satan l'obscur«, Paris 1990
Boswell, J., »Tagebuch einer Reise nach den Hebriden. Mit Dr. Johnson«,
  in: ders., Dr. Samuel Johnson, Zürich 1981, S. 655–779
Bradstreet, A., »The complete works«, Boston (Mass.) 1981
Brecht, B., »Briefe 3«, Berlin / Weimar / Frankfurt a.M. 1998
Brentano, C., »Sämtliche Werke und Briefe«, Bd. 30, Stuttgart / Berlin / Köln 1990

Ders./Mereau, S., »Lebe der Liebe und liebe das Leben. Der Briefwechsel«, Frankfurt a. M. 1981

Brinker-Gabler, G. (Hg.), »Dt. Dichterinnen vom 16. Jh. bis zur Gegenwart. Gedichte und Lebensläufe«, Frankfurt a. M. 1980

Brinkmann, R. D., »Rom, Blicke«, Reinbek 1982

Brod, M./ Kafka, F., »Eine Freundschaft. Reiseaufzeichnungen«, Frankfurt a. M. 1987

Brucker, [M.] R./ Ledhuy, C., »Le boudoir et la mansarde«, 2 Bde., Paris 1838

Bruno, G., »Von den heroischen Leidenschaften«, Hamburg 1989

Burckhard, M., »Das Theater in 100 Jahren«, in: A. Brehmer (Hg.), Die Welt in 100 Jahren, Berlin 1910 (reprint = Hildesheim / Zürich / New York 1988), S. 209–223

Burton, R., »Anatomie der Melancholie. Über die Allgegenwart der Schwermut, ihre Ursachen und Symptome sowie die Kunst, es mit ihr auszuhalten«, Zürich / München ²1988

Busch, W., »Balduin Bählamm, der verhinderte Dichter«, in: ders., GA, Bd. 3, Hannover ²2007, S. 421–494

Butor, M., »Le voyage de l'écriture«, in: ders., Repertoire IV, Paris 1974, S. 9–29

Campe, J. H., »Väterlicher Rath für meine Tochter. Ein Gegenstück zum Theophron«, Braunschweig ⁵1796 (reprint =Lage 1997)

Canetti, E., »Die Blendung«, Reutlingen 1963

Carlyle, T., »Geschichte Friedrichs II. von Preußen genannt Friedrich der Große«, 6 Bde., Berlin 1858 ff.

Certeau, M. de, »Kunst des Handelns«, Berlin 1988

Cervantes Saavedra, M. de, »Der sinnreiche Junker Don Quijote von der Mancha«, Zürich 1972

Choderlos de Laclos, P.-A.-F., »Gefährliche Liebschaften oder Briefe gesammelt in einer Gesellschaft und veröffentlicht zur Unterweisung einiger anderer«, München /Wien 2003

Christine de Pizan, »Le livre des fais et bonnes meurs du sage roy Charles V«, Bd. 2, Paris 1940

Cicero, M. T., »Brutus«, München 1970

Ders., »An seine Freunde«, München ²1976

Ders., »Über die Ziele des menschlichen Handelns. De finibus bonorum et malorum«, München / Zürich 1988

Cioran, E. M., »Von Tränen und von Heiligen«, Frankfurt a. M. 1988

Claudel, P., »Die Igiturkatastrophe«, in: ders., GW, Bd. 5, Einsiedeln / Zürich / Köln / Heidelberg 1958, S. 148–153

Comenius, J. A., »Orbis sensualium pictus. Die sichtbare Welt«, Nürnberg 1698

Cowley, M. (Hg.), »wie sie schreiben. Writers at work«, Gütersloh [1960]

Dante Alighieri, »Das neue Leben. Vita Nova«, Zürich ²1995
D'Avenant, W., »Gondibert, An heroick poem«, London 1651
  (reprint = Menston 1970)
Defoe, D., »Leben und wunderbare Abenteuer des Robinson Crusoe«,
  Zürich 2006
Dehaene, S., »Lesen. Die größte Erfindung der Menschheit und was dabei
  in unseren Köpfen passiert«, München 2010
Dehs, V., »Jules Verne. Eine kritische Biographie«, Düsseldorf / Zürich 2005
Deichmann, U., »Flüchten, Mitmachen, Vergessen. Chemiker und Biochemiker
  in der NS-Zeit«, Weinheim / New York / Chichester / Brisbane /
  Singapur / Toronto 2001
Descartes, R., »Discours de la Méthode pour bien conduire sa raison et
  chercher la vérité dans les sciences. Bericht über die Methode,
  die Vernunft richtig zu führen und die Wahrheit in den Wissenschaften
  zu erforschen«, Stuttgart 2001
Devincenzo, G., »Marie de Gournay. Un cas littéraire«, Fasano / Paris 2002
Diderot, D. / D'Alembert, J. L., »Encyclopédie ou dictionnaire raisonné
  des sciences, des arts et des métiers«, Bd. 2, Paris 1763
Dostojewskij, F., »Arme Leute«, Stuttgart 2007
Ders., »Aufzeichnungen aus dem Kellerloch«, Stuttgart 2007
Ders., »Aufzeichnungen aus einem Totenhause«, Stuttgart 1999
Draesner, U., »Friederike Mayröcker, Luna in Sprachen. 49 Mondschübe
  nach Wien«, in: dies., Schöne Frauen lesen, München 2007, S. 157–174
  u. S. 216f.
Dumas, O., »Jules Verne. Avec la publication de la correspondance inédite
  de Jules Verne à sa famille«, Lyon 1988
Eckermann, J. P., »Gespräche mit Goethe in den letzten Jahren seines Lebens«,
  Stuttgart 1994
Eichendorff, J. v., »Aus dem Leben eines Taugenichts«, Stuttgart 1980
Ders., »Gedichte. Versepen« (Werke, Bd. 1), Frankfurt a. M. 1987
Ellmann, R., »Oscar Wilde. Eine Biographie«, München / Zürich 1997
Encke, J., »Leben ist das Allerwichtigste. Kampf an der Festplatte: Matthias
  Politycki weiß die Launen seines iBooks zu schätzen«, in: Süddeutsche
  Zeitung, Nr. 120, 26. 5. 2003, S. 16
Erasmus v. Rotterdam, »Briefe«, Darmstadt ⁴1995
Ders., »Dialogus cui titulus Ciceronianus sive de optimo dicendi genere.
  Der Ciceronianer oder der beste Stil. Ein Dialog«, in: ders., Ausgewählte
  Schriften, Bd. 7, Darmstadt 1972, S. 1–355
Ders., »Vertrauliche Gespräche«, Zürich 2000
Escher v. d. Linth, H. C., »Der persönliche Lebensbericht«, 2 Bde., Näfels 1998

Federman, R., »The postmodern artist«, in: ders., LOOSE SHOES a life story of sorts, Berlin 2001, S. 93

Féraud, J.-F., »Dictionaire Critique de la Langue Française«, 3 Bde., Marseille 1787f. (reprint = Tübingen 1994)

Fian, A. / Korab, N., »Schreibtische österreichischer Autoren. Erzählungen. Photographien«, Graz 1987

Ficino, M., »Three Books on Life«, Binghamton/New York 1989

Fischer, A. M., »Martin Heidegger. Der gottlose Priester. Psychogramm eines Denkers«, Zürich 2008

Fischer, H. (Hg.), »Schwankerzählungen des deutschen Mittelalters«, München 1967

Flaubert, G., »Correspondance«, Bd. 4, Paris 1998

Ders., »Madame Bovary. Sitten der Provinz« (Werke, Bd. 2), Zürich 2005

Ders., »Salammbô« (Werke, Bd. 3), Zürich 2005

Fontane, T., »Effi Briest«, Stuttgart 1969

Ders., »Irrungen, Wirrungen«, Stuttgart 2009

Ders., »Der Stechlin«, Stuttgart 1981

Ders., »Vor dem Sturm. Roman aus dem Winter 1812 auf 13«, Frankfurt a. M. 1982

Forster, G., »Werke«, Bd. 14, Berlin 1978

Foucault, M., »Überwachen und Strafen. Die Geburt des Gefängnisses«, Frankfurt a. M. 1977

Frank, A., »Das Tagebuch 14. 6. 1942 – 1. 8. 1944«, Heidelberg [7]1961

Frankl, V. E., »... trotzdem Ja zum Leben sagen. Ein Psychologe erlebt das Konzentrationslager«, München [3]1979

[Friedrich II. v. Preußen,] »Die Werke Friedrichs des Großen«, Bd. 7, Berlin 1913

Friedrich, J., »Der Brand. Deutschland im Bombenkrieg 1940–1945«, München [11]2002

Frisch, M., »Stiller«, Frankfurt a. M. 1973

Ders., »Tagebuch 1946–1949«, Frankfurt a. M. 2002

Furetière, A., »Dictionnaire universel, contenant generalement tous les mots françois«, 4 Bde., Den Haag 1727 (reprint = Hildesheim / New York 1972)

Galilei, G., »Considerazioni al Tasso«, in: ders., Scritti letterari, Florenz 1943, S. 83–229

Genazino, W., »Die Liebesblödigkeit«, München / Wien 2005

Goethe, J. W., »Briefwechsel zwischen Schiller und Goethe in den Jahren 1794–1805« (SW, Bd. 8.1), München / Wien 1990

Ders., »Dichtung und Wahrheit«, Stuttgart 1998

Ders., »Einfache Nachahmung der Natur, Manier, Styl«, in: ders., SW, Bd. 18, Frankfurt a. M. 1998, S. 225–229 u. S. 1142 [Auszüge aus einem Reise-Journal]
Ders., »Faust« (SW, Bde. 7.1 u. 7.2), Frankfurt a. M. 1994
Ders., »Gedichte 1756–1799« (SW, 1. Abt., Bd. 1), Frankfurt a. M. 1987
Ders., »Goethes Briefwechsel mit Christian Gottlob Voigt«, Bd. 4, Weimar 1962
Ders., »Von Frankfurt nach Weimar. Briefe, Tagebücher und Gespräche vom 23.5.1764 – 30.10.1775« (SW, Bd. 28), Frankfurt a. M. 1997
Goetz, R., »Abfall für alle. Roman eines Jahres«, Frankfurt a. M. 1999
Ders., »Dekonspiratione«, Frankfurt a. M. 2000
Ders., »Jeff Koons«, Frankfurt a. M. 1998
Ders., »Klage. Vanityfair 2007 / 08«, Frankfurt a. M. 2008
Goldsmith, O., »Der Vikar von Wakefield«, Wien / Stuttgart 1963
Goll, I., »Die Chapliniade. Eine Kinodichtung«, in: K. Siebenhaar (Hg.), Einakter und kl. Dramen der 20er Jahre, Stuttgart 1988, S. 229–247 u. S. 318f.
Gomringer, N., »Sag doch mal was zur Nacht«, Dresden/Leipzig ²2006
Goncourt, E. de, »La maison d'un artiste«, 2 Bde., Dijon 2003
Ders./ Goncourt, J. de, »Tagebücher. Aufzeichnungen aus den Jahren 1851–1870«, Frankfurt a. M. 1983
Gontscharow, I., »Oblomow«, München ¹²2003
Gotthelf, J., »Der Geltstag oder Die Wirtschaft nach der neuen Mode«, in: ders., Werke, Bd. 8, Zürich o. J., S. 501–825
Ders., »Der Knabe des Tell«, in: ders., Werke, Bd. 18, Erlenbach-Zürich / Stuttgart 1965, S. 153–319
Gottsched, L., »›mit der Feder in der Hand.‹ Briefe aus den Jahren 1730–1762«, Darmstadt 1999
Gournay, M. de J. de, »Zur Gleichheit von Frauen und Männern«, Aachen 1997
Grillparzer, F., »Der arme Spielmann«, Stuttgart 1979
Grimm, J., »Rede auf Wilhelm Grimm (1860)«, in: ders./ Grimm, W., Schriften u. Reden, Stuttgart 1985, S. 115–132
Ders./ Grimm, W., »Kinder- u. Hausmärchen. Ausgabe letzter Hand mit den Originalanmerkungen«, 3 Bde., Stuttgart 1989
Guigo I., »Consuetudines Carthusienses«, in: J.-P. Migne (Hg.), Patrologiae cursus completus, Bd. 153, Paris 1880, S. 631–760
Guigo II., »Liber de quadripertito exercitio cellae«, in: J.-P. Migne (Hg.), Patrologiae cursus completus, Bd. 153, Paris 1880, S. 799–884
Hahn, A., »›Wie ein Mannskleid für den weiblichen Körper.‹ Therese Huber (1764–1829)«, in: K. Tebben (Hg.), Beruf: Schriftstellerin, Göttingen 1998, S. 103–131

Hamann, J. G., »Kleeblatt Hellenistischer Briefe«, in: ders., SW, Bd. 2, Wien 1950, S. 167–184

Ders., »Sokratische Denkwürdigkeiten. Aesthetica in nuce«, Stuttgart 2004

Hamsun, K., »Hunger«, Darmstadt 1965

Hancock, G., »Canadian writers at work. Interviews«, Toronto 1987

Hanebutt-Benz, E.-M., »Die Kunst des Lesens. Lesemöbel und Leseverhalten vom Mittelalter bis zur Gegenwart«, Frankfurt a. M. 1985

Hebbel, F., »Moderne Lyrik«, in: ders., Werke, Bd. 3, München 1965, S. 677–680 u. S. 965f.

Heidegger, M., »Aufenthalte. 1962«, in: ders., GA, Bd. 75, Frankfurt a. M. 2000, S. 213–245

Heine, H., »Briefe aus Berlin. 1822«, in: ders., Reisebilder, Frankfurt a. M. 1980, S. 593–671

Ders., »Sämtliche Gedichte«, Stuttgart 1997

Herder, J. G., »Journal meiner Reise im Jahr 1769. Hist.-krit. Ausgabe«, Stuttgart 2002

Hesiod, »Theogonie«, Stuttgart 2008

Ders., »Werke und Tage«, Stuttgart 2007

Hesse, H., »Der Steppenwolf«, in: ders., GW, Bd. 7, Frankfurt a. M. 1972, S. 181–413

Ders./Ball-Hennings, E./Ball, H., »Briefwechsel 1921–1927«, Frankfurt a. M. 2003

Ders./Weiss, P., »›Verehrter großer Zauberer‹. Briefwechsel 1937–1962«, Frankfurt a. M. 2009

Heym, G., »Dichtungen u. Schriften«, Bd. 2, Hamburg/München 1962

Hoffmann, E.T.A., »Der Sandmann«, in: ders., SW, Bd. 3, Frankfurt a. M. 1985, S. 11–49 u. S. 961–978

Ders., »Des Vetters Eckfenster«, in: ders., SW, Bd. 6, Frankfurt a. M. 2004, S. 468–497 u. S. 1413–1427

Hofmannsthal, H. v., »Gabriele D'Annunzio«, in: ders., GW, Bd. 8, Frankfurt a. M. 1979, S. 174–184

Ders., »Der Tor und der Tod«, in: ders., GW, Bd. 1, Frankfurt a. M. 1979, S. 279–298

Hohl, L., »›Alles ist Werk.‹«, Frankfurt a. M. 2004

Ders., »Die Notizen oder Von der unvoreiligen Versöhnung«, Frankfurt a. M. 1984

Hölderlin, F., »Hyperion oder der Eremit in Griechenland«, Stuttgart 1988

Ders., »SW«, Bd. 6, Stuttgart 1959

Holz, A., »Briefe. Eine Auswahl«, München 1948

Ders., »Das Buch der Zeit« (Werke, Bd. 5), Berlin 1962

Homer, »Ilias«, Stuttgart 1988
[Horaz,] Quintus Horatius Flaccus, »Sämtliche Gedichte«, Stuttgart 1992
Huber, T., »Briefe«, Bd. 4, Tübingen 2001
Huysmans, J.-K., »Gegen den Strich«, Stuttgart 2000
Ibsen, H., »Gedichte«, in: ders., SW, Bd. 1, Berlin 1903, S. 1–280
Isherwood, C., »Leb wohl, Berlin. Ein Roman in Episoden«, Frankfurt a. M. / Berlin ³1992
Jahnn, H. H., »Briefe I: 1913–1940«, Hamburg 1994
Jean Paul, »Biographische Belustigungen unter der Gehirnschale einer Riesin«, in: ders., Werke, Bd. 4, München 1962, S. 261–407 u. S. 1163–1172
Ders., »Ehestand, Tod und Hochzeit des Armenadvokaten F. St. Siebenkäs im Reichmarktflecken Kuhschnappel«, Hamburg 1957
Ders., »Flegeljahre. Eine Biographie«, Frankfurt a. M. 1986
Ders., »Hesperus oder 45 Hundposttage. Eine Lebensbeschreibung«, in: ders., Werke, Bd. 1, München 1960, S. 471–1236 u. S. 1268–1310
Ders., »Leben Fibels, des Verfassers der Bienrodischen Fibel«, Frankfurt a. M. 1989
Ders., »Leben des vergnügten Schulmeisterlein Maria Wutz in Auenthal. Eine Art Idylle«, Stuttgart 1984
Ders., »Die unsichtbare Loge. Eine Lebensbeschreibung«, in: ders., Werke, Bd. 1, München 1960, S. 7–469 u. S. 1241–1268
Ders., »Vorschule der Ästhetik nebst einigen Vorlesungen in Leipzig über die Parteien der Zeit«, in: ders., SW, 1. Abt., Bd. 5, Frankfurt a. M. ²1996, S. 7–456 u. S. 1198–1247
Joost, U., »Irgendwo zwischen ›aere perennius‹ und ›writ in the water‹. Umrisse einer Erforschung der ›portable media‹«, in: M. Stingelin / M. Thiele (Hg.), Portable Media, München 2010, S. 29–50
Joyce, J., »Ein Porträt des Künstlers als junger Mann«, in: ders., Prosa, Berlin 2010, S. 427–665
Juvenal, »Satiren«, Stuttgart 2007
Kafka, F., »Briefe 1902–1924«, New York 1958
Ders., »Nachgelassene Schriften und Fragmente I in der Fassung der Handschriften«, New York 1993
Ders., »Sämtliche Erzählungen«, Frankfurt a. M. 1983
Ders., »Tagebücher in der Fassung der Handschrift«, 2 Bde., Frankfurt a. M. 1990
Ders., »Die Verwandlung«, in: ders., Sämtl. Erzählungen, Frankfurt a. M. 1983, S. 56–99
Kant, I., »Anthropologie in pragmatischer Hinsicht«, in: ders., GS, Bd. 7, Berlin 1917, S. 117–333 u. S. 354–417

Ders. »GS«, Bd. 15 (II, 2), Berlin 1913
Ders., »Kritik der reinen Vernunft«, 2 Bde., Frankfurt a. M. ⁴1980
Keller, G., »Gesammelte Briefe«, Bd. 2, Bern 1951
Kerouac, J., »On the Road: Die Urfassung«, Reinbek 2010
Kersnowski, F. L. / Hughes, A. (Hg.), »Conversations with Henry Miller«, Jackson 1994
Kessler, H. Graf, »Das Tagebuch«, Bd. 4, Stuttgart 2005
Kesten, H., »Dichter im Café«, Frankfurt a. M. / Berlin / Wien 1983
Kienzle, R. (Hg.), »Marbacher Magazin. Vom Schreiben 4. Im Caféhaus oder Wo schreiben«, Nr. 74, Marbach a. Neckar ²1996
Kiš, D., »Die Dachkammer«, München / Wien 1990
Klüger, R., »weiter leben. Eine Jugend«, Göttingen 1992
Koelbl, H., »Im Schreiben zu Haus. Wie Schriftsteller zu Werke gehen. Fotografien und Gespräche«, München 1998
Kohli, D. (Hg.), »Indian Writers at Work«, Delhi 1991
Kracauer, S., »Von Caligari zu Hitler. Eine psychologische Geschichte des deutschen Films«, Frankfurt a. M. 1998
Kraus, K., »Die Demolirte Literatur«, Gießen 1972
Ders., »In der Werkstatt«, in: ders., Die Fackel, Jg. 14, Nr. 347 / 348, 4. / 5.1912, S. 49
Krauss, N., »Das große Haus«, Reinbek 2011
Krumme, P. (Hg.), »Der (bisweilen) leere Stuhl. Arbeitsplätze von Schreibenden«, Berlin 1986
Kühn, D., »Schillers Schreibtisch in Buchenwald. Bericht«, Frankfurt a. M. 2005
La Fontaine, J. de, »Fables choisies mis en vers«, in: ders., Oeuvres complètes, Bd. 1, Paris 1991, S. 1–538 u. S. 1031–1320
Laforgue, J., »Berlin. Der Hof und die Stadt 1887«, Frankfurt a. M. 1970
Lancaster, O., »O du mein trautes Heim. Eine Kulturgeschichte der Wohnung«, Wien 1950
Laqueur, R., »Schreiben im KZ. Tagebücher 1940–1945«, Bremen 1992
La Roche, S. v., »Antworten auf Fragen nach meinem Zimmer«, in: dies. (Hg.), Pomona für Teutschlands Töchter, H. 3, Speyer 3.1783, S. 227–249
Dies., »Erscheinungen am See Oneida«, 3 Bde., Leipzig 1798
Dies, »Mein Schreibetisch«, 2 Bde., Leipzig 1799 (reprint = Karben 1997)
Lavant, C., »Aufzeichnungen aus einem Irrenhaus«, Salzburg / Wien 2001
Le Corbusier, »Vers une architecture«, Paris [1925]
Lee, H., »Virginia Woolf. Ein Leben«, Frankfurt a. M. 1999
Leibniz, G. W., »Neue Abhandlungen über den menschlichen Verstand«, Hamburg 1971
Lensing, L., »Wie kommt das Autorenfoto in die Literaturgeschichte?«, in: Fotogeschichte, Jg. 25, H. 98, Marburg 2005, S. 65–68

Lenz, H., »Der ausgestopfte Steppenwolf. Meine Besuche in Dichterhäusern«, in: F. Martini, et al. (Hg.), Jb. d. dt. Schillergesellsch., Jg. 25, Stuttgart 1981, S. 525–532

Lenz, J. M. R., »Der neue Menoza. Eine Komödie«, Berlin 1965

[Leonardo da Vinci,] »The literary works«, Bd. 1, London / New York 1970

Lepenies, W., »Ein Held unserer Zeit – Herr K. Über György Kurtág«, in: B. O. Polzer / T. Schäfer (Hg.), Katalog Wien Modern 2006, Saarbrücken 2006, S. 13–17

Lessing, G. E., »Minna von Barnhelm oder das Soldatenglück. Ein Lustspiel in 5 Aufzügen verfertiget im Jahre 1763«, Stuttgart 1979

Levi, P., »Ist das ein Mensch?«, in: ders., Ist das ein Mensch? Die Atempause, München / Wien 1988, S. 17–175

Lichtenberg, G. C., »Schriften und Briefe«, Bd. 1, München 1968 [Sudelbücher I]; Bd. 2, Darmstadt 1971 [Sudelbücher II]

Liebenwein, W., »Studiolo. Die Entstehung eines Raumtyps und seine Entwicklung bis um 1600«, Berlin 1977

Lope de Vega, »Arte nuevo de hazer en este tiempo, dirigido a la Academia de Madrid. Neue Kunstlehre zur Verfertigung von Dramen in der heutigen Zeit, gerichtet an die Akademie von Madrid«, in: A. Eglseder, Der ›Arte Nuevo‹ von Lope de Vega, Frankfurt a. M. 1998, S. 57–89

Lorenz, K., »Das sogenannte Böse. Zur Naturgeschichte der Aggression«, Wien 1965

Loris, G. de / Meun, J. de, »Der Rosenroman«, Bd. 3, München 1979

Lovelace, R., »The poems«, Oxford 1953

[Lukrez,] Titus Lucretius Carus, »De rerum natura. Welt aus Atomen«, Stuttgart 1981

Maché, U. / Meid, V. (Hg.), »Gedichte des Barock«, Stuttgart 1980

Machiavelli, N., »Clizia«, in: ders., Komödien, München 1967, S. 61–113

Ders., »Opere«, Mailand / Neapel ²1958

Maistre, X. de, »Nachtfahrt um mein Zimmer«, in: ders., Erzählungen, Halle [1882], S. 59–106

Ders., »Reise um mein Zimmer«, in: ders., Erzählungen, Halle [1882], S. 5–58

Majakowski, W., »Wie macht man Verse?«, Frankfurt a. M. 1964

Mallarmé, S., »Correspondance«, Bd. 1, Paris 1959

Ders., »Igitur ou La folie d'Elbehnon. Igitur oder Der Wahn der Elbehnon«, in: ders., Sämtl. Dichtungen, München / Wien 1992, S. 179–219

Mann, T., »Schwere Stunde«, in: ders., GW, Bd. 2.1, Frankfurt a. M. 2008, S. 419–428

Mansfield, K., »Briefe«, Frankfurt a. M. / Leipzig 1992

Martini, F. (Hg.), »Prosa des Expressionismus«, Stuttgart 1988

Matt, P. von, »Robert Walsers Zorn«, in: ders., Die tintenblauen Eidgenossen, München/Wien 2001, S. 190–197

Maupassant, G. de, »Gustave Flaubert«, in: G. Flaubert / ders., Correspondance, Paris 1993, S. 290–322 [19.1.1884]

Maxim, H., »Das 1000jährige Reich der Maschinen«, in: A. Brehmer (Hg.), Die Welt in 100 Jahren, Berlin 1910 (reprint = Hildesheim / Zürich / New York 1988), S. 5–24

Mayröcker, F., »mein Herz mein Zimmer mein Name«, Frankfurt a. M. 1988

McClatchy, J. D., »Amerikanische Dichter und ihre Häuser«, München 2004

Meiss, S. v. / Guntli, R., »Bücherwelten. Von Menschen und Bibliotheken«, Hildesheim 1999

Merz, K., »Entstehung einer Tagebuchnotiz«, in: ders., »In der Dunkelkammer« (Werkausgabe, Bd. 2), Innsbruck/Wien 2011, S. 169–172

Miller, H., »Wendekreis des Steinbocks«, Reinbek 2002

Montaigne, M. de, »Essais. Erste Moderne Gesamtübersetzung«, Frankfurt a. M. ²1998

Ders., »Les Essais«, Paris 2007

»Monumenta Germaniae Historica«, Bd. 3, Hannover 1863

Morgenstern, C., »Werke u. Briefe«, Bd. 5, Stuttgart 1987

Mörike, E., »Werke u. Briefe«, Bd. 10, Stuttgart 1982; Bd. 19.I, Stuttgart 2006

Moritz, K. P., »Anton Reiser. Ein psychologischer Roman«, Stuttgart 2006

Ders., »Reisen eines Deutschen in England im Jahr 1782. In Briefen an Herrn Direktor Gedike«, in: ders., Werke, Bd. 2, Frankfurt a. M. 1997, S. 248–392 u. S. 1114–1154

Ders., »Reisen eines Deutschen in Italien in den Jahren 1786–1788. In Briefen«, in: ebd., S. 411–848 u. S. 1163–1265

Müller, H., »WOLOKOLAMSKER CHAUSSEE IV: KENTAUREN (Ein Greuelmärchen aus dem Sächsischen des Gregor Samsa)«, in: ders., Werke, Bd. 5, Frankfurt a. M. 2002, S. 229–236

Munro, A., »Das Büro«, in: dies., Tanz der seligen Geister, Zürich 2010, S. 105–130

Nabokov, V., »Lolita«, Reinbek 1997

Nänny, J. K., »Das Roman-Land«, in: Z. Funck [= K. F. Kunz] (Hg.), Das Buch der deutschen Parodieen und Travestieen, Bd. 1, Erlangen 1840f., S. 208f.

Nerval, G. de, »Oeuvres complètes«, Bd. 2, Paris 1984

Neser, A.-M., »Luthers Wohnhaus in Wittenberg. Denkmalpolitik im Spiegel der Quellen«, Leipzig 2005

Nicolai, F., »Das Leben und die Meinungen des Herrn Magister Sebaldus Nothanker. Krit. Ausgabe«, Stuttgart 1991

Nietzsche, F., »Werke«, 1. Abt., Bd. 2, Berlin / New York 2000

Ders., »Briefwechsel«, 3. Abt., Bd. 1, Berlin / New York 1981
Nin, A., »Die Tagebücher 1934–1939«, München 1979
Nizon, P., »Diskurs in der Enge. Aufsätze zur Schweizer Kunst«, Zürich 1973
Norman, D. A., »The Design of Future Things«, New York 2007
Nossack, H. E., »Der Untergang«, Frankfurt a. M. 1976
Novalis, »Werke, Tagebücher u. Briefe Friedrich v. Hardenbergs«, Bd. 2, München / Wien 1978
Ohlbaum, I., »Autoren, Autoren. Ein Bilderbuch«, Cadolzburg 2000
Dies., »Bilder des literarischen Lebens. 352 Portraitphotographien aus 4 Jahrzehnten von A–Z«, München 2008
[Ovid] Publius Ovidius Naso, »Briefe aus der Verbannung. Tristia. Epistulae ex Ponto«, München / Zürich 1990
Palm-Hoffmeister, C. (Hg.), »Frauenzimmer schreiben: Texte Räume«, Bremen 2004
Panofsky, E., »Das Leben und die Kunst Albrecht Dürers«, München ⁴1977
Parkes, M. B., »Scribes, Sripts and Readers. Studies in the communication, presentation and dissemination of Medieval Texts«, London / Rio Grande (Ohio) 1991
Pascal, B., »Gedanken über die Religion und einige andere Themen«, Stuttgart 2010
Ders., »Pensées«, in: ders., Oeuvres complètes, Bd. 2, Paris 2000, S. 541–1082 u. S. 1296–1609
Pavese, C., »Die Verbannung«, in: ders., Da er noch redete, Hamburg 1965, S. 7–120
Ders., »Das Handwerk des Lebens. Tagebuch 1935–1950«, Frankfurt a. M. [1974]
Perec, G., »Das Leben. Gebrauchsanweisung«, Reinbek 1991
Perrig, A., »Lucas Cranach und der Kardinal Albrecht von Brandenburg. Bemerkungen zu den vier Hieronymus-Tafeln«, in: W. Schlink / M. Sperlich (Hg.), Forma et subtilitas, Berlin / New York 1986, S. 50–62
Perrig, S. (Hg.), »›Aus mütterlicher Wohlmeinung‹. Kaiserin Maria Theresia und ihre Kinder. Eine Korrespondenz«, Stuttgart 1999
Ders., »›Froher Scherz‹ statt ›rasendem Witz‹. Zur Lachkultur des Zürcher Aufklärers und Idyllendichters Salomon Gessner«, in: Jb. Ostrava / Erfurt, Nr. 3, Ostrava 1998, S. 105–115
Ders., »Gestürm und Gelächel. Der politische Walser im Gespräch mit Carl Seelig«, in: Appenzellische Jb., H. 133, Herisau 2006, S. 42–55
Ders., »Hugo von Hofmannsthal und die 20er Jahre. Eine Studie zur späten Orientierungskrise«, Frankfurt a. M. / Berlin / Bern / New York / Paris / Wien 1994

Ders., »›Nichts als Pappendeckel und Uhrfedern!‹ Vorelektronische Roboterfiktionen aus dem Feld der Literatur«, in: G. Friesinger / K. Harrasser (Hg.), Public Fiction, Innsbruck 2009, S. 66–77

Ders., »Der Rosenkranz als Blumenarabeske und Propagandawaffe. Clemens Brentano und seine ›Romanzen vom Rosenkranz‹«, in: U.-B. Frei / F. Bühler (Hg.), Der Rosenkranz, Bern 2003, S. 205–215

Ders., »Runzlige Musen in Mythos und Cyberspace. Der erzählerische Generationenkonflikt zwischen märchenhafter Fiktion und Realität«, in: W. Grond / B. Mazenauer (Hg.), Das Wahre, Falsche, Schöne, Innsbruck 2005, S. 19–23 u. S. 172f.

Ders., »›Sie thut nichts als lesen.‹ Eine hinterfragte Miniatur der Gräfin Keyserlingk«, in: C. Rigler-Grond / F. Keller (Hg.), Die Sichtbarkeit des Lesens, Innsbruck 2011, S. 63–67

Ders., »Stimmen, Slams und Schachtel-Bücher. Eine Geschichte des Vorlesens. Von den Rhapsoden bis zum Hörbuch«, Bielefeld 2009

Ders. / Mazenauer, B., »Wie Dornröschen seine Unschuld gewann. Archäologie der Märchen«, München 1998

Pessoa, F., »Das Buch der Unruhe des Hilfsbuchhalters Bernardo Soares«, Frankfurt a. M. 1987

Petersen, J. (Hg.), »Theodor Fontane und Bernhard v. Lepel. Ein Freundschafts-Briefwechsel«, 2 Bde., München 1940

Petrarca, F., »Die Besteigung des Mont Ventoux«, Stuttgart 2007

Ders., »Über das Leben in Abgeschiedenheit«, in: ders., Das einsame Leben, Stuttgart 2004, S. 51–237 u. S. 364–379

Piatti, B., »Die Geographie der Literatur. Schauplätze, Handlungsräume, Raumphantasien«, Göttingen 2008

Piccolomini, E. S., »Euryalus und Lucretia«, Stuttgart 1993

Pico della Mirandola, G., »Über die Würde des Menschen«, Zürich 1988

Platon, »Phaidon oder Von der Unsterblichkeit der Seele«, Stuttgart 1981

Ders., »Phaidros. Theaitetos« (SW, Bd. 6), Frankfurt a. M. / Leipzig 1991

Platter, F., »Tagebuch (Lebensbeschreibung) 1536–1567«, Basel / Stuttgart 1976

Plimpton, G. (Hg.), »Women Writers at Work. The Paris Review Interviews«, New York 1989

[Plinius d.Ä.,] C. Plinius Secundus Gaius Major, »Naturalis Historiae. Naturkunde«, Bd. 35, München 1978

[Plinius d.J.,] C. Plinius Caecilius Secundus, »Sämtliche Briefe«, Zürich / Stuttgart 1969

Polgar, A., »Die Schreibmaschine«, in: ders., Kl. Schriften, Bd. 4, Reinbek 1984, S. 246–248

Ders., »Theorie des ›Café Central‹«, in: ebd., S. 254–259

Poullain de La Barre, F., »De l'égalité des deux sexes: Discours physique et moral«, Paris 1673
Praz, M., »Die Inneneinrichtung von der Antike bis zum Jugendstil«, München 1965
Premoli-Droulers, F., »Dichter und ihre Häuser«, München ⁵1999
Proust, M., »Auf der Suche nach der verlorenen Zeit 2. Im Schatten junger Mädchenblüte« (Werke, 2. Abt., Bd. 2), Frankfurt a.M. 1995
Pufendorf, S., »Die Verfassung des deutschen Reiches«, Stuttgart 1985
Quintilianus, M.F., »Institutionis oratoriae. Libri XII. Ausbildung des Redners. 12 Bücher«, Bd. 2, Darmstadt ³1995
Raabe, W., »Die Chronik der Sperlingsgasse« (Werke, Bd. 1), Braunschweig 1981
Rabelais, F., »Gargantua«, Stuttgart 1992
Ders., »La vie treshorrificque du Grand Gargantua«, in: ders., Oeuvres complètes, Paris 1994, S. 1–153 u. S. 1037–1170
Raich, J.M. (Hg.), »Dorothea v. Schlegel geb. Mendelssohn und deren Söhne Johannes u. Philipp Veit. Briefwechsel«, Bd. 1, Mainz 1881
Recke, E.v. der, »Tagebücher und Selbstzeugnisse«, München 1984
Rilke, R.M., »Die Aufzeichnungen des Malte Laurids Brigge«, Frankfurt a.M. 1980
Ronell, A., »Der Goethe-Effekt. Goethe – Eckermann – Freud«, München 1994
Roth, J., »Briefe 1911–1939«, Köln / Berlin 1970
Ders., »Werke«, Bd. 2, Köln 1990
Rouse, R.H./Rouse, M.A., »Wax tablets«, in: Language & Communication, Bd. 9, Nr. 2/3, Oxford 1989, S. 175–191
Rousseau, J.-J., »Die Bekenntnisse«, in: ebd., München 1978, S. 5–646
Ders., »Correspondance complète«, Bd. 10, Madison 1969
Ders., »Emile oder Über die Erziehung«, Stuttgart 1990
Ders., »Julie oder Die neue Héloïse. Briefe zweier Liebenden aus einer kleinen Stadt am Fuße der Alpen«, München 1978
Ruprecht, E./Bänsch, D. (Hg.), »Jahrhundertwende. Manifeste u. Dokumente zur dt. Lit. 1890–1910«, Stuttgart 1981
Rushdie, S., »Die Satanischen Verse«, o.O. 1989
Ruskin, J., »Of cloud beauty«, in: ders., Modern painters, Bd. 5, London 1873, S. 105–155
Sachs, N., »Gedichte 1951–1970« (Werke, Bd. 2), Berlin 2010
Saint-Simon, »Die Memoiren des Herzogs v. Saint-Simon«, 4 Bde., Frankfurt a.M./Berlin/Wien 1985
Schalamow, W., »Künstler der Schaufel. Erzählungen aus Kolyma 3«, Berlin 2010
Schertenleib, H., »Cowboysommer«, Berlin 2010

Schiller, F., »Werke. Nationalausgabe«, Bd. 1, Weimar 1943; Bd. 25, Weimar 1979; Bd. 31, Weimar 1985

Ders., »Über das Erhabene«, in: ders., Werke u. Briefe, Bd. 8, Frankfurt a. M. 1992, S. 822–840 u. S. 1448–1453

Ders., »Was heißt und zu welchem Ende studiert man Universalgeschichte? Eine akademische Antrittsrede«, in: ders., SW, Bd. 10, Berlin 2005, S. 275–293 u. S. 833–841

Schivelbusch, W., »Geschichte der Eisenbahnreise. Zur Industrialisierung von Raum und Zeit im 19. Jahrhundert«, Frankfurt a. M. / Berlin 1979

Schläfli, M., »›Der Text kommt aus der Dunkelheit!‹ Christoph Geiser schreibt ›Im Freigehege‹«, in: H. Thüring, et al. (Hg.), Anfangen zu schreiben, München 2009, S. 301–324

Schlegel, C., »Caroline. Briefe aus der Frühromantik«, 2 Bde., Leipzig 1913

Schlegel, D., »Briefe von Dorothea Schlegel an Friedrich Schleiermacher«, Berlin 1913

Dies., »Florentin«, Stuttgart 1993

Schlegel, F., »Kritische Ausgabe«, 3. Abt., Bd. 29, Paderborn / München / Wien / Zürich 1980

Ders., »Krit. Schriften u. Fragmente (1798–1801)«, 6 Bde., Paderborn / München / Wien / Zürich 1988

Ders., »Lucinde«, Stuttgart 2001

Schmidt, A., »Der Platz, an dem ich schreibe«, in: ders., Bargfelder Ausgabe III / 2, Bd. 3.4, Bargfeld / Zürich 1995, S. 28–31

Ders., »Zettels Traum. Faksimile des Manuskripts. Studienausgabe in 8 Büchern«, Frankfurt a. M. 1973

Schmidt, E. A., »Sabinum. Horaz und sein Landgut im Licenzatal«, Heidelberg 1997

Schneider, G., »Freundschaftsbriefe an einen Gefangenen. Unbekannte Briefe der Schriftstellerin Fanny Lewald an den liberalen jüdischen Politiker Johann Jacoby aus den Jahren 1865 u. 1866«, Frankfurt a. M. / Berlin / Bern / New York / Paris / Wien 1996

Schnitzler, A., »Die letzten Masken«, in: ders., 3 Einakter, Stuttgart 1983, S. 3–23

Schnurre, W., »Schreibtisch unter freiem Himmel. Polemik u. Bekenntnis«, Olten / Freiburg i. Br. 1964

Schopenhauer, A., »Die Welt als Wille und Vorstellung«, 2 Bde., Leipzig 1979

Schubart, C. F. D., »Die Fürstengruft«, in: ders., Sämmtliche Gedichte, Bd. 2, Stuttgart 1839 (reprint = Hildesheim / New York 1972), S. 70–74

Ders., »Leben und Gesinnungen. Von ihm selbst, im Kerker aufgesezt. Teil II«, Stuttgart 1793 (reprint = Leipzig 1980)

Schwarz, G., »Literarisches Leben und Sozialstrukturen um 1800. Zur Situation von Schriftstellerinnen am Beispiel von Sophie Brentano-Mereau geb. Schubart«, Frankfurt a. M. / Bern / New York / Paris 1991

Schweikert, R., »Christmas«, in: dies., Erdnüsse, München 1996, S. 121–151

Seelig, C., »Wanderungen mit Robert Walser«, Frankfurt a. M. 1978

Semler, J. S., »Lebensbeschreibung von ihm selbst abgefaßt«, Bd. 1, Halle 1781

Semprun, J., »Die große Reise«, Frankfurt a. M. 1994

Ders., »Schreiben oder Leben«, Frankfurt a. M. 1995

Seneca, L. A., »Trostschrift für Mutter Helvia«, in: ders., Meisterdialoge, Düsseldorf / Zürich 2006, S. 335–365 u. S. 419–421

Sharples, M. / Von der Geest, T. (Hg.), »The New Writing Environment. Writers at work in a world of Technology«, London / Berlin / Heidelberg / New York 1996

Solschenizyn, A., »Der Archipel Gulag«, Bern 1974

Ders., »Ein Tag im Leben des Iwan Denissowitsch«, Augsburg 2005

Sonderegger, S., »Althochdeutsche Sprache und Literatur. Eine Einführung in das älteste Deutsch. Darstellung und Grammatik«, Berlin / New York ³2003

Stanhope, Lady H., »Memoirs as related by herself in conversations with her physician; comprising her opinions and anecdotes of some of the most remarkable persons of her time«, Bd. 1, London 1845 (reprint = Salzburg 1985)

Starobinski, J., »Montesquieu«, Frankfurt a. M. 1995

Steinbeck, J., »Früchte des Zorns«, München ⁶1992

Ders., »Meine Reise mit Charley: auf der Suche nach Amerika«, Zürich 1963

Sterne, L., »Das Leben und die Meinungen des Tristram Shandy«, München 1969

Stiegler, B., »Reisender Stillstand. Eine kleine Geschichte der Reisen im und um das Zimmer herum«, Frankfurt a. M. 2010

Stierle, K., »Francesco Petrarca. Ein Intellektueller im Europa des 14. Jh.«, München / Wien 2003

Stifter, A., »Turmalin«, in: ders., Bunte Steine, Stuttgart 2003, S. 126–170

Strindberg, A., »Das rote Zimmer. Schilderungen aus dem Leben der Schriftsteller und Künstler« (Werke, Bd. 1), München [1955]

Ders., »Unter französischen Bauern. Eine Reportage«, Frankfurt a. M. 2009

Sueton, »Cäsarenleben«, Stuttgart 1986

Szerb, A., »Die Pendragon-Legende«, München 2004

Tallemant des Réaux, G., »Historiettes«, Bd. 1, Paris 1960

Thoreau, H. D., »Walden oder Hüttenleben im Walde«, Zürich ⁴1995

Thornton, D., »The scholar in his study. Ownership and Experience in Renaissance Italy«, New Haven / London 1997

Thornton, P., »Innenarchitektur in drei Jahrhunderten. Die Wohnungseinrichtung nach zeitgenössischen Zeugnissen von 1620–1920«, Herford 1985

Tibull, »Gedichte«, Berlin ⁵1984

Tieck, L., »Des Lebens Überfluß«, in: ders., Schriften, Bd. 12, Frankfurt a.M. 1986, S. 193–249 u. S. 1113–1143

[Ders.,] Leberecht, Peter, »Die sieben Weiber des Blaubart«, in: ders., Volksmährchen, Bd. 2, Berlin 1797, S. 9–268

Ders., »Die verkehrte Welt. Ein historisches Schauspiel in 5 Aufzügen«, Stuttgart 1996

Tissot, S.A.D., »Von der Gesundheit der Gelehrten«, Zürich 1768 (reprint = Zürich / München 1976)

Tschechow, A., »Iwanow. Drama in 4 Akten«, Stuttgart 1997

Ders., »Tagebücher. Notizbücher«, Zürich 1983

Tschechowa, M., »Mein Bruder Anton Tschechow«, Berlin 2004

Twain, M., »Die Arglosen im Ausland«, in: ders., GW, Bd. 3, München 1966, S. 5–614 u. S. 1107–1116

Ungar, H., »Die Verstümmelten«, in: ders., SW, Bd. 1, Oldenburg 2001, S. 15–157

Urlichs, L. (Hg.), »Charlotte v. Schiller und ihre Freunde«, Bd. 2, Stuttgart 1862

Valéry, P., »Monsieur Teste«, in: ders., Werke, Bd. 1, Frankfurt a.M. / Leipzig 1992, S. 299–372 u. S. 654–660

Vesper, B., »Die Reise. Romanessay«, Frankfurt a.M. 1977

Viewegh, M., »Erziehung von Mädchen in Böhmen«, Wien/München 1998

Villon, F., »Das Kleine und das Große Testament«, Stuttgart 1988

Ders., »Sämtliche Werke«, München/Wien 1991

Viollet, C., »Mechanisches Schreiben, Tippräume. Einige Vorbedingungen für eine Semiologie des Typoskripts«, in: D. Giuriato, et al. (Hg.), ›SCHREIBKUGEL IST EIN DING GLEICH MIR: VON EISEN‹, München 2005, S. 21–47

Virilio, P., »Rasender Stillstand«, Frankfurt a.M. 1997

Voigt, J., »Das Leben des Professor Christian Jacob Kraus öffentlichen Lehrers der praktischen Philosophie und der Cameralwissenschaften auf der Universität zu Königsberg aus den Mittheilungen seiner Freunde und Briefen«, Königsberg 1819

Wahl, S.H., »Adolphine«, Hohenzollern 1794

[Wallenrodt, J.I.E.], »Das Leben der Frau von Wallenrodt in Briefen an einen Freund. Ein Beitrag zur Seelenkunde und Weltkenntniß«, Bd. 2, Leipzig / Rostock 1797

Walser, R., »Es war einmal. Prosa aus der Berner Zeit 1927–1928« (SW, Bd. 19), Zürich / Frankfurt a.M. 1986

Ders., »Geschichten« (SW, Bd. 2), Zürich / Frankfurt a. M. 1985
Ders., »Kleine Dichtungen« (SW, Bd. 4), Zürich / Frankfurt a. M. 1985
Ders., »Der Spaziergang. Prosastücke und Kleine Prosa« (SW, Bd. 5), Zürich / Frankfurt a. M. 1985
Ders., »Träumen. Prosa aus der Bieler Zeit 1913–1920« (SW, Bd. 16), Zürich / Frankfurt a. M. 1985
Ders., »Wenn Schwache sich für stark halten. Prosa aus der Berner Zeit 1921–1925« (SW, Bd. 17), Zürich 1986
Walther v. d. Vogelweide, »Gedichte«, Frankfurt a. M. 1987
Wattenbach, W., »Das Schriftwesen im Mittelalter«, Leipzig ³1896 [reprint = Graz 1958]
Weber, M., »Die protestantische Ethik und der ›Geist‹ des Kapitalismus. Textausgabe auf der Grundlage der ersten Fassung von 1904 / 05 mit einem Verzeichnis der wichtigsten Zusätze und Veränderungen aus der zweiten Fassung von 1920«, Bodenheim 1993
Weigel, S., »›Und selbst im Kerker frei …!‹ Schreiben im Gefängnis. Zur Theorie und Gattungsgeschichte der Gefängnisliteratur (1750–1933)«, Marburg a. d. Lahn 1982
Weiss, P., »Die Verfolgung und Ermordung Jean Paul Marats dargestellt durch die Schauspielgruppe des Hospizes zu Charenton unter Anleitung des Herrn de Sade. Drama in 2 Akten«, in: ders., Stücke I, Frankfurt a. M. ²1980, S. 155–255
Westphalen, J. v., »Der Liebessalat«, München 2002
[Wieland, C. M.,] »Wielands Briefwechsel«, Bd. 3, Berlin 1975
Wieneke, E. (Hg.), »Caroline und Dorothea Schlegel in Briefen«, Weimar 1914
Wilde, O., »De profundis sowie Die Ballade vom Zuchthaus zu Reading«, Zürich 1994
Windgätter, C., »›Und dabei kann immer noch etwas verloren gehen! –‹ Eine Typologie feder- und maschinenschriftlicher Störungen bei Friedrich Nietzsche«, in: D. Giuriato, et al. (Hg.), ›SCHREIBKUGEL IST EIN DING GLEICH MIR: VON EISEN‹, München 2005, S. 49–74
Wisskirchen, H., »Dichter und ihre Häuser. Die Zukunft der Vergangenheit«, Lübeck 2002
Woolf, V., »Ein eigenes Zimmer«, in: dies., GW, Bd. 6, Frankfurt a. M. 1994, S. 7–125
Dies., »Haworth, November, 1904«, in: dies., The Essays, Bd. 1, San Diego / New York / London 1986, S. 5–9
Dies., »The Letters«, Bd. 4, London 1978; Bd. 5, New York / London 1979
Dies., »Orlando. Eine Biographie« (GW, Bd. 7), Frankfurt a. M. 1990

Dies., »Tagebücher 2«, Frankfurt a.M. 1994; »Tagebücher 3«, Frankfurt a.M. 1999; »Tagebücher 5«, Frankfurt a.M. 2008

Dies., »Women & Fiction. The Manuscript versions of A ROOM OF ONE'S OWN«, Oxford / Cambridge (Mass.) 1992

Wossidlo, R., »Über die Technik des Sammelns volkstümlicher Überlieferungen«, in: Zeitschrift des Vereins für Volkskunde, Jg. 16, H. 1, Berlin 1906, S. 1–24

Wydler, F. (Hg.), »Leben und Briefwechsel von Albrecht Rengger, Minister des Innern der helvetischen Republik«, 2 Bde., Zürich 1847

Wysling, H. (Hg.), »Gottfried Keller 1819–1890«, Zürich / München 1990

Xenophon, »Erinnerungen an Sokrates«, Stuttgart 2005

Zafón, C.R., »Der Schatten des Windes«, Frankfurt a.M. 2005

Zimmermann, J.G., »Über Friedrich des Großen und meine Unterredungen mit Ihm kurz vor seinem Tode. Von dem Ritter v. Zimmermann, Königlich Großbritannischem Leibarzt und Hofrath«, Leipzig 1788

Zschokke, M., »Lieber Niels«, Göttingen 2011

Personenregister

FN *Fussnote*

A

Adorno, Theodor W. 159
Aelianus, Claudius 28
Alabaster, William 197
Alberti, Leon Battista 49
Albrecht von Brandenburg, Kardinal 43
Albrecht, Sophie 219 (FN 40)
Alexander I., russ. Zar 122
Alexander der Große 27
Allende, Isabel 12
Altenberg, Peter 154, 231 (FN 11)
Ambrosius 34
Andersen, Hans Christian 30
Antonello da Messina 42
Antonius, Heiliger 128
Apollo 17, 28, 67, 116, 198
Aristoteles 21, 43
Arnim, Achim v. 92, 108, 219 (FN 37)
Arnim, Bettina v. 90, 219 (FN 48)
Arnold v. Villanova 215 (FN 39)
Äsop 198
Aspasia v. Milet 80
Assmann, Aleida 139
Auden, Wystan Hugh 172, 231 (FN 8)
Augustinus 20, 34
Augustus, röm. Kaiser 24, 191
Austen, Jane 78
Ava v. Melk 81
Avicenna 215 (FN 39)

B

Bacchus 24
Bachelard, Gaston 212 (FN 2)
Bachmann, Ingeborg 57
Bacon, Roger 196
Bakunin, Michail 201
Balzac, Honoré de 105, 126, 132, 133, 142
Barthes, Roland 159, 169, 175, 227 (FN 34), 230 (FN 46)
Baudelaire, Charles 14, 103, 175
Baudouin, Pierre-Antoine 85
Baxter, Richard 52
Beatriz de Dia 81
Beer, Johann 216 (FN 30)
Behrisch, Wolfgang 225 (FN 2)
Benedikt XII., Papst 38
Benjamin, Walter 142, 150, 176, 229 (FN 16), 230 (FN 39)
Benn, Gottfried 232 (FN 19)
Benoziglio, Jean-Luc 184
Berdjajew, Nikolai 190, 191, 206
Bergengruen, Werner 32
Bernhard, Thomas 221 (FN 37), 231 (FN 5)
Bichsel, Peter 158, 221 (FN 44), 225 (FN 51)
Bismarck, Otto v. 123
Blaubart 50, 81, 86, 89, 130, 196
Bloch, Ernst 223 (FN 9), 227 (FN 36)
Boccaccio, Giovanni di 48
Bodmer, Johann Jakob 92
Boesch, Hans 184

Boethius, Anicius Manlius Severinus 44, 194
Bonaventura (E. A. F. Klingemann) 222 (FN 4)
Boschère, Jean de 221 (FN 33)
Boswell, James 226 (FN 7)
Bourg, Marguerite de 48
Bradstreet, Anne 28
Brecht, Bertolt 143, 173, 230 (FN 39)
Brentano, Clemens 92, 219 (FN 45), 227 (FN 37)
Breton, André 12
Brinkmann, Rolf Dieter 179
Brod, Max 140, 174
Brucker, [Michel] Raymond 100
Bruni, Leonardo 198
Bruno, Giordano 28
Buddha 129
Buffon, Comte de 68, 71
Bulgakow, Michail 116
Bunyan, John 197
Burckhard, Max 229 (FN 30)
Burton, Robert 29
Busch, Wilhelm 158
Büsch, Johann Georg 68
Butor, Michel 230 (FN 34)
Byron, George Gordon Lord 90

C

Cäsar, Julius 21
Cagliostro, Alessandro Graf 119
Callot, Jacques 128
Campanella, Tommaso 52
Campe, Joachim Heinrich 218 (FN 30)
Canetti, Elias 49
Capote, Truman 107, 116
Cardano, Gerolamo 66
Carlyle, Thomas 144
Carpaccio, Vittore 42

Catena, Vincenzo 42
Cervantes Saavedra, Miguel de 197
Charles V., frz. König 38
Chatterton, Thomas 99
Chaupy, Bertrand Capmartin de 136
Choderlos de Laclos, Pierre-Ambroise-François 231 (FN 62)
Christine de Pizan 39, 48
Christus 34, 102, 201
Chruschtschow, Nikita Sergejewitsch 205
Cicero 20, 24, 26, 27, 43, 49, 70, 135
Cioran, E. M. 227 (FN 35)
Clare, John 202
Claudel, Paul 223 (FN 20), 228 (FN 7)
Clemens IV., Papst 196
Codrus 25
Coleridge, Samuel Taylor 90
Colette, Sidonie-Gabrielle 166
Comenius, Johann Amos 216 (FN 35)
Commanville, Caroline (Nichte Flauberts) 128
Condorcet, Marquis de 88
Corinna v. Böotien 81
Corneille, Pierre 60
Corrozet, Gilles 214 (FN 20)
Courbet, Gustave 175, 223 (FN 12)
Cowley, Malcolm 9
Cramer, Carl Gottlob 108
Cuthbert, Klosterabt 35

D

D'Alembert, Jean Lerond 216 (FN 24)
D'Annunzio, Gabriele 131
Dante 40, 44, 49, 89

Datini, Francesco 214 (FN 13)
D'Avenant, William 197
David, Jacques Louis 122
Defoe, Daniel 197
Dehaene, Stanislas 228 (FN 44)
De Quincey, Thomas 127
Descartes, René 60, 151
Diderot, Denis 216 (FN 24)
Diogenes v. Sinope 45, 176
Dorner, Jane 229 (FN 33)
Dostojewskij, Fjodor 107, 116, 203, 204, 222 (FN 48 u. 57)
Douglass, Frederick 125
Draesner, Ulrike 222 (FN 49)
Duchamp, Marcel 103
Dürer, Albrecht 42

E

Eckermann, Johann Peter 137, 138, 151
Eichendorff, Joseph v. 102, 148
Eleonora d'Aragon 47
Elisabeth I. v. England 78
Emerson, Ralph Waldo 28, 125, 126, 220 (FN 10)
Engels, Friedrich 173
En-hedu-ana 80
Erasmus v. Rotterdam 42, 44, 45, 49, 215 (FN 35 u. 37)
Escher, Hans Conrad 72
Eukleides 22
Euripides 21
Europa 64

F

Faiz, Faiz Ahmed 232 (FN 27)
Faulkner, William 174, 229 (FN 31)
Federman, Raymond 11
Féraud, Jean-François 216 (FN 36)
Ficino, Marsilio 47

Flaubert, Anne Justine Caroline (Mutter Flauberts) 128
Flaubert, Caroline (Schwester Flauberts) 128
Flaubert, Gustave 128, 130, 132, 148, 150, 189
Fontane, Theodor 109, 124, 130, 133
Forster, Georg 80
Foucault, Michel 232 (FN 26)
Fouqué, Friedrich de la Motte 108
Fourier, Charles 99
Francesco I. v. Carrara 41
Franco, Veronica 48
Françoise de la Chassaigne (Ehefrau Montaignes) 46, 81
Frank, Anne 233 (FN 37)
Frankl, Viktor E. 207
Franz I., österr. Kaiser 122
Freud, Sigmund 154
Friedrich II. v. Preußen 119, 121, 144
Friedrich Wilhelm II. v. Preußen 119
Friedrich Wilhelm III. v. Preußen 122
Friedrich Wilhelm IV. v. Preußen 122
Frisch, Max 176, 178, 231 (FN 5)
Furetière, Antoine 58

G

Galiani, Abbé 60
Galilei, Galileo 66
Gauthier-Villars, Henry (Ehemann von Colette) 166
Geiser, Christoph 178
Genazino, Wilhelm 151, 221 (FN 44)
Gerstl, Elfriede 212 (FN 9)
Gessner, Salomon 229 (FN 15)
Giljarowski, Wladimir 126

Goethe, Johann Wolfgang 67, 69, 73,
  124, 137, 138, 139, 140, 141, 142,
  146, 150, 151, 188, 216 (FN 8 u.
  13), 217 (FN 47), 220 (FN 10), 223
  (FN 21), 224 (FN 36 u. 40), 225
  (FN 43 u. 45 u. 2), 226 (FN 3 u. 8)
Goethe, Walther Wolfgang 140
Goetz, Rainald 162, 174, 186, 226
  (FN 10), 227 (FN 22), 230 (FN 38)
Goldsmith, Oliver 100, 197
Goll, Iwan 213 (FN 35)
Gomringer, Nora 222 (FN 49)
Goncourt, Edmond 92, 127, 130
Goncourt, Jules 92, 127, 130
Gontscharow, Iwan 133
Gonzaga, Elisabetta 48
Gotthelf, Jeremias 109, 135,
  229 (FN 15)
Gottsched, Louise 218 (FN 16)
Gouges, Olympe de 88
Gournay le Jars, Marie de 81, 82
Grass, Günter 116
Grillparzer, Franz 96, 98
Grimm, Jacob 92, 165
Grimm, Wilhelm 92, 165
Grünbein, Durs 167
Guigo I. 36
Guigo II. 214 (FN 8)
Günderode, Karoline v. 90

H

Hacker, Katharina 161
Hagedorn, Christian Ludwig v. 68
Hamann, Johann Georg 22, 212
  (FN 2), 213 (FN 4)
Hamsun, Knut 104
Handke, Peter 12
Hardwick, Elisabeth 229 (FN 17)
Haslinger, Josef 229 (FN 15)

Hauser, Kaspar 116
Hawthorne, Nathaniel 224 (FN 36)
Hawthorne, Sophia 224 (FN 36)
Hebbel, Friedrich 213
Heidegger, Martin 30, 173,
  228 (FN 2)
Heine, Heinrich 107, 108
Heinrich, Prinz v. Preußen 71
Heloïse 81
Hemingway, Ernest 173
Herakles / Herkules 17, 64
Herder, Johann Gottfried 212
  (FN 11), 216 (FN 31)
Herschel, Friedrich Wilhelm 64
Hesiod 17, 27, 28
Hesse, Hermann 132, 150, 170,
  228 (FN 14)
Heym, Georg 109
Heyne, Christian Gottlob 79, 80
Hieronymus 34, 42
Hippel, Theodor Gottlieb v. 88
Hippokrates 128
Hoby, Margaret Lady 48
Hoffmann, E.T.A. 108, 147,
  220 (FN 4 u. 18)
Hofmannsthal, Hugo v.
  225 (FN 49), 228 (FN 6)
Hohenfeld, Christoph Willibald v.
  91
Hohl, Ludwig 117, 212 (FN 8)
Hölderlin, Friedrich 136, 146, 202,
  213 (FN 41)
Hölmann, Christian 29
Holz, Arno 107, 108
Homer 18, 28
Horaz 25, 136
Horn, Franz 108
Huber, Ludwig Ferdinand 79
Huber, Therese 79

Hugo, Victor 131
Huysmans, Joris-Karl 130

I

Ibsen, Henrik 124
Immermann, Karl 137, 141
Isabella d'Este 47
Isabey, Jean Baptiste 122
Isherwood, Christopher 9

J

Jahnn, Hans Henny 228 (FN 2)
James, Henry 170
Jean Paul 29, 63, 88, 100, 101,
   213 (FN 37 u. 42), 216 (FN 10 u.
   22), 220 (FN 8 u. 14), 224 (FN 35),
   227 (FN 24 u. 42), 230 (FN 47)
Jelinek, Elfriede 12
Jeschow, Nikolai Iwanowitsch 205
Johannes XXI., Papst 37
Johannes XXII., Papst 38
John, Ernst 137
Johnson, Samuel 100
Joyce, James 232 (FN 23)
Jünger, Ernst 114
Jupiter 29, 67
Juvenal 25, 97

K

Kabakov, Ilya 176
Kafka, Franz 140, 141, 146, 148, 174,
   180, 183, 222 (FN 56), 226 (FN 5),
   228 (FN 9)
Kant, Immanuel 60, 65, 106
Karl Eugen, Herzog v. Württemberg 200
Keats, John 107
Kehlmann, Daniel 10
Keller, Gottfried 103, 127,
   213 (FN 39)

Kempowski, Walter 225 (FN 52)
Kerouac, Jack 150, 170
Kessler, Harry Graf 222 (FN 5)
Kesten, Hermann 226 (FN 17)
Kirchner, Margarethe 141
Kiš, Danilo 114
Klopstock, Friedrich Gottlieb 200
Klüger, Ruth 233 (FN 36)
Koeppen, Wolfgang 212 (FN 9)
Körner, Christian Gottfried 61
Kracauer, Siegfried 53
Kracht, Christian 161
Kraus, Karl 154, 225 (FN 44),
   226 (FN 18)
Krauss, Nicole 224 (FN 37),
   230 (FN 61), 231 (FN 64)
Kräuter, Friedrich 137
Kronauer, Brigitte 173
Kronos 17
Krüger, Michael 221 (FN 44)
Kunze, Reiner 10

L

Labé, Louise 48
Lacan, Jacques 223 (FN 12)
La Fontaine, Jean de 99
Laforgue, Jules 123
Lancaster, Osbert 228 (FN 13)
Lange-Müller, Katja 221 (FN 44)
La Roche, Sophie v. 62, 63, 68,
   71, 182, 216 (FN 16)
Lavant, Christine 203
Le Corbusier 171
Leibniz, Gottfried Wilhelm 58
Lenz, Hermann 114
Lenz, Jacob Michael Reinhold
   216 (FN 32)
Lepenies, Wolf 68
Lessing, Gotthold Ephraim
   220 (FN 52)

Levi, Primo 208
Levin, Rahel 85
Lewald, Fanny 133, 223 (FN 22)
Lichtenberg, Georg Christoph
    213 (FN 40), 216 (FN 11)
Linos 17
Lionello d'Este 47
Lips, Michael Alexander
    227 (FN 28)
Lipsius, Justus 82
Lombroso, Cesare 202
Longus 27
Lope de Vega 59
Lorenz, Konrad 159
Lorris, Guillaume de 215 (FN 34)
Loti, Pierre 131
Lovelace, Richard 197
Ludwig XIV., frz. König 57, 65
Lukrez 29, 226 (FN 3)
Luther, Martin 43, 52, 137

M

Machiavelli, Niccolò 39, 44, 52
Maecenas, Gaius Cilnius 25
Mahler, Alma 166
Maistre, Xavier de 63, 106
Majakowski, Wladimir 228 (FN 12)
Mallarmé, Stéphane 212 (FN 6)
Malling-Hansen, Rasmus 169
Manetto Donati, Gemma di,
    Dantes Ehefrau 49
Mann, Thomas 54, 150, 230 (FN 40)
Mansfield, Katherine 93, 220 (FN 15)
Marcus Aurelius 144
Maria Theresia, österr.
    Kaiserin 217 (FN 7)
Márquez, Gabriel Garcia 12, 173
Mars 24
Martial 97
Marx, Karl 173

Matt, Peter von 13
Maupassant, Guy de 148,
    223 (FN 14)
Maxim, Hudson 229 (FN 28)
Maximilian I. Joseph, bayr.
    König 122
May, Karl 131
Mayröcker, Friederike 10, 114, 115,
    125, 230 (FN 62)
Mazarin, Kardinal 56
Mazzei, Lapo 214 (FN 13)
Medea 192
Medici 47
Meidner, Ludwig 110
Mereau, Sophie 90, 219 (FN 45)
Merkur 67
Meryon, Charles, Leibarzt von
    Lady Stanhope 83
Merz, Klaus 186
Meun, Jean de 215 (FN 34)
Miller, Henry 142, 182, 229 (FN 23)
Miller, Johann Martin 200
Minerva 67
Mirabeau, Marquis de 199
Montaigne, Leonore de (Tochter
    Montaignes) 46, 81
Montaigne, Michel de 43, 46,
    48, 81, 214 (FN 25), 215 (FN 40),
    216 (FN 5), 219 (FN 34)
Montesquieu 84, 85
Montesquiou-Fezensac,
    Robert de 131, 223 (FN 11)
Morgenstern, Christian 162
Mörike, Eduard 13, 43
Moritz, Karl Philipp 61, 135, 152,
    153, 155, 223 (FN 8)
Moser, Johann Jakob 199
Moses 15
Müller, Heiner 183
Munro, Alice 164, 183

Musen 17, 24, 25, 28, 29, 30, 41, 44,
    47, 58, 70, 82, 88, 102, 149, 192,
    194, 198
Mussolini, Benito 232 (FN 14)

N

Nabokov, Vladimir 160
Nadolny, Sten 225 (FN 44)
Nänny, Johann Konrad 213 (FN 36)
Napoleon Bonaparte, frz.
    Kaiser 121, 124, 138, 201
Navratil, Leo 203
Necker, Suzanne 71
Nerval, Gérard de 223 (FN 23)
Newton, Isaac 71
Nicolai, Friedrich 66, 115
Nietzsche, Elisabeth 169
Nietzsche, Friedrich 163, 169
Nin, Anaïs 142, 227 (FN 23)
Nina, Madonna 81
Nizon, Paul 178
Nossack, Hans Erich 31, 231 (FN 8)
Novalis 89, 101

O

Oates, Joyce Carol 226 (FN 3)
O'Connor, Frank 226 (FN 3)
Odysseus 192
Ovid 26, 191, 192, 194
Owen, Robert 99
Ozick, Cynthia 185

P

Pagolo Morelli, Giovanni di 43
Pannwitz (Ingenieur) 207
Panofsky, Erwin 43
Parker, Dorothy 107
Pascal, Blaise 56, 57, 58, 72, 73, 187,
    223 (FN 19)

Paula v. Rom 81
Pavese, Cesare 232 (FN 14 u. 20)
Pegasus 17, 102, 149
Perec, Georges 210
Perrig, Alexander 214 (FN 17)
Pessoa, Fernando 230 (FN 41)
Petrarca, Francesco 37, 40, 41, 42,
    150, 151, 198
Piatti, Barbara 212 (FN 12)
Piccolomini, Enea Silvio 215
    (FN 31)
Pico della Mirandola, Giovanni
    8, 197
Pieros 17
Pindar 27
Piso, Marcus 27
Platon 24
Platter, Felix 51
Plinius d. J. 21, 24
Polgar, Alfred 171, 226 (FN 19)
Politycki, Matthias 161
Pope, Alexander 161
Portinari, Beatrice (Angebetete
    Dantes) 40, 49
Porter, Katherine Anne 117,
    228 (FN 2)
Poseidon 17
Poullain de La Barre, François 78
Pradier, James 128
Proust, Marcel 130, 175, 205, 223
    (FN 17), 233 (FN 32)
Pufendorf, Samuel 216 (FN 17)
Pynchon, Thomas 12

Q

Quintilianus, Marcus Fabius 22

R

Raabe, Paul 100, 101, 105
Rabelais, François 102, 225 (FN 54)

Raffael 122
Rapp, Eugenie 190
Recke, Elisa v. der 119, 120, 121, 122, 136, 144, 219 (FN 32)
Reich, Wilhelm 176
Reuter, Christian 197
Richter, Sophia Rosina (Mutter Jean Pauls) 101
Rilke, Rainer Maria 114, 131, 222 (FN 5)
Roth, Josef 227 (FN 30), 231 (FN 11)
Rousseau, Jean-Jacques 69, 70, 71, 84, 86, 100, 101, 136, 137, 149, 217 (FN 49)
Roussel, Raymond 160
Rushdie, Salman 30
Ruskin, John 212 (FN 1)
Russell, Bertrand 117
Ruusbroec Jan van 214 (FN 9)

S

Sachs, Hans 43
Sachs, Nelly 189
Sade, Marquis de 199
Saint-Pol-Roux 126
Saint-Simon, Herzog v. 218 (FN 24)
Sanctis, Domenico de 136
Sand, George 125, 130
Sappho 80
Sarbach, Hugo 117, 118
Sardou, Victorien 131
Saturn 24
Schalamow, Warlam 206
Schelling, Friedrich Wilhelm Joseph 89
Schertenleib, Hansjörg 111
Schiller, Charlotte (Ehefrau Schillers) 79
Schiller, Friedrich 61, 68, 89, 136, 139, 140, 141, 150, 216 (FN 18), 217 (FN 51), 218 (FN 29), 222 (FN 50), 225 (FN 1)
Schinkel, Karl Friedrich 122
Schlegel, August Wilhelm 88, 89
Schlegel, Caroline 88, 89, 90, 218 (FN 14), 219 (FN 50)
Schlegel, Dorothea 85, 89, 90, 187
Schlegel, Friedrich 88, 89
Schmid, Carlo 180
Schmidt, Arno 114, 221 (FN 45), 229 (FN 20)
Schnitzler, Arthur 225 (FN 50)
Schnurre, Wolfdietrich 33, 54
Schopenhauer, Arthur 224 (FN 36)
Schubart, Christian Friedrich Daniel 199, 200
Schulze, Ingo 167, 172
Schweikert, Ruth 222 (FN 53)
Scott, Walter 131
Sechelles, Marie-Jean Hérault de 71
Seelig, Carl 203
Semler, Christine Magdalene Philippine (Ehefrau Semlers) 83, 84
Semler, Johann Salomo 83, 84
Semprun, Jorge 225 (FN 45), 233 (FN 32)
Seneca 193
Sexton, Anne 229 (FN 15)
Sforza, Ippolita 48
Shakespeare, William 43, 76, 135, 137, 219 (FN 43)
Shelley, Mary 90
Shelley, Percy Bysshe 90
Simenon, Georges 228 (FN 2)
Simmel, Johannes Mario 212 (FN 3)
Soemmerring, Samuel Thomas 71
Sokrates 22, 154, 198

Solschenizyn, Alexander 205, 233 (FN 34)
Spieß, Heinrich 108
Spitzweg, Carl 96
Stadion, Friedrich Gf. 62
Stanhope, Lady Hester 83
Stein, Charlotte v. 79
Steinbeck, John 160, 224 (FN 41)
Sterne, Laurence 72
Stiegler, Bernd 63
Stifter, Adalbert 116
Stricker, Der 215 (FN 30)
Strindberg, August 124, 156, 157, 226 (FN 16)
Strittmatter, Erwin 143
Suhrkamp, Peter 177
Swift, Jonathan 161

T

Tallemant des Réaux, Gédéon 82
Tasso, Torquato 215 (FN 42)
Tendering, Betty (Angebetete G. Kellers) 103
Theoderich, ostgot. König 194
Theokrit 27
Thestorides 19
Thoreau, Henry David 103
Tibull 26
Tieck, Amalie (Ehefrau Tiecks) 89, 90
Tieck, Ludwig 86, 87, 88, 89, 90, 105, 196, 213 (FN 38)
Tiro 20
Tissot, Auguste 60
Trenck, Friedrich v. 199
Tschechowa, Maria (Schwester Tschechows) 126
Tschechow, Anton 126, 133, 157
Tutivillus 35
Twain, Mark 164, 227 (FN 26)

U

Ungar, Hermann 224 (FN 37)

V

Valéry, Paul 168
Van Eyck, Jan 42
Varnhagen, Rahel 85
Veit, Simon 85
Venus 67
Vergil 25, 27, 136
Verne, Jules 114, 160, 227 (FN 23)
Vesper, Bernward 183
Viewegh, Michal 56
Villon, François 47, 195, 196
Vinci, Leonardo da 44
Virilio, Paul 159
Vollard, Ambroise 222 (FN 54)
Voltaire 70, 136, 199
Vulpius, Christian August 108

W

Wagner, Christian 226 (FN 14)
Wagner, Christiane Catharina (Ehefrau C. Wagners) 226 (FN 14)
Wahl, Sophie Helmine 219 (FN 35)
Wallenrodt, Johanna Isabella leonore 218 (FN 11)
Walser, Lisa (Schwester R. Walsers) 114
Walser, Robert 112, 113, 114, 203, 220 (FN 16), 221 (FN 45), 222 (FN 58)
Walther v. d. Vogelweide 214 (FN 10)
Weber, Max 52, 53
Weigel, Sigrid 232 (FN 27)
Weininger, Otto 154
Weinsberg, Hermann v. 212 (FN 4), 215 (FN 41)
Weiss, Peter 231 (FN 5)
Werfel, Franz 166

Westphalen, Joseph v. 227 (FN 39)
Whitman, Walt 132
Wieland, Martin 62, 92, 217 (FN 48)
Wilde, Oscar 131, 132, 164,
　　232 (FN 25)
Wilhelm I., dt. Kaiser 123
Williams, William Carlos
　　232 (FN 19)
Wolf, Christa 9
Wollstonecraft, Mary 88
Woolf, Leonard 75, 77
Woolf, Virginia 74, 75, 76, 77, 78, 81,
　　93, 94, 144, 146, 171, 172, 183, 229
　　(FN 22), 231 (FN 63)
Wordsworth, Dorothy (Schwester
　　Wordsworths) 90
Wordsworth, William 90
Wossidlo, Richard 151

Z

Zafón, Carlos Ruiz 222 (FN 56)
Zeus 16, 17, 168
Zimmermann, Johann Georg
　　143, 144
Zola, Emile 100, 131, 227 (FN 30)
Zschokke, Matthias 179, 230 (FN 54
　　u. 55)

Weitere Bücher aus dem Verlagsprogramm

Wolfram Knorr

Weil sie wissen, was sie tun
Über den Siegeszug der amerikanischen Unterhaltungsindustrie

304 Seiten | Hardcover
ISBN 978-3-907625-38-5

Wieso ist die amerikanische Unterhaltungsindustrie so erfolgreich?

Verwoben mit persönlichen Erlebnissen sucht der Filmkritiker Wolfram Knorr in der Kulturgeschichte der letzten zwei Jahrhunderte nach den Ursachen, wieso die neusten Hypes seit seiner Kindheit meist aus den USA und nicht aus den deutschsprachigen Ländern kommen. Dabei nimmt er die Leser mit auf eine spannende Reise zu den Ursprüngen lustvoller und lebenspraller Comics und Western, aufrüttelnder Literatur, des epochalen Kinos, Fernsehen und Theaters.

»Es gibt kaum ein Buch, in dem ein Autor seine Selbsterziehung durch die Verlockungen der Populärkultur so anschaulich beschreibt.« DIE WELT

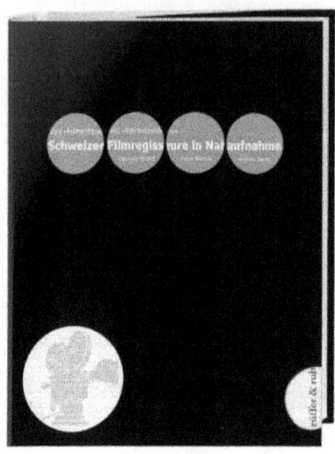

Andrea Sailer

Schweizer Filmregisseure in Nahaufnahme

Von »Höhenfeuer« bis »Herbstzeitlosen«

424 Seiten | Hardcover
ISBN 978-3-907625-51-4
Mit zahlreichen Filmstills und Porträtfotos

Vierzig Filmregisseure und ihre Leidenschaft fürs Filmemachen.

Das Schweizer Filmschaffen ist vielfältig, tiefgründig und humorvoll; es bietet fantastische Unterhaltung und feiert immer wieder große Erfolge: Angefangen bei »Die Schweizermacher« über »Ernstfall in Havanna« bis zu »Vitus« und »Sennentuntschi«.

Doch wer sind die Menschen, die uns durch ihre Filme neue Welten eröffnen? Andrea Sailer hat vierzig Schweizer Regisseurinnen und Regisseure aus drei Regie-Generationen getroffen und mit ihnen über Werdegang, Erfolge, Flops und Wünsche gesprochen. Herausgekommen ist ein reich bebildertes Buch mit spannenden Porträts, die zudem einen Überblick über die aktuelle Filmszene geben.

PORTRÄTIERTE FILMREGISSEURE:
Jean-Stéphane Bron – Reto Caffi – Dominique de Rivaz – Richard Dindo – Christian Frei – Clemens Klopfenstein – Xavier Koller – Dani Levy – Peter Liechti – Rolf Lyssy – Ursula Meier – Fredi M. Murer – Bettina Oberli – Léa Pool – Denis Rabaglia – Samir – Michael Steiner – Alain Tanner u.a.

Daniel Fueter

Das Lächeln am Fuße der Tonleiter

Betrachtungen zu Musik und Gesellschaft

224 Seiten | Hardcover
ISBN 978-3-907625-55-2

Wie entbehrlich ist die Musik?

Auch in seinem zweiten Buch denkt der vielfach ausgezeichnete Daniel Fueter klug, witzig und vielschichtig über die Bedeutung von Musik nach.

Musik wirkt in viele Bereiche unseres Alltags hinein und ist gleichzeitig selbst vom gesellschaftlichen Wandel betroffen. Die in diesem Band versammelten Aufsätze und Vorträge haben einige Aspekte dieser Wechselwirkung zum Thema. Ob es beim digitalen Verfertigen von Gewittern um den technologischen Fortschritt oder anhand der Figur Münchhausen um den Zusammenhang zwischen Kunst und Krise geht, ob Humor oder Leidenschaft im Zusammenhang mit Musik verhandelt werden: Immer wird nach Verbindlichkeit in Zeiten der zunehmenden Beliebigkeit gefragt.

Peter Bissegger
Martin Hauzenberger
Manfred Veraguth

Grosse Schweizer Kleinkunst

352 Seiten | Hardcover
ISBN 978-3-907625-50-7

Dimitri – Emil – Franz Hohler – Marco Rima – Karl's kühne Gassenschau – Simon Enzler – Massimo Rocchi u.a.

Im ersten umfassenden Buch zum Thema erzählen die Autoren die Geschichte der Schweizer Kleinkunst von ihren Anfängen bis heute. Mit zahlreichen Anekdoten, Originaltexten, Erinnerungen von bekannten Künstlern und Fotos aus über sechzig Jahren »Grosser Schweizer Kleinkunst«.

»Endlich hat die grosse Schweizer Kleinkunstszene ihre Bibel bekommen.«
DIE ZEIT

»Sorgsam ausgewählte Bilder rufen unvergessliche Theaterabende in Erinnerung.«
NZZ AM SONNTAG

»Lebendig und unterhaltsam, kenntnis- und aufschlussreich geschrieben, macht das auch graphisch schön gestaltete Buch grosse Lust auf noch viel mehr Kleinkunst.«
ENSEMBLE

»Ein kurzweiliges Stück Zeitgeschichte …!«
ANNABELLE

Dirk Boll (Hg.)

Marktplatz Museum
Sollen Museen Kunst verkaufen dürfen?

192 Seiten | Hardcover
ISBN 978-3-907625-52-1

Würden Sie einen van Gogh verkaufen, um die Reparatur Ihres Dachs bezahlen zu können?

Zwar steigt die Zahl der Ausstellungsbesucher seit Jahren, dies darf aber nicht darüber hinwegtäuschen, dass selbst Museen mit erstklassigen Sammlungen mit schwindenden Etats zu kämpfen haben. Ein Ehrenkodex hat die Veräußerung von Museumsgut bisher verboten, doch die Frage stellt sich sowohl für Verantwortliche als auch für Politiker immer öfter: Sollen Museen Kunst verkaufen dürfen?

Herausgeber Dirk Boll hat die entscheidenden Gesichtspunkte dieser aktuellen Diskussion zusammengeführt. Renommierte Museumsdirektoren, Kuratoren, Vertreter aus Politik und Handel, Sammler und Künstler verfechten in engagierten Beiträgen ihre Meinung.

Mit Beiträgen u. a. von:
Christoph Becker – Dirk Boll – Bernhard Mendes Bürgi – Walter Feilchenfeldt – Hans Ulrich Obrist – Dorothea Strauss – Brigitte Ulmer – Tobias Zielony

Steven Isserlis

Warum Händel mit Hofklatsch hausierte

Und viele andere Geschichten über das Leben berühmter Komponisten

288 Seiten | Hardcover
ISBN 978-3-907625-36-1

»Steven Isserlis' Büchlein macht Musik menschlich. Man muss ihm einfach dankbar sein.« ÜBEN & MUSIZIEREN

Mit der ihm eigenen Leichtigkeit verschafft Steven Isserlis dem Leser spannende Einblicke in das Schaffen und den Alltag der Komponisten Händel, Haydn, Schubert, Tschaikowski, Dvořák und Fauré. Neben sorgfältig recherchierten Fakten und einer anschaulichen Beschreibung der Atmosphäre der entsprechenden Zeitalter kommen auch die menschlichen Seiten dieser großartigen Komponisten nicht zu kurz.

Das Buch ist eine unterhaltsame und informative Lektüre sowohl für jugendliche als auch für erwachsene Musikfreunde.

»Steven Isserlis gehört zu den bedeutenden Musikern unserer Tage … Darüberhinaus ist er ein passionierter Musikforscher und witziger Schreiber, wie sein Buch »Warum Händel mit Hofklatsch hausierte« aufs charmanteste beweist … voller Humor und keineswegs oberflächlich, sondern wartet mit überraschenden Details auf …«
SÜDDEUTSCHE ZEITUNG

Anton M. Fischer

Martin Heidegger – Der gottlose Priester

Psychogramm eines Denkers

848 Seiten | Hardcover
ISBN 978-3-907625-17-0

»Eine gut geschriebene Biografie …, an der die kritische Beschäftigung mit Heidegger nicht vorbeikommt.«
HUGO BÜTLER, NZZ AM SONNTAG

Der junge Heidegger hat die Welt fasziniert und den Zeitgeist revolutioniert, indem er die lebendige Existenz des Menschen in den Mittelpunkt seines Philosophierens gestellt und dem Denken eine große Macht zugeschrieben hat: Es stiftet das Eigentliche der menschlichen Existenz und kann deren Selbstverfehlung überwinden. Heidegger hat sich als Denker verstanden. Um sein Leben rankt sich ein Gewirr von Legenden, Schutzbehauptungen, Halbwahrheiten und Ganzlügen. Seine Parteinahme für die Nationalsozialisten löst noch heute erregte Debatten aus.

Wie ist aus dem konventionellen autoritätshörigen Priesterkandidaten ein radikaler Philosoph geworden? Und wie aus diesem Kritiker philosophischer Elfenbeintürme ein raunender Lehrer einer Seinsreligion? Warum verliebt sich der Traditionalist eines unreflektierten Antisemitismus ausgerechnet in eine jüdische Studentin? Fischers Charak-terstudie liefert die umfassende Biographie Heideggers, die auch der Politik die nötige Aufmerksamkeit schenkt.

www.ingramcontent.com/pod-product-compliance
Lightning Source LLC
Chambersburg PA
CBHW070400100426
42812CB00005B/1583